L'étrange destin du Docteur Voronoff

Médecine à travers les siècles

Collection dirigée par le Docteur Xavier Riaud

L'objectif de cette collection est de constituer « une histoire grand public » de la médecine ainsi que de ses acteurs plus ou moins connus, de l'Antiquité à nos jours.
Si elle se veut un hommage à ceux qui ont contribué au progrès de l'humanité, elle ne néglige pas pour autant les zones d'ombre ou les dérives de la science médicale.
C'est en ce sens que – conformément à ce que devrait être l'enseignement de l'histoire –, elle ambitionne une « vision globale » et non partielle ou partiale comme cela est trop souvent le cas.

Dernières parutions

Philippe SCHERPEREEL, *Philosophie et médecine*, 2017.
Xavier RIAUD, *Dent et archéologie*, 2017.
Michel A. GERMAIN, *Les tables d'opération. De l'Antiquité à nos jours*, 2016.
Philippe SCHERPEREEL, *Médecins et infirmières dans la guerre de Crimée. 1854-1856*, 2016.
Mélanie DECOBERT, *Odontologie médico-légale et Seconde Guerre mondiale*, 2016.
François RESCHE, *Le papyrus médical Edwin Smith*, 2016.
Xavier RIAUD, *Napoléon Ier et ses dentistes*, 2016.
Philippe SCHERPEREEL, *Albert Calmette. « Jusqu'à ce que mes yeux se ferment »*, 2016.
Philippe SCHERPEREEL, *Pietro d'Abano. Médecin et philosophe de Padoue à l'aube de la Renaissance*, 2016.
Bernard DE MARSANGY, *La Psychiatrie vécue au XIXe siècle. Lettres à Louisa*, 2016.
Isabelle CAVÉ, *Etat, santé publique et médecine à la fin du XIXe siècle français*, 2016.
Julien MARMONT, *L'Odontechnie ou l'art du dentiste. Poème didactique et descriptif en quatre chants, dédié aux dames*, 2016.
Patrick POGNANT, *La Folle Clinique sexuelle du professeur P***. De la Belle Époque aux Années folles*, 2016.
Michel CHAUVIN, *Le Geste qui sauve. L'étonnante histoire du défibrillateur cardiaque externe*, 2016.
Henri LAMENDIN, *Docteur Albert Calmette (1863-1933). Pasteurien et co-inventeur du BCG*, 2016.
Xavier RIAUD (dir.), *Médecine à travers les siècles. Entre rencontres et découverte*, 2015.

René Prédal

L'étrange destin du Docteur Voronoff

En quête d'une jeunesse éternelle ?

5-7, rue de l'Ecole-Polytechnique, 75005 Paris

http://www.harmattan.fr
ISBN : 978-2-343-12084-3
EAN : 9782343120843

Remerciements à Caroline Eades,
Christophe et Marie-Aimée Prédal

1

> « Notre soif de récit est inextinguible, et l'énergie de la fable l'emporte toujours sur la nuance de l'analyse »
>
> Patrick Boucheron
> (*Télérama* n°3399, 04/03/2005)

Voronoff ? Le chirurgien qui greffait des testicules de singes aux vieux riches de la Riviera dans les années 20 ? En effet, précisément pour leur rendre l'énergie. Mais en écrire le récit est une autre histoire. Le professeur à la Sorbonne spécialiste de la période médiévale et de la Renaissance déclare que la question à se poser est paradoxalement : « où placer sa caméra ? Faut-il faire des visages ou des paysages, être au plus près de l'événement tel qu'il fut vécu ou le survoler de haut, loin de l'expérience et de la conscience des acteurs ? », à savoir user d' « un art du montage, donc du rythme et du mouvement, une façon probe et efficace d'échafauder une intrigue ».

Donc acte. Pour être au plus près de la réalité, nous allons plonger dans un film fantastique de l'Universal hollywoodien des années 30 ou de la Hammer londonienne de la décennie 60, époques fort justement célèbres des créatures de l'épouvante, en noir et blanc ou en couleurs, Voronoff Dracula, version Bela Lugosi ou Christopher Lee, délirants savants fous aux rêves faustiens dont nous ne saurions être que de modestes enquêteurs fascinés, entre John Harker diariste victime et Van Helsing scientifique vainqueur, personnages imaginés par Bram Stoker juste au moment – à deux ans près – où était inventé le cinéma.

Et puisqu'il n'y a pas de grand film sans flash-back, notamment lorsqu'il s'agit de ressusciter des mythes, nous pourrions commencer par la fin, comme Joseph L. Mankiewicz débutant *La Comtesse aux pieds nus* en 1954 par l'enterrement, un jour de grande pluie dans un cimetière de la Riviera italienne, d'une star oubliée au destin romanesque. Pour le Docteur Voronoff célèbre puis ignoré, la scène serait forcément en 1951 (date de sa mort... à trois ans près) sur la Riviera française (… à quelques kilomètres) dans le cimetière russe de Caucade à Nice, à moins que ce ne soit dans un superbe mausolée au milieu des cages de chimpanzés entourant son château gothique de Grimaldi, juste sur la frontière franco-italienne. Car justement les choses ne sont pas claires du tout, à part sa mort début septembre 1951 à Lausanne, et encore : le jour exact n'est pas sûr, les très rares journaux l'ayant signalé n'étant pas d'accord !

Il faudra s'y faire. Si la vie publique du Docteur Serge Voronoff (1866-1951) peut-être brossée à grands traits dans une notice biographique classique, les obscurités s'accumulent dès que l'on cherche à rentrer dans le vif, à donner du sens à ses actes que certains ont qualifiés de monstrueux alors que d'autres l'ont vu comme un bienfaiteur de l'humanité. On l'a encensé, mais aussi condamné. Il a été la coqueluche de la bonne société niçoise de l'après-guerre, mais fut complètement oublié les quinze dernières années de sa vie. Il suscita bien des disciples chez ses collègues chirurgiens du monde entier, mais les plus hautes institutions médicales de son temps refusèrent à maintes reprises de valider ses recherches. Le savant fut moqué par les chansonniers. Et si de son vivant déjà, romanciers ou dramaturges s'inspirèrent de son existence et de ses découvertes, ce n'est pas à l'image de celle du curé d'Ars ou du Docteur Schweitzer, mais plutôt pour l'odeur de soufre dont la rumeur des échotiers entourait ses opérations de « réjuvénation ». Singes, testicules, voilà de quoi titiller l'imaginaire, caresser et agacer, réveiller les sens dans une société qui affiche alors volontiers des désirs d'émancipation, mais dont la famille et les valeurs chrétiennes soutiennent toujours les colonnes du temple de la responsabilité civique et même mondaine. Sexualité et animalité liées par l'honorabilité de la recherche médicale de pointe dans le but de guérir, de vaincre le vieillissement et de repousser l'âge de la mort constituent un discours propre à faire courir les oisifs fortunés de la côte comme de Paris. Beau parleur, dandy au charme slave soigneusement entretenu, conférencier adulé des salons bourgeois, hôte de choix des fêtes somptueuses données par les riches Américains dans leurs nouvelles demeures méditerranéennes, mélomane, ami du poète Maurice Maeterlinck, le Docteur Serge Voronoff séduit et inquiète à la fois avec ses cages de grands singes africains entourant sa sombre demeure, le ballet de limousines pour lesquelles s'entrouvrent les hautes grilles de son domaine tandis que des véhicules moins identifiables se garent nuitamment aux entrées des caves de la massive demeure du petit village frontalier dont bon nombre des habitants travaillent pour le « Patron ». Mais la plupart sans savoir exactement ce qui se passe du côté de la clinique de luxe où les patients sont opérés dès le lendemain et repartent aussitôt, certains le soir même, d'autres un jour plus tard, rarement davantage. Les employés travaillent au jardin, dans les cuisines, sont femmes de chambre ou de ménage. Il y a celles qui sont au service exclusif de Madame, ceux qui s'occupent des singes de la « ferme » comme on l'appelle ; curieux élevage d'ailleurs. Parfois des arrivages d'Afrique ; des vétérinaires les examinent, les soignent et un jour les endorment pour les amener à la clinique sur des brancards qui sont introduits par la porte de derrière alors que les patients montent le perron, accueillis par le voiturier, les porteurs de valises, souvent le frère du patron, parfois le Docteur lui-même, amical, très grand seigneur, plein de délicatesse : pour les femmes baisemain, accolade virile pour les hommes selon une coutume russe bien connue à Nice. Quand les singes ressortent de la clinique, ils ont de gros pansements, parfois à la gorge, plus souvent entre les pattes de derrière. Ils se remettent lentement puis disparaissent au bout de quelques jours, dégagés vers on ne sait où. Depuis longtemps les zoos ne sont plus preneurs ; la boucherie ou pour nourrir les bêtes ? Mais de 1925 à 1939 on ne fabriquait pas de boîtes pour chien et chat et les vaches paissaient encore dans les champs au lieu de manger des farines animales...

En fait les activités du Docteur Voronoff étaient entourées d'un certain mystère. Ses travaux étaient connus de nombreux scientifiques, mais lui-même s'ingéniait à brouiller les pistes : changement de prénom, de dates des diplômes, quelques photos retouchées, silence sur son enfance en Russie… Pas question de dissimulations ou de mensonges : Voronoff n'est ni un mythomane ni un faussaire, mais la discrétion est de mise dans ses propos et ses écrits. Justement il publie beaucoup, mais c'est pour contrôler précisément sa communication et soigner son image ; disert sur ce qu'il veut que l'on sache, il se révèle volontiers vague, flou ou imprécis sur certains faits qu'il préfère dissimuler. Il s'agit de s'exposer de front dans des combats spectaculaires où il se sait fort car il croit sincèrement avoir raison, œuvrer pour la science au service du bonheur des hommes, et glisser sur des détails, comme notamment ses origines juives. De fait, revendiquer d'être juif étranger dans la France des années 30 ne saurait être un atout ! Il n'est pas sûr d'ailleurs que certains des rejets dont il fut victime n'aient pas eu directement pour cause un antisémitisme qui n'avait pas toujours besoin de preuves irréfutables pour s'exercer. Sur ce plan, la stratégie de l'évitement du Docteur Voronoff ne semble pas avoir réussi à détourner tous les coups. En tant qu'immigrant de fraîche date, il se comporta en tout cas toujours comme un candidat parfait à l'intégration dans la patrie d'accueil qui, globalement, le lui rendit bien en lui accordant la naturalisation dès 1895 et le nommant chevalier de la Légion d'Honneur en 1925 puis Grand Officier en 1933.

Il n'empêche que les biographes ont eu du mal à s'aventurer au-delà de la simple fiche signalétique. En fait ils ne se sont pas bousculés sur le dossier de celui qui aurait été le précurseur des xénogreffes si celles-ci avaient pu réussir. Soyons juste : il n'y en a eu qu'un seul en France, Jean Réal, auteur d'un *Voronoff* paru chez Stock en janvier 2001, qui écrivait un demi-siècle après la mort du Docteur et plus de soixante ans après qu'il se soit effacé de son vivant dans le souvenir. C'est dire que son ouvrage est précieux, d'autant plus qu'il fait part de la complexité de son enquête se heurtant à des contradictions, ou des obscurités et incroyables manques dans les documents officiels perdus, détruits, égarés, comme si le destin s'était acharné à faire disparaître le plus de traces possibles de son existence… Certes il y a des périodes entières complètement occultées dans la vie de Jésus-Christ lui-même, mais c'était il y a plus de 2000 ans ! Il est par contre stupéfiant que l'on ne puisse pas reconstituer exactement la vie d'un personnage célèbre il y a moins d'un siècle dans un pays d'Europe occidentale ! Ainsi, occupant un laboratoire de chirurgie expérimentale au Collège de France, il n'a laissé aucune trace dans les archives de cette institution nationale prestigieuse. Le Docteur Voronoff est-il un savant maudit ? Avec humour, mais aussi une pointe d'incompréhension ébahie, Jean Réal émet même, à une étape particulièrement délicate où il lui semble échouer dans sa recherche, l'hypothèse surréaliste selon laquelle Serge Voronoff aurait peut-être pu ne pas exister, tellement les témoignages brossent des portraits aberrants qui ne semblent pas décrire le même personnage… Mais non, bien sûr, le Docteur aux greffes de testicules de singes est bien réel, d'innombrables faits l'attestent, même si la silhouette n'est pas toujours très nette. Personne n'a jamais évoqué des cercueils ouverts dans les souterrains du château Grimaldi ni remarqué qu'il ne se reflétait pas dans les miroirs. Pas de grappes d'aulx, non plus, aux fenêtres du village ni de violents éclairs embrasant la vieille tour princière les soirs d'orage. Voronoff ne fut donc ni Dracula ni Frankenstein. Mais certainement un savant aux multiples facettes dont les découvertes et les expérimentations touchèrent aux sujets sensibles de la vieillesse et de la mort. D'où, forcément, quelques mystères et zones d'ombres, la face noire du scientifique brillant et controversé abordant ce qui allait devenir la grande affaire du XXème siècle : l'aventure biologique.

L'idée d'ouvrir le film de sa vie par la scène de l'enterrement du grand chirurgien avec typique discours officiel de la patrie reconnaissante à ses hommes illustres constituait donc un bon scénario, mais trop éloigné de la vérité qui fut plutôt ni fleurs ni couronnes. Et d'abord où et quand ? Serge Voronoff a toujours voyagé, comme le faisaient les riches à son époque, c'est-à-dire longuement et luxueusement. Ce n'était pas la mode des week-ends et autres escapades : il est resté des années en Égypte, des mois aux Indes, des semaines à Vienne et, parti quelques semaines à New York en mai 1939 pour un cycle de conférences sur les greffes thyroïdiennes, il passa toute la guerre aux États-Unis, au Brésil et en Argentine. Il appréciait les palaces, si bien que possédant appartements à Nice et à Paris, il descendit régulièrement au Négresco sur la Promenade des Anglais, au Carlton et au Ritz dans la capitale. Pendant l'Occupation, ses livres sont mis à l'index en tant qu'auteur juif. Son frère Georges est arrêté et conduit au camp de Drancy, tous les dossiers scientifiques des deux frères étant saisis. Georges mourut à Auschwitz en octobre 1943. Sa disparition touche très profondément Serge car les deux frères avaient tout fait ensemble, Serge exposé (aux louanges comme aux affronts), Georges dans l'ombre, collaborateur fidèle et efficace dans la salle d'opération comme dans la vie.

Rentrés en France en 1945 Serge et son épouse Gertry s'arrêteront à Paris et Serge décide d'emmener avec eux à Grimaldi sa belle-sœur désormais veuve, Adèle, qu'il aimait beaucoup. Mais un désastre les attend au-dessus de Menton. La demeure et l'ensemble du domaine ont été saccagés. Tout est cassé, brûlé, détruit avec acharnement. Le pillage a été systématique, les objets volés, le décor arraché, les meubles éventrés… On dirait que quelque horde barbare est venue intentionnellement assouvir une haine vengeresse. Mais qui et de quoi ? Certes la seconde guerre mondiale est ainsi pleine d'épisodes obscurs répondant à l'assouvissement des plus vils instincts de l'homme. Heureusement le château était vide depuis 1939 et les singes évacués, sans doute par Georges puisque Serge est alors déjà à New York. En tout cas on sait depuis *Menton, 1919 à 1939 : des « années folles » aux « années sombres »* (2013) de Jean-Claude Volpi que la dévastation a eu lieu précisément en septembre 1944 lors des très importants tirs d'obus effectués pendant la reconquête militaire sur le Pont Saint-Louis faisant frontière. À l'appui de cette affirmation une photo montre ce quartier de Grimaldi complètement anéanti : l'Hôtel Miramar, juste de l'autre côté de la rue est réduit à un pan de mur ; la demeure de Voronoff est hors champ, mais elle a dû aussi être durement touchée. Certes cela n'empêche pas que des vandales aient pu opérer les jours suivants…

Un temps découragé, le Docteur ne veut pas abandonner. Les Voronoff s'installent dans un appartement à Monaco et, à 80 ans, Serge repart de zéro, s'attachant à tout reconstruire, mais en plus grand, plus moderne et plus impressionnant. Les jardins sont replantés, la singerie rétablie et repeuplée, appartements privés et cliniques retrouvent leur lustre d'antan.

Le Docteur suit le chantier de très près, veillant à tout pendant près de trois ans. Mais il partage son temps entre le travail sur le terrain et l'écriture. Il publie en effet de nombreux livres, les uns synthétisant son apport tandis qu'il ouvre dans d'autres de nouvelles pistes concernant les greffes endocrines et les groupes sanguins (des singes comme des hommes). Le plus intéressant, toujours publié chez Fasquelle, est, dès 1946, *Du crétin au génie* où il se livre davantage que dans ses traités savants ou de vulgarisation scientifique. Il parle avec le recul d'un généticien philosophe et écrivain de talent, discute de la responsabilité humaine des génies de la science comme de l'art et de la littérature, consacrant de belles pages aux persécutions dont furent victimes Dostoïevski et Baudelaire, évoquant finement Paul Valéry, Goethe ou Pouchkine en insistant sur leur amour de la vie et des autres. C'est la réflexion généreuse d'un vieux sage qui a consacré son existence à la recherche et peut finir sa vie à voyager dès la fin des années 40, ayant à nouveau ouvert sa clinique où il n'opère plus lui-même, mais qui lui sert de port d'attache confortable chaque hiver face à la mer bleue, un paysage magnifique et un climat de rêve. On ne saurait oublier dans ce tableau apaisé la compagnie de sa troisième épouse, belle et de près de cinquante ans plus jeune que lui. Aurait-il eu recours aux greffes testiculaires ? Rien ne le laisse supposer dans ses écrits qui n'ont jamais touché à l'intime. Mais rien, non plus, ne saurait l'exclure…

Quoi qu'il en soit, c'est en été sur les bords du Lac Léman qu'il va trouver la mort consécutive à un accident domestique. Imaginons la scène le 8 août 1951 dans un décor digne de *l'Année dernière à Marienbab* (Alain Resnais, 1961, réalisé juste dix ans plus tard) dans un palace de Lausanne où, accompagnant la voix si caractéristique de l'inconnu A (Albertazzi) disant les phrases d'Alain Robbe-Grillet, nous pourrions nous avancer « une fois de plus, le long de ces couloirs, à travers ces salons, ces galeries, dans cette construction – d'un autre siècle, cet hôtel immense, luxueux, baroque, - lugubre, où des couloirs interminables succèdent aux couloirs, - silencieux, surchargés d'un décor sombre et froid de boiseries, de stuc, de panneaux moulurés, marbres, glaces noires, tableaux aux teintes noires, colonnes, lourdes tentures, - encadrements sculptés des portes, enfilades de portes, de galeries, - de couloirs transversaux qui débouchent à leur tour » sur des halls immenses surchargés d'une ornementation surannée, de frises courant sous plafond à rameaux, de moulures et guirlandes aux dessins embrouillés. Des femmes ressemblant à Delphine Seyrig, diaphanes, longilignes, énigmatiques et raffinées parlent à mi-voix à des hommes en smoking, distingués, affables, nonchalamment appuyés sur des vasques translucides. On entend au loin un orchestre tzigane, un serveur offre des rafraîchissements en s'insinuant entre les groupes qui s'ennuient à ravir, chacun étudiant ses gestes, ses postures et jusqu'à ses regards. L'atmosphère est feutrée, mais légère, les lumières tamisées malgré les lustres cristallins, les conversations sont de bon aloi entre gens d'aimable compagnie. Gertry Voronoff papote avec une élégance molle teintée d'une distance affectée. Elle se sait dévorée des yeux, jalousée, désirée, elle jouit de son charme et de son pouvoir sur le groupe d'admirateurs qui l'entourent, la pressent. Comme jadis Georges auprès de Serge, Adèle sa belle-sœur lui sert de faire valoir attentionné. Mais depuis quelques minutes Gertry regarde sa montre, tourne la tête vers les escaliers et les ascenseurs, sans oublier néanmoins de faire onduler son opulente chevelure à chaque mouvement. L'ensemble des estivants commence à amorcer un déplacement général en direction des larges baies vitrées qui s'ouvrent sur la terrasse du restaurant en surplomb du lac. L'eau scintille des derniers reflets du soir. La journée a été belle et la nuit promet d'être brillante. La richesse se savoure avec volupté, mais Gertry semble de plus en plus irritée. Ses interlocuteurs s'en aperçoivent alors, d'autant plus qu'elle piétine sur place au lieu de rallier la vague emportant la foule des dîneurs. À ce moment Adèle croise son regard embelli d'une certaine inquiétude qui aurait donné aux hommes l'audace de vouloir consoler son tourment s'ils s'en étaient aperçus à temps. Mais sa fidèle parente que tout le monde prend pour une discrète dame de compagnie a compris la première : Serge n'est pas là ! Effectivement on l'attend, mais il est monté à la chambre pour se reposer un peu et se préparer. Cela fait maintenant plus d'une heure et il n'est pas descendu les rejoindre.

Son épouse abandonne donc la compagnie virevoltante des clients, attend les ascenseurs toujours occupés et va frapper à la porte de leur suite, mais il ne répond pas, une fois, deux fois. Elle demande alors l'aide du garçon d'étage car elle n'a pas la clé. Avec son passe il ouvre puis s'efface pour la laisser entrer. Le sol de la chambre est mouillé, la lumière est allumée dans la salle de bains et le grand corps du Docteur est étendu sans connaissance contre la baignoire qui déborde. Sa robe de chambre est trempée et comme Gertry se précipite machinalement pour fermer les robinets, elle manque de glisser dans la flaque alors que Serge murmure faiblement « je suis tombé ». Rapidement les secours s'organisent, il est relevé par le personnel appelé en renfort. Les hommes l'étendent avec précaution sur le lit tandis que les femmes s'activent autour de Gertry qui dit se sentir mal et qu'il faut asseoir. Elles lui tamponnent les tempes avec du parfum. Adèle à son tour pénètre dans la chambre et s'approche épouvantée du lit. Serge est revenu à lui, il s'agite, bégaie de façon incompréhensible, se dresse à moitié en étouffant un cri. Il grimace de douleur. Adèle s'approche pour le saisir. Il murmure « je vais mourir, mais il ne faut rien dire ». Adèle a beau protester : non, non, reposez-vous, il poursuit son idée : « oui, oui, je meurs, mais attendez trois jours, trois… » Le médecin de l'hôtel est là. Il diagnostique des contusions multiples, sans doute une fracture. Il faut le transporter, l'opérer…

Jusque-là il est vraisemblable que les choses se soient passées à peu près ainsi. Bien sûr personne n'était dans la salle de bain quand il se préparait. Aucune enquête n'a été diligentée, Voronoff n'étant pas assez célèbre en 1951 à Lausanne pour faire l'actualité. BFM TV n'était donc pas là pour diffuser un mauvais cliché flou pris avec un téléphone portable de la façade de l'hôtel avec en voix off l'envoyé spécial de la chaîne d'infos en Suisse parlant depuis Zurich pour dire qu'il ne savait rien, mais qu'il essayait de se renseigner et ne manquerait pas d'informer la rédaction parisienne. Jean Real n'a pas non plus interviewé un demi-siècle plus tard les descendants des employés d'hôtel de service ce soir-là, mais il donne dans sa biographie une belle description de l'événement tel qu'il a pu se dérouler. Nous lui avons donc emprunté les faits, non en tant que seul témoin, mais plutôt seul narrateur au moment où nous-mêmes décrivons l'accident. Nous plaçons seulement la caméra, comme dirait Patrick Boucheron, là où elle semble offrir un angle intéressant, demeurant par exemple avec Gertry dans les salons du rez-de-chaussée au lieu de faire un gros plan du vieux docteur de 85 ans gisant tout nu au moment d'enjamber le rebord de sa baignoire.

Quoi qu'il en soit, Voronoff n'est pas mort d'une chute dans sa salle de bains le 8 août, mais d'une crise cardiaque le 1er septembre. Qu'importe direz-vous, c'était en Suisse la même fin d'été 1951, mais il est curieux que ce qui s'est passé avant et après ce 1er septembre demeure dans le vague : mystérieux Docteur Voronoff dont même les circonstances de la mort et de l'enterrement ne peuvent être établies de façon irréfutable. Il est vrai que, pour en revenir à nouveau à la biographie du Christ, sa mort non plus n'est pas nette, puisque deux millénaires après, les mêmes débats sur une possible résurrection divisent croyants, non-croyants avec, entre les deux, les abstentionnistes qui ne se prononcent pas et ceux qui pensent que le cadavre a été dérobé.

La mort de Voronoff fut néanmoins annoncée par quelques journaux français. Mais le cafouillage du *Figaro* est caractéristique. Le 3 septembre 1951, il dément les rumeurs selon lesquelles le docteur serait mort la veille à Lausanne dans un grand hôtel à l'âge de 85 ans, information qui n'avait de toute manière pas été diffusée. Dès lors, pourquoi nier, d'autant plus que c'est pour démentir le 4 le démenti du 3 en annonçant bel et bien sa mort ! Une courte notice explique qu'il était médecin de réputation mondiale pour ses opérations de rajeunissement par greffe de testicules de singe, directeur du laboratoire de biologie de l'École des Hautes Études et chef du service de chirurgie expérimentale du Collège de France. Le corps, d'après ce communiqué, avait été transféré de Lausanne à Grimaldi en Italie. Le 5 septembre *Le Figaro* apportait quelques précisions : « L'illustre chirurgien avait, il y a trois semaines, fait une chute violente dans son appartement, se fracturant plusieurs côtes. C'est au moment où son état de santé paraissait s'améliorer qu'il fut emporté par une crise cardiaque. Après les obsèques, célébrées dans l'intimité, le corps du Docteur Voronoff a été acheminé vers la Côte d'Azur pour être inhumé dans le jardin de la villa Grimaldi, entre Monaco et San Remo, où le praticien du rajeunissement résida de longues années ».

Rapportés par Jean Réal dès le début de son livre, les communiqués affectés de quelques imprécisions et inexactitudes sont alors réécrits par l'auteur de manière plus lyrique à la fin de l'ouvrage : « Lorsque le cercueil arrive dans le parc dominant la mer, la ménagerie dévastée est encore visible. Les cages, sans portes, sont envahies de sauvagines. Des hommes referment le caveau que Voronoff avait fait construire l'année précédente. Deux ans plus tard, son château fut transformé en appartement de luxe. Aujourd'hui, personne ne se souvient de lui. »

Il faut le reconnaître, cette séquence vaut bien la nôtre, inspirée de *La Comtesse aux pieds nus* et, de plus, évoque *La Vie est un roman* (1983) curieux film d'Alain Resnais dont le « personnage » principal est l'étrange château construit au plus profond des Ardennes par le Comte Forbek qu'incarne Ruggero Raimondi de manière à la fois puissante et inquiétante. En 1919 le maître des lieux y convie ses amis à des expériences psychiques mystérieuses susceptibles de les mener au bonheur et de constituer le premier groupe d'une humanité nouvelle délivrée de ses hantises existentielles. Malheureusement le savant fou ne saura que faire absorber à ses hôtes un filtre de mort. La fable utopique du cinéaste et de son scénariste Jean Gruault saute alors plus d'un demi-siècle pour se poursuivre dans les mêmes murs au cœur d'un colloque ubuesque consacré à une pédagogie de l'imaginaire. Mais, parallèlement, des enfants sont entraînés dans une abracadabrante aventure visuelle où la trame de cape et d'épée s'illustre d'un visuel *Héroïc Fantasy* d'Enki Bilal. Cette recherche du bonheur n'est donc qu'un leurre qui ne saurait éclairer le destin de l'Homme et si la vie est un roman, le récit, qui pourrait en être proposé ne saurait que prendre la forme d'une fiction d'essence cinématographique. Quant à la descendance de cette période sulfureuse de Forbek - une réunion un peu cuistre -, elle est remplacée pour Voronoff par une juteuse opération immobilière, elle bien réelle et que chacun peut aujourd'hui constater.

Mais la belle oraison funèbre de Jean Réal pose plus de problèmes qu'elle n'en résout, d'abord parce qu'elle occulte le fameux mois d'août 1951, ensuite parce que l'enterrement décrit n'a probablement jamais eu lieu, du moins sous cette forme. Un article de Wikipédia, fort justement autoproclamée « L'encyclopédie Libre » (parce que libre d'écrire n'importe quoi, mais à 80 % pleine d'informations justes, reste à faire le tri, ce qui n'est pas commode) fournit des hypothèses intéressantes sur ces deux points : « Voronoff est mort le 3 septembre 1951 à Lausanne, en Suisse, des suites d'une chute. Durant sa convalescence, après une fracture à la jambe, Voronoff eut des troubles pulmonaires : l'on pensa qu'il pouvait s'agir soit d'une pneumonie, soit d'un caillot de sang qui serait remonté vers les poumons après s'être formé dans la jambe. /.../ Le Docteur Voronoff est enterré au cimetière russe de Nice au-dessus du grand cimetière de Caucade ».

Les renseignements médicaux sont tirés de l'ouvrage de David Hamilton *The Monkey Gland Affair* (éd. Chatto et Windus, Londres, 1986), chirurgien spécialiste des transplantations ; ceux concernant l'inhumation sont donnés sans source. David Hamilton n'affirme rien (« on pense que /.../ soit /.../ soit »), cette prudence nous incitant paradoxalement à le croire parce qu'il évoque en quelque sorte des complications suite à la chute. Si nous hésitions à envisager d'emblée ce diagnostic, ne serait-ce pas parce qu'il nous déçoit un peu, vu le personnage ? Certes 85 ans est un âge respectable, surtout au début des années 50, mais Voronoff ayant œuvré cinquante ans pour le rajeunissement des vieillards, comment aurait-il pu se laisser – littéralement - tomber à cet âge, c'est-à-dire d'abord perdre l'équilibre en prenant son bain et, plus grave, être gagné par toutes les conséquences malheureuses qui suivent ce genre d'incidents quand ils surviennent chez des gens âgés fragilisés par un état général délabré, additionnant les ennuis de santé chroniques et accumulant tous les désagréments de la fin de vie ? N'affirmait-il pas dans ses livres et ses conférences que l'âge normal de la mort est 140 ans et qu'elle ne survenait avant qu'à cause de maladies mal soignées, et pas du tout comme l'issue naturelle du vieillissement de l'organisme ? Alors, pourquoi ne s'était-il pas appliqué à lui-même les remèdes qu'il préconisait aux autres ? Certains diront : cordonnier va sans souliers. Certes, mais c'est dommage car cette mort relativement prématurée pouvait fortifier les attaques que beaucoup avaient toujours dirigées contre cette thérapie de rajeunissement. Ces adversaires parlaient, avant la lettre, d'effet placebo : cela aurait marché parce qu'ils y croyaient. Mais lui, y croyait-il vraiment et, on y revient, s'il s'était lui-même fait greffer, réalisait-il que ça n'avait pas donné le résultat escompté ? Pendant l'heure où il était resté sur le sol sans pouvoir se relever, avait-il réfléchi à tout cela au point de s'affoler (« je vais mourir »), d'imaginer des parades naïves (retarder la nouvelle de sa mort, pourquoi ?), puis de s'enfoncer dans le refus de vivre et, du coup, attraper ce qui passe, s'abandonner aux conséquences des blessures, du choc physique et psychique ? Il avait trouvé la force de relever six ans plus tôt le domaine de Grimaldi, mais cette fois c'était trop et son énergie l'a lâché, cette énergie vitale qu'il avait rendue tant de fois à ses patients qui eux, croyaient en lui. Nous avons bien conscience d'ajouter nos propres hypothèses psychologiques à celles, cliniques, de l'auteur britannique, mais c'est pour enrichir le portrait de cet homme qui aura emporté son secret dans sa tombe à l'image du « Rosebud » de *Citizen Kane* dont le spectateur du film d'Orson Welles comprend la signification en voyant brûler le traîneau d'enfant, mais dont le sens échappera toujours aux enquêteurs du film qui essayent de reconstituer le puzzle de la vie du héros.

Reste la question de l'enterrement. Passons sur les « sauvagines » ayant envahi les cages sans portes. Ce sont soit des carnassiers à fourrure dont les peaux sont commercialisées (qu'est-ce que ces petites bêtes auraient pu faire là ?), soit des oiseaux sauvages qui ont le goût sauvagin (autrement dit qui ont mauvaise odeur)... Bizarre, bizarre. Optons pour une licence poétique inventée pour désigner des herbes folles. L'important n'est pas là, mais comment le domaine pourrait-il être dévasté alors qu'il venait d'être entièrement reconstruit, appartement, bloc clinique et ménagerie ? En outre il paraît établi par les témoignages de villageois, qu'une fois terminés les travaux, le couple Voronoff s'était réinstallé, du moins les mois d'hiver, à Grimaldi et que l'activité médicale avait redémarré. L'absence de Georges se faisait sans doute sentir, mais Gertry semble s'être investie dans l'administration. Elle avait fait venir sa mère qui était amenée en début d'après-midi par une des Rolls Royce vers les Casinos de la Côte (Menton, Monaco...) où elle passait son temps aux tables de jeu, puis la limousine la ramenait le soir, passant majestueusement au milieu du village. Dans ces conditions, le cercueil, les sauvagines et le caveau dans le jardin doivent être remis en question. Nous sommes allés d'autre part vérifier l'assertion de Wikipédia concernant l'enterrement à Nice.

À peine entre 100 et 200 mètres au nord du cimetière ouest de Nice, existe en effet un petit cimetière russe indépendant, Église Saint-Nicolas paroisse orthodoxe, résultant de l'implantation sur la côte en général et à Nice en particulier d'une importante colonie russe datant d'avant la première guerre mondiale quand la famille impériale elle-même y venait passer de longs séjours. Le cimetière est aujourd'hui privé, mais ouvert quelques heures par semaine. Un gardien sympathique, encore plus russe que nature, nous a aimablement renseignés en sortant son vieux registre car les noms sur les tombes sont inscrits en alphabet cyrillique. Il a bien trouvé un Cepreh Agpamobhe Bopohobb, qui se lit en russe francisé Serguei Michaelovitch Voronoff. Notre Serge Voronoff ? Mais le second prénom n'est pas le bon puisque le Docteur s'appelle en réalité Samuel Abrahamovitch (mais tous ses actes administratifs, à partir de son premier mariage, portent la mention « Samuel dit Serge Voronoff » et il est connu sous ce prénom dans la profession). De plus la date de mort n'est pas du tout la même : 24 novembre 1938. Ce Serge Voronoff n'est pas dans un classique tombeau de famille monumental, mais dans une vaste tombe commune adossée à la petite chapelle centrale rassemblant (d'après le gardien) les cendres (et non les ossements) de plusieurs dizaines de défunts, dont les noms (y compris Serguei Voronoff) figurent les uns à la suite des autres verticalement sur le mur de la chapelle. Le bon état des inscriptions ne semble guère dater de l'entre-deux-guerres. Il pourrait donc s'agir du regroupement des cendres de vases funéraires ayant été réunis là dans les années 50 ou 60 et il y aurait eu à cette occasion ces erreurs de date et de second prénom. Dans ce cas, la thèse d'une incinération en Suisse après la mort et le rapatriement à Nice par sa femme et sa belle-sœur de l'urne contenant les cendres pour la déposer dans un funérarium existant alors à cet effet dans ce cimetière devient valable bien qu'il faille admettre deux erreurs et le fait que Serge Voronoff, juif, ait été enterré dans ce cimetière sous la croix orthodoxe ! Cela fait trois incertitudes. C'est beaucoup dans l'absolu, mais nous avons déjà noté que le Docteur falsifiait souvent dates, noms et autres détails que personne ne songeait jamais à vérifier. Bien sûr il s'agit là de faits postérieurs à sa mort dont on ne peut pas cette fois l'accuser personnellement. Mais les petits ajustements de ce type ont la vie plus dure que l'existence même de ceux qui en ont initié l'habitude !

Il n'en reste pas moins que rien n'est sûr. Mais alors, si ce n'est pas le Docteur, qui serait donc ce Serge Voronoff du cimetière russe niçois ? Si Voronoff est sans doute un nom assez fréquent à Voronej où est né le Docteur, il aurait fallu une coïncidence étonnante pour qu'un autre Voronoff dénommé également Serge dans la même tranche d'âge que le chirurgien ait habité Nice à cette même époque sans qu'il apparaisse autrement que sur cette pierre tombale ! Or ce n'est pas Georges jamais revenu d'Auschwitz. Il y a bien un troisième frère, aux activités et au parcours incertains que l'on voit apparaître parfois sous des prénoms variables – Alexandre, Jacques -, mais jamais, évidemment, Serge celui de son frère aîné… Bizarre, bizarre.

Quoi qu'il en soit, l'enterrement dans le jardin de Grimaldi, caveau ou mausolée, n'est certainement pas juste. Remarquons néanmoins que cela a peut-être failli pouvoir se faire puisque Jean Réal a rencontré des villageois descendant de maçons ayant travaillé au château et qui se souvenaient avoir entendu le Docteur parler de se faire ériger une tombe dans son domaine. À plusieurs reprises durant les années 30, il en aurait discuté avec les ouvriers et hommes à tout faire. Des plans auraient même été ébauchés, mais les travaux n'avaient jamais débuté.

Intention saugrenue ? Mégalomanie pathologique ou excentricité un peu indécente dans le ton de sa spécialité chirurgicale ? En partie seulement (et, de toute manière, il ne matérialisa pas cette idée) car le projet avait été certainement suggéré par ses fréquentations mondaines. Nous reviendrons sur les folles « années américaines » de l'entre-deux-guerres qui l'emportèrent dans leurs tourbillons tous les hivers qu'il passa à Grimaldi à partir de 1925. Invité partout, il se trouva certainement participer aux fêtes les plus folles et notamment aux bals costumés que donnaient régulièrement Mary et Henry Clews dans leur château de La Napoule, ravissant leurs invités et nourrissant les chroniques journalistiques de la Côte. Ils consacrèrent leur immense fortune à ces réceptions spectaculaires et artistiques parallèlement à la restauration et à l'aménagement de leur demeure, véritable musée vivant en constante évolution, depuis les structures architecturales jusqu'aux détails les plus recherchés du mobilier et des passementeries. Au cœur de ce délire créatif, la construction d'un merveilleux mausolée jouxtant le corps principal du logis, au cœur d'un jardin féerique amoureusement travaillé, les occupa pendant de longues années et à chaque nouveau festin, concert, festival ou feu d'artifice, les nombreux privilégiés ne manquaient pas de visiter l'avancée du chantier dirigé personnellement par Henry Clews, sculpteur de talent, mais qui ne voulut jamais commercialiser ses œuvres exclusivement réservées à la maison et, justement, au mausolée pharaonique qui stupéfie encore de nos jours les touristes. L'enterrement d'Henry en 1937 fut, comme toutes leurs fêtes, grandiose, à la manière de la fin d'une époque et d'un style de vie d'amateurs d'art fortunés qui ne pouvait que faire rêver la riche bourgeoisie locale éblouie par la générosité de ces étrangers qui avaient choisi la Riviera française pour y dépenser leur argent, mais aussi s'y implanter durablement en construisant ce qui pourrait entretenir leur souvenir. Or comment durer post-mortem sinon en interpellant les vivants par des tombes monumentales rivalisant de sculptures impressionnantes que les familles méridionales ont toujours érigées dans les Campo Santo italiens (notamment à Gênes toute proche), mais aussi dans le cimetière du château à Nice ? Voronoff a eu tout loisir de réfléchir à ces comportements : immigré de fraîche date, savant reconnu pour ses découvertes audacieuses, mais en gênant plus d'un par sa réussite et sa richesse, il avait acheté un château, selon la dénomination que l'on donnait dans la région à toute demeure d'exception. Alors pourquoi pas un tombeau ? Les Clews avaient osé, dans un décor assez consensuel au goût exquis, en bord de mer. Ériger son monument funéraire au milieu des cages de sa célèbre singerie accrochée aux contreforts des Alpes n'aurait pas manqué de culot. Or à un certain niveau de délire, le culot devient audace et au bout de plusieurs années se mue en véritable classe. Mais cette vision resta un rêve. Sa concrétisation aurait-elle évité l'oubli dans lequel il allait tomber ? Peut-être…

Les décennies 20 et 30 sont les années de gloire de Serge Voronoff. Riche scientifique indépendant, chercheur inspiré comme il en existait encore à l'époque, il évoquera au cinéphile Louis Lumière, grand bourgeois à la tête d'une fabrique de plaques photographiques, mais surtout « inventeur » (comme on disait alors) dilettante et génial. Financièrement désintéressés, ces hommes seront quelque part dépassés par leur succès « médiatique » et toujours un peu en porte-à-faux par rapport à leur reconnaissance publique, réelle, mais un peu biaisée car leurs « découvertes » n'ont finalement pas été ce qu'ils avaient cru, soit par excès, soit par défaut.

Serge Voronoff est un des derniers « savants » qui se donnaient pour but d'œuvrer pour le bien de l'humanité et la grandeur de la science, passionné par les questions fondamentales de la création du monde, de la formation de la terre et de l'apparition de l'homme, les mystères de la naissance, de l'existence, de la santé et de la mort. Il est effrayé par le vieillissement, la décrépitude physique et intellectuelle, la sénilité et la laideur, lui qui était beau et intelligent. Il veut donner à l'homme une longue et surtout belle vie. Vaste programme, évidemment, qui n'est plus celui des chercheurs d'aujourd'hui restreignant leur domaine d'étude à des sujets ténus, comme la jeune historienne Camille (Agnès Jaoui) d'*On connaît la chanson* (Alain Resnais, 1997), affectée de malaises qui lui pourrissent la vie en rédigeant sa thèse de Doctorat sur les chevaliers-paysans du lac de Paladru au Moyen Âge. Voronoff, lui, disserte de *La Conquête* (1928) et des *Sources de la vie* (1933), ses deux meilleurs livres, éditions

Eugène Fasquelle, tirés respectivement à quinze mille et dix mille exemplaires, puis traduits en plusieurs langues et réédités. Ils présentent avec lyrisme les origines de la vie, simplement et chaleureusement. Son sens du récit est celui d'un grand conteur, passionnant, créant suspense et poésie, suscitant l'émotion face aux merveilles de la création et l'adhésion à son analyse biologique qui conduit logiquement à sa vision de l'agencement de l'organisme humain, de son fonctionnement régulé par les hormones. En le lisant ou l'écoutant dans ses conférences, chacun pénètre sans encombre dans ce qu'il croyait être le mystère du vivant ou les secrets du corps et de l'esprit humain, mais qu'il raconte naturellement et explique avec une belle rigueur. L'exposé de ses théories scientifiques prend des allures de récit initiant à la magie du vivant, et jamais de l' énoncé d'un problème à résoudre suscitant des résistances, voire de violents rejets de ses confrères. La science est là pour répondre aux inquiétudes, réparer les accidents de parcours et poursuivre la recherche du bonheur.

Voronoff assure et assume le passage du Savant aux Scientifiques mais sa notoriété s'appuie plutôt sur l'aura du premier, c'est-à-dire d'une époque – jusqu'au XVIIIe siècle – où il n'est guère de savants qui ne soient aussi philosophes (Descartes, Leibniz ou Kant). Il pose en effet les questions qui interpellent toute personne instruite et cultivée, ce qui explique son succès de conférencier et d'essayiste. Mais à ces problèmes, il apporte dans le domaine médical des solutions, partielles, certes, mais décisives ; il est un praticien et un expérimentateur. Alors qu'il maîtrise une grande part du savoir de son temps (en savant), il accroît aussi ces connaissances en apportant à un des grands maux (le vieillissement) un grand remède (le rajeunissement) par des moyens audacieux (la greffe) qui va contre les tabous et les croyances religieuses de son temps (la différence d'essence entre homme et animal, le premier ayant été créé et ne résultant donc pas d'une évolution du singe). En cela, il devient un scientifique (style Pasteur) ou même, nous dirions, un chercheur écartant les spéculations, à savoir les idées, pour s'attacher aux seuls faits. Le chirurgien apporte des preuves étayées par des analyses, des photos, un suivi des expériences.

Il séduit d'abord par son érudition, le brio du savant qui sait replacer l'exercice de sa spécialité (la médecine) dans les aspirations légitimes de tout homme de bien, ravivant à la fois la curiosité originelle et l'angoisse existentielle de chacun, touchant aux mythes et à la poésie, tout en revenant constamment à l'étude positive selon un phénomène d'hypnose intellectuelle d'une remarquable habilité. Voronoff captive son auditoire ; c'est un parleur éloquent et un redoutable rhéteur, son art du discours étant autant oratoire que stylistique. Il parle avec une douceur convaincante et écrit avec une facilité de plume rassurante : la vérité de ce qu'il avance paraît évidente. Le lecteur et l'auditeur sont conquis parce que ses raisonnements sont subtils et que cette intelligence à la portée de tous est garante de sa logique comme de la justesse de son propos. Il cultive la communication par le langage, rend celui qui le suit, depuis sa chaise ou le long des pages, complice par empathie. En fait il dit des choses incroyables, mais que chacun voudrait bien croire, question de croyance en effet, de confiance, donc de foi. Voronoff s'engage, promet, témoigne. Sa sincérité et sa bonne foi, sa force tranquille écartent doute, scepticisme et incrédulité. Les femmes s'enthousiasment et les hommes jubilent, elles sensibles au charme du Docteur, eux excités par les espoirs fous qu'il fait naître. Certes c'est un peu irrationnel, mais s'appuie sur une telle sûreté de soi que les certitudes d'hier se mettent à vaciller face aux découvertes étonnantes du présent. Après tout, les avancées de la recherche sont si extraordinaires qu'en revenant aux fondamentaux, tout devient possible. Voronoff donne de l'espoir, ouvre des portes en reprenant des voies qui n'avaient pas été explorées au profit d'autres qui ont débouché sur des impasses. Que cette renaissance (scientifique) conduise à un rajeunissement (de l'Homme) est en somme dans la logique des choses et emporte l'adhésion.

Penchons-nous par exemple sur l'idée fondamentale pour Voronoff d'énergie vitale. Physique et biologie sont les sciences qui deviennent les plus populaires dans la seconde moitié du XIXe siècle parce qu'elles progressent grandement à cette époque et occupent alors de plus en plus la place prise auparavant par la métaphysique et donc la religion dans la connaissance et la réflexion humaines. Or Voronoff travaille précisément au contact entre ces deux domaines porteurs. L'énergie est une notion qui se forge d'abord, au sens physique, au moment du développement de l'industrie pour observer les effets de la chaleur. On ne parle plus alors seulement de température, mais de calorimétrie, celle des hauts-fourneaux produisant une énergie bientôt mesurable par la thermodynamique. En effet l'énergie produite par la chaleur constitue une force (motrice) et va jouer un rôle fondamental dans les deux grandes théories de la physique au XXe siècle, la relativité et la mécanique quantique, autour des phénomènes d'ondes et de rayonnement. Dans ce parcours de la recherche, on rencontre notamment Einstein (et sa célèbre relation $E=mc^2$) et, bien sûr les fameuses sources d'énergie, fossiles, électriques et nucléaires. Bref l'énergie domine le monde et notre vie quotidienne par le biais de l'économie. On parle au début du XXe siècle d'énergie comme aujourd'hui de croissance. Il faut produire de l'énergie, la capter, l'utiliser à fin d'alimenter le progrès humain. Alors le bonheur sera pour demain.

Or Voronoff se saisit de ce concept à la mode, qui, sorti du secteur strictement industriel a déjà envahi l'économie tout entière et commence même à imprimer la sphère sociale pour le faire pénétrer dans l'intime, l'humain, la chair et l'esprit de chacun. Voronoff s'approprie le terme et l'introduit dans la sphère privée. L'énergie ne produit plus seulement de l'acier, mais aussi de la vie car l'homme lui-même est doté d'une énergie vitale qui fonde l'individu et lui donne la force de vivre. L'énergie vitale structure son récit de toute l'aventure humaine, depuis la cellule originelle jusqu'au fonctionnement du cerveau et de chaque muscle du corps. Sans l'élan vital, nous ne sommes rien. L'énergie vitale nous fait bouger, rend intelligent, nous conduit à aimer, confère sentiments et valeur morale, bref fait de nous l'être vivant le plus parfait de la création. Ce n'est pas l'instinct aveugle de l'animal, mais le souffle, l'élan suprême qui se forge, nous accompagne dans toute la force de l'âge puis s'affaiblit au cours des années et nous abandonne à la mort.

Heureusement le Docteur Voronoff a trouvé le moyen de préserver cette énergie le plus longtemps possible, de la maintenir plus puissante et plus longtemps. On voit comment cette théorie n'intervient qu'au terme d'un long processus philosophico-biologique. Aboutissement humain d'un destin quasi cosmologique auquel ne manquait que cette ultime découverte, le discours du Docteur Voronoff se déploie dans toute son ampleur en direction de tous les publics. Il instruit d'abord puis apporte le remède et chacun retient ce qui le préoccupe d'un projet global précisément agencé. Sa réussite vient prioritairement de cette vision d'ensemble cohérente : tout se tient, le particulier s'insère dans l'ensemble où il trouve naturellement sa place. Il travaille pour la suite d'un monde à préserver et surtout à poursuivre, cela sur plusieurs fronts. Des revues savantes aux publications grand public, Voronoff fait la Une, « people » avant la lettre, sa notoriété franchit les frontières et il fait don de sa personne à la science comme le maréchal Pétain le fera quinze ans plus tard à la France, pas en martyr d'ailleurs, mais plutôt en général vainqueur d'une longue et difficile campagne.

Car il a 60 ans quand la renommée le projette enfin en pleine lumière au cœur des années 20. Dans une France qui se remet mal d'une boucherie atroce, il se lève pour redonner espoir : il invite à redresser la tête tout en faisant comprendre que science sans conscience n'est que ruine de l'homme. Lui renoue avec l'énergie naturelle que ses découvertes le portent à situer dans des sécrétions testiculaires autres que le sperme agent reproducteur. Mais si ses greffes permettent aussi à des hommes âgés et riches de pallier la mort de milliers d'hommes jeunes dans les tranchées auprès de femmes en déficit de partenaires, on ne saurait nier cet avantage collatéral, mais quantitativement infime par rapport au bienfait général.

On voit qu'en embrassant très large, Voronoff ne pouvait pas manquer la cible. Certes certains lecteurs trouveront les articulations du discours un peu raides. Nous-mêmes, en venant de les suivre scrupuleusement, n'avons pas systématiquement réussi à rendre l'argumentaire toujours irréfutable ! Sans parler des professionnels, toute personne un peu au fait de l'état actuel de la biologie aura sursauté à plus d'une allégation de Voronoff. Rassurons-les, même au moment où il diffuse ses idées, de sérieux confrères ont réfuté ses thèses au strict point de vue des connaissances scientifiques et pas seulement pour leur côté emphatique, un peu pédant, en tout cas grandiloquent et hyperbolique. C'est pourquoi nous avons voulu en revenir longuement au texte même du Docteur et non aux comptes rendus de ses confrères ou entretiens au cours desquels ses propos pouvaient parfois dépasser sa pensée et être déformés ensuite par le journaliste. Certes nous allons présenter ses idées telles qu'elles étaient exprimées dans ses conférences afin de leur conférer la résonance publique qu'elles ont eue à leur époque, mais ce sont là ses mots, choisis et agencés dans ses deux livres les mieux diffusés et qui furent certainement achetés par des lecteurs très proches du corpus social qui se pressait à Nice dans la salle de l'Artistique pour venir l'écouter et, peut-être, surtout le voir en représentation. À savoir des gens se piquant d'un intérêt pour les sciences et la culture, pas toujours étayé par de solides études mais alimenté par des lectures et des conversations de salon de niveau parfois honorable, généralement ni stupide ni indigne. Dès lors il paraît très compréhensible qu'il ait réuni beaucoup de monde pour assister à ses prestations.

Car la science en tant que spectacle, classé dans la catégorie des « curiosités », constitue un genre à part qui a toujours eu des amateurs, public de connaisseurs éclairés. Déjà au début du XIXe siècle à Paris et à Londres la Haute Société se régale à la vue des organes génitaux proéminents de la Vénus Hottentote exhibée dans les salons (*Vénus Noire* d'Abdellatif Kechiche, 2010). Un peu plus tard, à l'ère Victorienne toujours dans la capitale anglaise, c'est Merrick au visage atrocement déformé que les riches s'arrachent (*Elephant Man* de David Lynch, 1980) ; la monstruosité humaine était sortie des foires pour gagner les beaux quartiers surtout si elle était pimentée d'une provocante dimension sexuelle. En 1875 le professeur Jean Martin Charcot soigne en public ses hystériques de l'hôpital de la Pitié Salpêtrière à Paris. Devant l'amphithéâtre plein à craquer, il hypnotise ses patientes pour les mettre en crise et pouvoir ainsi commenter lors de ses cours publics les différentes phases du malaise. La plus belle de ses malades, Augustine, devient une vraie vedette que les échotiers viennent admirer pour écrire des comptes rendus excitants dans la grande presse, illustrés de photographies fixant les pauses de la très jeune fille entre extase mystique et jouissance sexuelle prises par le médecin lui-même. Celui-ci fut en effet le premier à utiliser la photographie dans ses expériences (voir deux films à ce sujet, tous deux titrés *Augustine* : le premier signé Jean-Claude Monot et Jean-Christophe Valtat, un chercheur en philosophie au CNRS et un écrivain, 43 minutes, réalisé en 2003 et sorti seulement en décembre 2011 ; le second, premier long-métrage de la jeune cinéaste Alice Winocourt en 2012).

Voronoff, lui aussi utilisera plus tard la photographie et le cinéma pour expliquer ses greffes. D'ailleurs, une fois spécialisé en gynécologie, Voronoff suit l'enseignement de Charcot à la Salpêtrière et a donc très probablement assisté à ces séances ouvertes. En outre, dans le même esprit, notons qu'en préparant sa thèse de Doctorat qu'il soutiendra en 1893, Voronoff est externe des hôpitaux de Paris (1890-1893) et qu'à ce titre il est assistant du célèbre chirurgien de l'hôpital Saint-Louis Jules Émile Péan qui défraye alors la chronique mondaine au moins autant que Charcot. A la carrure impressionnante, Péan opère en habit entouré de nombreux invités choisis. Il ouvre le ventre de ses patientes anesthésiées, déplace viscères et organes génitaux, en coupe des morceaux, mains et avant-bras dans le sang ou autre liquide gélatineux, détaillant chaque geste chirurgical en pédagogue de choc d'une époque où l'on ne parlait pas encore de maladies nosocomiales et où les accidents opératoires n'étaient pas exceptionnels. Il semblerait qu'une fois le jeune Voronoff crut bon de parler hygiène, mais Péan lui rétorqua en substance que les mortes sous son bistouri permettraient à des dizaines d'autres d'être sauvées dans le futur. Chaque opération était en effet une expérimentation faisant progresser la science. Il s'agissait la plupart du temps d'ovariotomies (souvent contraceptives) à la limite de la légalité (puisque préventives), ce qui accroissait son aura sulfureuse mais qui lui valut par contre, malgré ses succès cliniques indiscutables, de n'être jamais nommé Professeur par la Faculté de ses pairs. Par contre – et peut-être ceci sera plus important puisque l'introduisant dans l'histoire de l'art – Péan figure en pleine action dans deux tableaux d'Henri de Toulouse-Lautrec, habitué de ses spectacles opératoires ! Bref Voronoff avait été à bonne école : Charcot, Péan l'avaient non seulement instruit en maîtres explorant de passionnants domaines nouveaux, mais aussi conquis par un charisme éblouissant qui l'influença avec force. Mais la carrière de Péan lui montrait aussi le prix scientifique à payer pour ce type de notoriété. Voronoff touchera en partie aux mêmes domaines de recherche, il sera comme lui un chirurgien mondain et ne sera jamais non plus nommé professeur. Sans doute effectuera-t-il également des opérations publiques (testiculaires et ovariennes), mais moins souvent que ses collègues qui appliqueront sa méthode. Le public friand de ce type de démonstration dans le vif devra se contenter de ses conférences et de ses récits, constituant, eux aussi, une talentueuse et intelligente vulgarisation scientifique, mais moins traumatisante.

Nous proposons donc trois conférences telles qu'a pu les prononcer à Nice, à Paris et dans de nombreuses capitales du monde, Serge Voronoff qui en fit ensuite plusieurs chapitres des *Sources de la vie* et de *La conquête de la vie* : la première, *Les sources de la vie,* offre la quintessence d'un thème généraliste, présenté en deux parties (la naissance de l'Homme ; les conditions existentielles de la vie) à un public cultivé, habitué à ce type de pédagogie, simplificatrice mais de bon niveau. La seconde, *Peut-on prolonger la vie ?* analyse plus précisément le cœur de la recherche du Docteur : quelles sont les causes de la vieillesse et de la mort ? Comment freiner le processus en s'attachant à utiliser le rôle des glandes sur la longévité ? La troisième, *La technique de la greffe*, répond aux questions matérielles que peuvent se poser des gens déjà au courant du travail de Voronoff et curieux de savoir avec précision comment cela se passe concrètement. On le voit, ces exposés s'enchaînent et celui qui aura suivi les trois, se trouvera exactement informé, capable de dominer tout débat de salon en réfutant lieux communs, ragots et imprécisions en la matière.

Les conférences de ce genre se développent beaucoup à l'époque. Aussi, en 1933, la municipalité de Nice décide-t-elle de leur fournir un cadre plus académique pour lutter contre l'injuste réputation de frivolité qui entoure la Côte d'Azur. La création du Centre Universitaire Méditerranéen (très vite connu sous ses initiales de CUM), dans une belle villa s'ouvrant sur la promenade des Anglais à la suite des plus prestigieux palaces, veut donner un cadre de rêve à ce nouveau foyer de rayonnement de l'esprit latin et de l'intelligence. L'institution prend la forme d'une Université Libre, dispensant un enseignement de niveau supérieur, sans obligation de présence ni délivrance de diplômes mais organisé en cycles de conférences. L'administration générale fut confiée au célèbre poète Paul Valéry. À plus de 60 ans, il a connu les plus hautes consécrations nationales et il est fort attaché à la diffusion de la culture. Voronoff le cite parmi ses connaissances prestigieuses et apprécie son œuvre. De là à décréter qu'il fut son patient à la clinique de Grimaldi, il n'y a évidemment qu'un pas que les échotiers de la Côte franchirent volontiers. Quoi qu'il en soit, le thème commun des enseignements du CUM devant être l'étude des civilisations de la Méditerranée, Voronoff n'y prononça aucune conférence, les greffes de testicules de singes n'étant pas une spécialité de *Mare Nostrum*.

2

LES SOURCES DE LA VIE

1. La naissance de l'homme

Le corps humain est une machine vivante, merveilleuse, mais extrêmement compliquée. A voir la variété de ses multiples organes, la substance molle du cerveau et la dureté des os, l'élasticité des muscles semblables aux ressorts par leurs mouvements rapides et l'immobilité de la matière formant le foie, le rein, etc., à suivre la circulation du sang, pareille à un torrent, où flottent des globules blancs et rouges, et à constater sur le même corps des dents, des cheveux, des ongles, des yeux qui reflètent la lumière, des oreilles qui perçoivent le son, on penserait naturellement à la diversité des matériaux qui ont servi à l'édification d'une machine si complexe. Il est donc prodigieux qu'elle soit formée par une seule cellule. L'ovule de la femme constitué par une cellule unique se dépouille d'une moitié de sa substance avant de s'unir à la cellule du mâle qui, de son côté, en fait autant, de façon que ces deux moitiés, en fusionnant, forment une nouvelle cellule entière, mère de toutes celles qu'elle engendrera pour former notre corps. Tout vient d'elle, tout se trouve virtuellement en elle. En elle est toute notre hérédité, nos qualités physiques, morales et intellectuelles. Selon ce qu'elle détient dans sa constitution intime, nous aurons du génie qui pourrait se manifester dès notre enfance : Ovide parle en vers dès l'enfance, Dante rime à neuf ans ; Pascal à douze ans trouve la 32e proposition d'Euclide ; Raphaël, encore enfant, reproduit merveilleusement les œuvres de son maître, le Pérugin ; Mozart à quatre ans joue du clavecin et compose à cinq ans. Ou alors nous serons pourvus d'une intelligence médiocre ou même nous naîtrons idiots. En elle se trouve déjà notre caractère généreux, doux, bienveillant, ou, au contraire, avare, taciturne, méchant ; en elle, la beauté de nos formes, l'expression de nos yeux, la couleur de nos cheveux ; en elle, la difformité de notre corps, la laideur de nos traits ; en elle, notre future santé ou la lourde hérédité des maladies dont furent victimes nos parents ou même nos ascendants éloignés ; en elle, notre esprit de sacrifice ou nos tendances criminelles. Nous sommes l'enfant de cette cellule avec tout ce qu'elle a de bon ou de mauvais, nous sommes cette cellule sous une forme nouvelle à laquelle elle est parvenue.

Cette transformation, cette métamorphose d'une cellule unique en un être complexe, qui est le corps humain, est la chose la plus prodigieuse que la nature nous offre, une sorte de féerie où mille tableaux plus merveilleux les uns que les autres se succèdent pendant neuf mois de gestation. La cellule commence par se diviser en deux. Les deux premières cellules donneront naissance chacune à deux autres et ainsi de suite. Au bout de quinze jours on trouve déjà une quantité énorme de ces cellules-filles formant une petite boule pareille à une cerise. À ce moment l'embryon humain n'a rien d'humain et ressemble étrangement à un polype. L'embryon s'aplatit ensuite, prend l'aspect d'un ver plat, mais revêt bientôt, vers le vingt-huitième jour, les caractères du poisson avec les fentes branchiales très caractéristiques qu'avait déjà observé Geoffroy Saint-Hilaire, le célèbre naturaliste qui accompagna Napoléon en Égypte. J'ai même eu l'occasion de remarquer, moi-même, la persistance d'une de ces fentes, sur un enfant de douze ans. L'embryon ne reste pas longtemps à ce stade et déjà au trente-cinquième jour il prend les caractères d'un batracien et un œil médian se dessine comme on l'observe chez certaines salamandres. La métamorphose continue, l'embryon montre les caractères d'un mammifère quelconque et ce n'est qu'au quarante-huitième jour qu'il s'élève dans l'échelle animale pour prendre l'aspect d'un singe. Le cerveau à ce moment est parfaitement pareil à celui d'un babouin. La forme humaine s'accentue pourtant de plus en plus et au troisième mois elle devient dominante. La cellule humaine gardant en elle le souvenir de sa création initiale, de ses origines lointaines, parcourt le cycle des ancêtres, en fait une sorte de revue rapide pour parvenir à la forme supérieure, la forme humaine. Mais ce n'est pas encore la métamorphose finale ; l'embryon appartient dorénavant à l'espèce humaine sans qu'on puisse encore déterminer sa race. Les traits s'accentuent, la forme de la tête, certaines lignes de la petite figure, la placeront bientôt dans une race déterminée. Le plan général est accompli, mais il reste encore à façonner les détails. Maintenant ce sont les caractères propres du père et de la mère et ceux des ascendants proches qui vont s'accentuer et déterminer la caractéristique de l'être qui va naître. En effet, la cellule initiale porte en elle tout son passé animal et humain, mais plus l'ancêtre est éloigné, moins il en reste de traces et ce sont les ascendants proches et particulièrement le père et la mère qui impriment leur cachet intellectuel, moral et physique à leur enfant. Cet enfant sera ce que la cellule mère l'avait fait, ce que la demi-cellule mâle et la demi-cellule femelle contenaient en elles avant de s'unir pour la création d'un être nouveau.

2. Les conditions essentielles de la vie

Nous venons d'assister à la transformation successive de la cellule initiale qui a engendré des milliards de cellules, dont l'ensemble a pris des formes diverses pour finir par celle de l'homme.

Voyons maintenant par quels procédés cette unique cellule en se multipliant a pu réaliser cette œuvre prodigieuse. Cette première cellule ne fait d'abord que multiplier le nombre de ses filles, petites filles, etc., qui paraissent être toutes pareilles, ressemblant à un protozoaire, à une amibe, à l'être le plus simple de la nature. Mais au bout de quelques jours, on remarque que quelques cellules se détachent de l'ensemble et pendant que le petit embryon s'allonge, se modèle, les unes vont former le cerveau, les poumons, le cœur, les autres la peau, les muscles, les os, etc. Dans la cellule-mère il y avait donc des particules microscopiques d'un caractère particulier, préposées à former des cellules destinées à des fonctions très différentes. À cet effet les cellules prennent des formes diverses selon le rôle qu'elles devront jouer dans l'organisme. Elles s'allongent pour former les muscles, elles s'aplatissent pour constituer la peau, elles s'incrustent de sels pour acquérir la fermeté des os, elles deviennent fusiformes dans les nerfs, etc. Mais si différentes qu'elles soient par leur aspect, ce sont des cellules issues de la même cellule initiale. Leurs fonctions peuvent être différentes selon le rôle que la nature leur a assigné, mais leur vie physiologique, leur propre vie pour ainsi dire est la même dans toutes les cellules. C'est donc cette vie de la cellule en dehors de sa fonction, ces étapes successives depuis son apparition jusqu'à sa maturation, sa vieillesse et sa mort que nous devons étudier pour comprendre le mécanisme intime de l'évolution de notre corps, constitué uniquement par des cellules. Leur vie c'est notre vie, leur jeunesse, leur vieillesse, leur atrophie et leur mort conditionnent notre jeunesse, notre vieillesse et notre mort. Mais comment saisir les diverses phases de la vie de la cellule, comment suivre son évolution ? S'adresser aux protozoaires, aux amibes, ces êtres primitifs qui sont constitués par une seule cellule ? Ce serait une profonde erreur. Entre l'apparition sur la terre du protozoaire et la naissance de l'homme, plusieurs millions d'années se sont écoulés. Pendant ces longs siècles la cellule primitive s'est élevée de plus en plus dans l'échelle de la création, a donné naissance, par adaptation à des conditions différentes, à des êtres doués de qualités nouvelles. Il n'est donc pas possible d'admettre que les cellules qui composent notre corps, qui se sont adaptées à de nouvelles fonctions, qui se sont différenciées, spécialisées pour des rôles strictement délimités, soient identiques à l'amibe primitive. Les cellules cérébrales, nerveuses, musculaires, les cellules du foie, des reins, etc., ont apparu bien postérieurement et ne peuvent d'aucune façon être comparées à l'amibe, à la cellule unique capable d'assurer tous les besoins de la vie, vie extrêmement réduite, vie purement végétative. Les cellules de notre corps ont, au contraire, perdu leur autonomie, ne sont plus capables de se suffire et dépendent les unes des autres. C'est donc la vie de nos propres cellules que nous devons suivre pour connaître leur évolution, les phases successives de leur existence. Il y a peu d'années une pareille étude n'était pas possible. Comment pouvait-on, en effet, observer la vie de nos cellules à l'intérieur de notre corps où notre œil ne peut point pénétrer ? Heureusement on est parvenu à faire vivre nos cellules hors de notre corps en les cultivant simplement dans un récipient de verre, où il est très facile de les observer. Or, si on détache un petit fragment d'un organe quelconque et qu'on le place sur le plasma sanguin pris à l'individu même d'où on a détaché ce fragment, on observe que les cellules ainsi libérées, bien qu'elles soient nourries par le même sang, vivent à peine quelques heures. L'explication de ce fait a été vite trouvée. Les cellules vivantes absorbent les matières nutritives du sang et y rejettent les déchets de leur digestion. Dans le petit récipient où ces cellules sont placées, la quantité de ces déchets augmente d'heure en heure et finit par empoisonner les cellules et arrêter leur vie. Par contre, si on réalise un dispositif qui permet l'évacuation du liquide pollué et son remplacement fréquent par du sang frais, on observe une survie beaucoup plus longue de ces mêmes cellules. Ce fait nous enseigne que pour assurer la vie de nos cellules il est nécessaire avant tout qu'elles reçoivent la nutrition sanguine toujours renouvelée et qu'elles soient débarrassées des déchets qui doivent être promptement évacués. C'est ainsi, du reste, que cela se passe dans notre corps. Le courant sanguin parcourt continuellement toutes les parties de ce corps en apportant toujours du sang frais et en emportant les déchets que la peau, les poumons, les reins et les intestins évacuent. Pourtant, même dans ces conditions, tandis que les cellules faisant partie de notre corps vivent et fonctionnent pendant les longues années de notre existence, les cellules cultivées hors du corps, même dans les conditions favorables que je viens d'indiquer, montrent au bout de peu de jours des signes de dépression. Elles procréent moins de cellules nouvelles, se flétrissent de plus en plus et meurent bientôt. Il y a donc en nous quelque chose de plus que la simple alimentation rationnelle pour faire vivre nos cellules. Ces conditions – alimentation et évacuation – suffisent, en effet, aux êtres frustes – protozoaires, amibes – qui vivent indéfiniment dans des circonstances semblables, mais à nos cellules très éloignées du type primitif, très affinées, il faut davantage, il faut un stimulant à leur énergie de vivre. En effet l'expérience a démontré qu'il suffit d'ajouter au plasma sanguin fréquemment renouvelé, quelques gouttes d'un extrait embryonnaire pour que les cellules non seulement ne meurent pas au bout de quelques jours, mais vivent des années, voire indéfiniment. À l'institut Rockefeller à New York, Alexis Carrel entretient ainsi une culture des cellules ensemencées il y a vingt ans et qui gardent en se renouvelant constamment leur vitalité sans le moindre signe d'affaiblissement, ni de vieillesse. Nos cellules ont donc besoin d'un stimulant qui entretient leur énergie, leur pouvoir de se multiplier, et le liquide embryonnaire joue justement ce rôle dans la culture des cellules. On l'obtient en triturant, en exprimant un embryon de cobaye ou plus simplement de poulet, qu'on enlève de l'œuf avant la formation complète du poussin. Dans cet embryon la vie est en formation intense, les cellules naissent, se multiplient incessamment, la création est en marche, ce qui explique les qualités stimulantes du liquide qu'on extrait d'un pareil être en éclosion.

Les cellules cultivées par Carrel ont été prises à un poulet dont la vie est de cinq à huit ans et ces mêmes cellules, grâce à leur vitalité accrue par le liquide embryonnaire, en procréant toujours des nouvelles cellules jeunes, ont dépassé trois fois la vie la plus longue d'un poulet, et ne montrent pas le moindre signe de vieillesse. Une conclusion s'impose donc – les cellules de notre corps ont besoin pour conserver leur vitalité, non pas seulement d'une alimentation rationnelle, mais également d'une stimulation constante de leur énergie de vivre. À mesure que ce stimulant devient moins abondant avec le progrès de l'âge, nos cellules donnent des signes de fatigue, qui est notre fatigue, et le jour où la source de stimulant est tarie, les cellules s'atrophient, meurent et entraînent notre mort. Mais d'où vient ce stimulant dans le corps vivant ? Quel est l'organe qui est chargé de l'élaborer ? De toute nécessité, cet organe doit fournir le stimulant pour tout l'organisme, car toutes les cellules en ont besoin, et ce doit être le sang qui est chargé de le transporter, car ce n'est que le sang qui parcourt toutes les parties de notre corps et apporte à chaque cellule les principes dont elle a besoin. Cet organe ne peut être qu'une glande à sécrétion interne qu'on appelle « endocrines », car seules ces glandes sont chargées dans l'organisme de fournir des principes qui agissent à distance. Or, nous connaissons l'action de nos glandes, depuis la pituitaire (hypophyse), qui se trouve au-dessous du cerveau, jusqu'aux surrénales qui sont placées au-dessus des reins. Ces glandes, ainsi que la thyroïde et les parathyroïdes, et toutes les autres dont j'ai parlé dans l'étude détaillée que j'ai publiée en collaboration avec le Professeur Retterer – *La Glande Génitale mâle et Les Glandes Endocrines* – jouent dans l'organisme des rôles bien déterminés, activent ou modèrent certaines fonctions ou neutralisent certains poisons apportés par les aliments ou élaborés à l'intérieur du corps. Ainsi, le liquide fourni par la glande thyroïde est nécessaire pour stimuler la fonction des cellules cérébrales. Privées de ce liquide, dans le cas d'atrophie de cette glande, les cellules cérébrales, tout en étant normalement constituées perdent la faculté d'émettre une pensée ou un sentiment, et les enfants ainsi nés restent idiots. La glande pituitaire a des effets multiples, étant composée de deux lobes chargés de fonctions différentes, dont la plus anciennement connue est son influence sur la croissance des os. On est grand ou petit selon le volume et l'activité de cette glande. Les glandes surrénales stimulent les battements du cœur et les contractions des vaisseaux.

L'étude approfondie du rôle toujours multiple de chaque glande a prouvé qu'elles agissent sur *les fonctions* des cellules de tous nos organes. Les cellules du cerveau, du poumon, du foie, des reins, etc., peuvent être comparées à des artisans spécialisés dans un rôle, dans une fonction nécessaire à la vie du corps. Chacun de ces artisans contribue ainsi à la vie de l'ensemble. Mais, en dehors de la fonction dont profite tout l'organisme, la cellule est une individualité qui a sa propre vie, sa vie intérieure pour ainsi dire. Elle est forte ou faible, elle garde toute son énergie, ou donne des signes de défaillance. Selon qu'elle est plus ou moins bien alimentée, selon qu'elle est obligée de fournir un travail plus ou moins intense, sa vitalité peut s'en ressentir. D'un autre côté, un grand nombre des cellules de notre corps conserve la faculté de se reproduire, de donner naissance à des cellules jeunes qui prennent la place et la fonction de celles qui ont vieilli. C'est encore une part de la vie propre de la cellule en dehors de sa fonction. Or, toutes les glandes que j'ai mentionnées agissent sur *la fonction* des cellules, règlent leur travail, l'activent ou le modèrent selon les besoins de l'organisme, mais aucune d'elles n'est préposée originellement à stimuler non pas la fonction, mais la propre vie, la vie végétative des cellules, leur énergie vitale et leur pouvoir de reproduction, de multiplication. Or, la culture des cellules hors du corps nous a appris que les cellules évoluées, différenciées, de notre corps ne peuvent pas se contenter d'être seulement nourries et d'être débarrassées des déchets de cette nutrition, mais ont besoin en même temps d'un stimulant à leur énergie de vivre. Ce stimulant de la vie propre de la cellule est fourni par *les glandes génitales* mâles ou femelles. Le liquide qu'elles élaborent et qu'elles versent dans le sang en grande quantité, surtout durant notre jeunesse et l'âge adulte, donne justement ce stimulant. Nous en avons la preuve par l'observation de ce qui se passe dans le corps lorsqu'on supprime ces glandes. Alors que la suppression des autres glandes que j'ai énumérées amène rapidement la mort par la suppression des fonctions nécessaires à la vie du corps, ou arrête la fonction du cerveau quand il s'agit de la thyroïde, l'ablation des glandes génitales ne produit rien de semblable ; on ne meurt point, on vieillit simplement, on s'affaiblit, on a une vie ralentie. Du reste, les observations d'ordre biologique expliquent déjà la raison de l'influence des glandes génitales sur la vie propre, la vie physiologique des cellules. En effet, la sécrétion de ces glandes peut réellement être comparée par ses effets au suc embryonnaire stimulant la vie des cellules cultivées hors du corps. Il s'est fait dans cette glande des naissances prodigieuses, continuelles de nouvelles cellules. Pour en donner une faible idée, il n'y a qu'à signaler que chaque acte physiologique d'amour se termine par l'émission de 80 à 100 000 cellules mâles, qui partent à la recherche de l'ovule. Nulle part dans le corps, n'existe un pareil débordement de procréation, de multiplication cellulaire. Les naissances cellulaires se succèdent avec une rapidité extraordinaire. Durant notre vie, c'est par milliards qu'il faut compter le nombre de jeunes cellules produites par les cellules génitales. En même temps qu'elles créent continuellement de nouvelles cellules, le liquide sécrété par elles, pareil au liquide embryonnaire par l'essence de l'énergie qu'il contient, stimule la vitalité de toutes les cellules du corps. Ainsi, ces glandes constituent la source d'énergie de toutes les cellules. Leur jeunesse, qui se traduit par multiplication cellulaire intense et abondante sécrétion interne, est notre jeunesse ; et leur vieillesse, leur atrophie est notre vieillesse. Lorsque cette source d'énergie cellulaire est complètement tarie, c'est l'acheminement plus ou moins lent vers la mort.

PEUT-ON PROLONGER LA VIE ?

1. La cause de la vieillesse et de la mort

Notre immense désir de vivre est en contradiction avec les misères de la vieillesse et la brièveté de la vie. Nous ne possédons que l'instinct de la vie, nous n'avons pas celui de la mort. L'épouvante devant la mort, comme devant le spectre de la dégradation physique et morale de la vieillesse, toute l'humanité la ressent, toute l'humanité en souffre. Les religions mêmes n'y ont apporté qu'une bien faible consolation. Elles n'ont pu que prêcher la résignation devant l'inévitable, et pour en atténuer l'horreur, pour donner satisfaction au besoin inné de vivre, de vivre toujours, elles nous ont promis de renaître dans une autre vie, une vie éternelle. Dans leur immense commisération pour la pauvre humanité que rien ne pouvait consoler de la perte de la vie terrestre, ces religions ont cru même nécessaire d'affirmer que l'autre vie serait infiniment meilleure. Mais rien n'y fait ; athées et croyants demandent à Dieu ou à la science de prolonger leur existence sur cette terre et leur épargner les infirmités dégradantes de la vieillesse. Malheureusement, la science jusqu'à ces dernières années s'est montrée impuissante à apporter un remède à la vieillesse et éloigner le terme fatal. Nous connaissions les causes indirectes de la sénilité, les effets de certaines maladies, mais nous ignorions complètement la raison intime de la déchéance de nos organes, déchéance qui arrive inévitablement à une époque à peu près fixe. Au-delà des causes banales, il restait un formidable inconnu. Pouvons-nous l'aborder, pouvons-nous pénétrer dans le mystère de notre organisme et saisir la cause première de notre vieillesse et de notre mort ? Seule la solution de ce problème, en nous dévoilant le secret de la nature, pourrait nous aiguiller vers le remède possible contre l'état sénile dont notre corps offre le spectacle lamentable à un certain âge.

Si ardu qu'il soit, ce problème ne doit pas être considéré comme au-dessus et en dehors des limites des investigations permises à la science. L'impossibilité de connaître l'origine de la vie et l'apparition du premier être vivant ne doit point exclure la possibilité de découvrir la cause de la mort. En effet, l'origine de cette vie remonte à quelques millions d'années ; et il nous est impossible de reconstituer actuellement les conditions atmosphériques : chaleur, humidité, composition d'air, radiations, ainsi que l'état de la matière, très particulier à ce moment, qui ont permis la naissance de la vie. La mort, au contraire, est un phénomène qui se passe devant nos yeux : et nous n'avons que trop l'occasion de l'observer. Notre étude peut s'étendre de l'être le plus simple à l'organisme le plus compliqué. Nous pouvons même vérifier par expérimentation une hypothèse que l'observation nous suggère, car, s'il nous est impossible de créer artificiellement la vie, nous pouvons artificiellement réaliser les conditions qui rapprochent ou éloignent la mort. La recherche dans cette voie est donc permise, rationnelle, et l'insuccès des investigations antérieures ne doit rebuter aucun effort nouveau tendant à résoudre ce problème, le plus grave, le plus passionnant pour l'humanité.

Et tout d'abord une question se pose : la mort est-elle inévitable, se présente-t-elle comme une loi générale à laquelle aucun être vivant n'échappe sur la terre ? Je parle, bien entendu, de la mort naturelle, physiologique, et non de celle que provoquent les accidents, les maladies ou l'agression du plus fort – toutes causes fréquemment observables dans la nature. Je ne sache pas que cette mort naturelle, physiologique, ait jamais été observée chez les hommes : car ceux-là mêmes qui meurent dans l'extrême vieillesse, sans maladie apparente, montrent à l'autopsie des lésions échappées à l'observation et prouvant péremptoirement que la mort a été occasionnée par l'atteinte plus ou moins grave de certains organes.

Si donc la mort naturelle existe – et il est impossible de ne pas l'admettre – elle doit être extrêmement rare *à l'âge où elle survient habituellement*. D'un autre côté, pour étudier ce phénomène, pour surprendre l'intention première de la nature, il est logique de s'adresser à l'être le plus simple, le plus voisin du premier apparu sur la terre. Ainsi seulement pourra-t-on se rendre compte si la mort a été mise à l'origine de la vie et si elle constitue la loi inéluctable de la nature. Or, la matière vivante la plus élémentaire se présente à nous sous forme d'une cellule composée uniquement d'une petite masse molle, le protoplasme, contenant à l'intérieur un noyau. Tels sont les infusoires, les amibes et autres protozoaires. En les observant, on voit chacun se diviser bientôt en deux, et constituer deux cellules vivantes sans que périsse la moindre parcelle de la matière. Chacune de ces deux cellules se divise à nouveau en deux parties, et au bout de peu de temps on les voit se reproduire par division et pulluler d'une façon extraordinaire. Les générations se succèdent avec une grande rapidité sans qu'il se produise un seul cas de mort : on chercherait vainement un cadavre parmi le grouillement des innombrables infusoires (Metchnikoff et Metalnikoff). Ils seraient capables d'envahir la terre entière, si, dépourvus de défense, ils n'étaient dévorés par une multitude d'ennemis. Le protozoaire ne connaît pas la vieillesse et ne meurt jamais. Il peut être détruit par l'adversaire ou par suite d'inanition faute d'aliments, mais il ne connaît pas la mort physiologique. En créant les premiers êtres vivants, dont, par succession graduelle à travers des millions d'années, se forma la chaîne animale, la nature les a voulus immortels. Le souffle de la vie qui pour la première fois anima la matière ne contenait que la vie. La nature à cette époque ignorait la mort. Quelles sont donc les circonstances qui ont pu amener ce fatal changement dans le plan initial ?

Pour le comprendre, nous devons suivre l'évolution qui se produisit dans la constitution des êtres vivants.

Au cours progressif des siècles, avec les modifications des conditions d'existence et les changements de milieu, d'habitat, certaines cellules primitives se sont associées entre elles pour former des êtres doués d'organes plus parfaits, mieux adaptés aux nouvelles exigences vitales. Mais ces groupements n'ont pas modifié la qualité essentielle de la cellule primitive. La cellule de n'importe quelle partie du corps pouvait toujours reproduire le corps entier. En effet, beaucoup d'animaux inférieurs ont gardé la faculté de se rajeunir, de renaître totalement par n'importe quelle portion du corps, tels les coraux qui pullulent à l'infini et constituent souvent des récifs de plusieurs centaines de kilomètres. Les hydres d'eau douce possèdent la même certitude à la régénération ; qu'on les coupe en tous petits morceaux, chaque parcelle reproduira une hydre entière, normale. Des animaux, supérieurs par leur organisation, tels que les vers d'eau douce, les planaires, peuvent reconstituer par chaque particule de leur corps un individu entier. Pareil phénomène est observé également avec le ver de mer appelé néméritime. Même le lombric ou ver de terre, doté d'une organisation relativement très élevée, a conservé cette faculté ; chaque fragment de son corps peut régénérer le ver complet. Mais, si nous nous élevons dans l'échelle animale, en suivant l'évolution des êtres vers des formes de plus en plus perfectionnées, nous voyons que les cellules du corps perdent définitivement cette aptitude à régénérer l'organisme entier. La perte du pouvoir créateur ne se produit pas brusquement ; ce pouvoir se limite d'abord à la reproduction du seul organe dont l'animal a été privé. Ainsi, les écrevisses peuvent restaurer les pattes ou pinces arrachées, mais non l'animal entier. Les insectes possèdent la même aptitude pour les membres, mais cette régénération ne s'étend plus au reste du corps. Les représentants inférieurs des vertébrés jouissent encore, mais à un faible degré, de cette surprenante propriété : le lézard peut restaurer sa queue ; mais les vertébrés supérieurs, les oiseaux, les mammifères, l'homme, sont totalement privés de l'aptitude à la régénération d'une partie de leur corps.

Quelle est la raison de ce fait ? Pourquoi les êtres inférieurs possèdent-ils la faculté de renaître, de se régénérer totalement au moyen de chacune de leurs cellules, tandis que les animaux supérieurs, qui ont acquis des organes perfectionnés, en sont privés au plus grand préjudice, non de l'espèce, dont la continuité reste toujours assurée par des cellules spécialisées, mais de l'individu lui-même ? Nous trouvons l'explication de ce phénomène dans le perfectionnement même de ces organismes supérieurs. À des individualités d'ordre primitif, formées d'une seule cellule, douées d'une vie complète avec aptitude à la croissance et à la multiplication indéfinie, ont succédé des êtres constitués d'un groupement de plusieurs cellules, également assez simples pour garder ce même pouvoir. Ils ont été suivis d'autres êtres de plus en plus différenciés, doués d'organes destinés à accomplir une fonction spéciale, composés par conséquent de cellules très éloignées du type primitif, dont chacune a dû acquérir des qualités particulières, lui permettant de jouer utilement son rôle dans l'ensemble. Ainsi l'aspect des diverses cellules qui entrent dans la constitution de notre corps est si différent de celui de la cellule type, du protozoaire primitif, qu'on a peine à y reconnaître la cellule initiale. Pourtant l'étude de celle-ci, à mesure qu'on s'élève dans l'échelle des êtres, nous montre tous les stades de ces transformations, et l'on saisit sur le vif comment se sont formées les fibres musculaires, les cellules nerveuses, etc. Du reste, si compliqué, si perfectionné que soit un être, tel l'homme, il provient d'une seule cellule, l'ovule, c'est-à-dire l'œuf. La transformation se produit à mesure que cette cellule initiale se fragmente, se divise de plus en plus pour former, peu à peu, les diverses cellules qui entreront dans la composition de nos tissus et organes. Modifiées à l'extrême, incapables de mener dorénavant une existence indépendante et de se suffire à elles-mêmes, ces cellules n'ont leur vie assurée que par le concours mutuel de toutes les autres du corps. Elles forment une société, un État, où chacun accomplit un rôle spécial destiné à assurer la vie de l'ensemble. Plus haute, plus délicate est la fonction de chaque organe, plus sont perfectionnées les cellules qui les composent, plus ces cellules s'éloignent du type primitif et plus elles sont à la merci du travail des cellules moins affinées d'autres organes. Ainsi que dans la société humaine, il s'établit dans l'organisme humain une sélection, une hiérarchie entre les divers éléments qui le constituent, depuis l'humble cellule intestinale qui prépare pour ainsi dire notre pain quotidien, jusqu'aux cellules délicates et hautement perfectionnées de la substance cérébrale qui coordonnent le travail de tous les artisans de notre organisme, stimulent les uns, modèrent les autres, et forment une sorte de Sénat romain assurant le gouvernement de notre république cellulaire. Mais à côté de toutes ces cellules plus ou moins perfectionnées, spécialisées, à côté de ces citoyens laborieux exerçant chacun un métier particulier, on trouve des êtres incapables d'accomplir aucune fonction nécessitant une éducation professionnelle. Ces cellules, peu différenciées, sont les cellules *conjonctives*. Elles se sont infiltrées partout. On les trouve en plus ou moins grand nombre entre les éléments de tous les organes sans exception. Ces cellules conjonctives forment la plèbe, race robuste, se reproduisant avec une grande facilité. Plus résistantes que toutes les autres cellules, elles empiètent constamment sur la place occupée par des cellules nobles. Celles-ci s'usent à la longue, victimes du sacrifice de leur indépendance qu'elles ont fait à la communauté en se chargeant d'un rôle limité, d'une fonction particulière qui contribue à la prospérité de toute la société, mais au détriment de leurs propres moyens de résistance.

L'étude de la vieillesse nous enseigne, en effet, que les cellules conjonctives envahissent de plus en plus les tissus de nos organes. Les autopsies des vieillards nous montrent invariablement la disparition, l'atrophie des cellules différenciées, spécialisées, qui sont remplacées par des cellules conjonctives, ce qui amène la sclérose, le durcissement des tissus. Or, à mesure que le nombre de cellules cérébrales diminue, les cellules conjonctives qui les remplacent ne pouvant nullement accomplir la fonction des disparues, nos facultés cérébrales baissent progressivement, l'influence coordinatrice du cerveau sur tous les organes faiblit, et lorsque le nombre des cellules cérébrales devient insuffisant, lorsque notre cerveau contient un trop grand nombre de cellules conjonctives, incapables d'assurer l'harmonie fonctionnelle de tous les organes, la mort frappe notre corps privé de direction. Mais le cerveau n'est point le seul organe atteint : nous l'avons mentionné en premier lieu comme le plus important, le plus perfectionné de notre organisme. Le même phénomène s'observe invariablement dans tous les tissus. Partout on constate l'atrophie de l'élément fonctionnel et son remplacement par le tissu conjonctif. Même les os subissent le sort commun, d'où les fractures si fréquentes chez les vieillards. Une partie de la chaux ainsi mise en liberté passe dans la circulation et va se déposer dans les parois des artères, déjà altérées par l'envahissement des cellules conjonctives, les prive de leur élasticité, les rend dures, friables et impropres à la nutrition de nos organes. Ce sont ces lésions les plus caractéristiques de la vieillesse qui sont connues sous le nom d'artério-sclérose. Les muscles à leur tour subissent le même sort. Les fibres musculaires s'amincissent, d'où la faiblesse musculaire qui se produit même bien avant la diminution de l'activité intellectuelle. À partir de soixante-cinq ans, l'effort musculaire devient pénible, l'atrophie ayant gagné une trop grande surface musculaire. Dans le foie, les cellules chargées d'élaborer le sucre, de fournir la bile et de détruire les poisons, sont également remplacées par les cellules conjonctives. Le même phénomène se produit dans les reins, où les cellules conjonctives finissent par obstruer les canaux destinés à débarrasser l'organisme des déchets ; et ainsi de suite. Partout, dans les tissus et dans les organes, c'est la cellule conjonctive, occupant d'abord une place modeste, qui se multiplie, prend la place des cellules nobles atrophiées et, incapable de remplir leurs fonctions, introduit dans une société organisée une sorte d'anarchie qui amène sa mort. Les nombreux travaux de Retterer, évolutionniste convaincu, démontrent que la cellule noble, épithéliale, se transforme elle-même en cellule conjonctive, qu'elle se dégrade, pour ainsi dire, à mesure que les conditions de nutrition deviennent défectueuses avec l'âge. Mais ceci ne change rien à notre thèse. Le fait demeure qu'avec la progression des années, le nombre de cellules nobles, spécialisées pour une fonction vitale, diminue, et qu'elles sont remplacées par des cellules conjonctives, puis fibreuses, incapables de rendre le même service ; d'où la désorganisation de toutes les fonctions du corps, la vieillesse et la mort.

C'est donc là un phénomène d'ordre général et qui constitue la clé du mystère, la raison de notre vieillesse et de notre mort.

La cause initiale étant ainsi élucidée, il est certain que multiples sont les causes *secondaires* qui peuvent accélérer l'état sénile et abréger notre existence. Metchnikoff a eu bien raison d'attirer l'attention sur l'effet nuisible des fermentations dues aux bacilles du gros intestin. Les poisons qu'ils élaborent, résorbés par le sang, altèrent naturellement les éléments les plus délicats, les plus précieux, les plus sensibles de notre corps et les moins robustes. Même observation peut être faite en ce qui concerne l'alcool, avec cette aggravation que ce poison (produit des fermentations de levure) paraît même surexciter l'activité des cellules conjonctives, d'où durcissement rapide des vaisseaux et des organes en général. Il va de soi que toutes les maladies infectieuses agissent dans le même sens. Nous n'avons pas à y insister. Ce que nous avons voulu établir, c'est le processus fondamental de toute vieillesse aboutissant à la mort : à savoir, la prédominance des cellules conjonctives remplaçant les cellules hautement différenciées : véritable triomphe de l'anarchie, règne éphémère des éléments inférieurs, d'où résultent la désorganisation de toutes les fonctions et la mort finale de l'organisme.

2. Rôle des glandes à sécrétion interne sur la longévité

La vieillesse résultant de la déchéance, de l'atrophie de la cellule noble, remplacée par une cellule fruste, peu évoluée, est-il possible d'y remédier ? Pouvons-nous au moins ralentir, retarder la dégradation des éléments les plus précieux de notre organisme et ainsi prolonger notre jeunesse, abréger le temps de la vieillesse et reculer la date de la mort ?

A priori, on pourrait l'espérer puisque nous sortons souvent vainqueur même de conflits aigus entre la vie et la mort à la suite des maladies infectieuses. Malheureusement, la situation est loin d'être la même dans les deux cas. Lors d'une maladie, nous avons affaire à un ennemi étranger venu du dehors ; et nos moyens d'action peuvent tendre à détruire ces intrus dont la mort est la rançon de notre vie. Tout autres sont les rapports entre deux éléments cellulaires qui, tous deux, font partie intégrale de notre organisme. Ce qui aggrave encore la situation, c'est que la cellule conjonctive ne nous devient nuisible que lorsqu'elle remplace les cellules spécialisées de nos organes. Originellement, elle entre dans la constitution de notre corps comme élément utile dont nous ne saurions nous passer. C'est en effet le tissu conjonctif qui forme la masse de soutien pour les autres tissus, et leur sert d'intermédiaire pour le passage des liquides nutritifs. Les vaisseaux, les nerfs, les fibres musculaires ainsi que les cellules de tous les autres organes sont soutenus par les tissus conjonctifs qui forment une sorte de charpente solide, nécessaire au maintien de l'édifice. Nous n'avons donc pas à rechercher le moyen de les détruire comme nous le faisons à l'égard des agents nuisibles venus du dehors. Mais si nous devons être très circonspects dans notre action contre les cellules conjonctives, par contre il paraît logique de concentrer tous nos efforts à renforcer *les cellules nobles*, à en augmenter la vitalité, la résistance, pour empêcher leur atrophie et leur remplacement par des cellules conjonctives, agents de notre vieillesse et de notre mort. En possédons-nous le moyen ?

De tout temps on a cherché à rajeunir les organismes vieillis : sans parler des alchimistes et des nombreuses tentatives plus ou moins fantaisistes faites au Moyen Âge pour trouver l'élixir de longue vie, des esprits aussi sérieux que Descartes et Bacon se sont adonnés avec passion à cette recherche. De notre temps, l'illustre biologiste Metchnikoff, doublé d'un philosophe, a cru trouver le remède à notre vieillesse en combattant les microbes nuisibles de notre gros intestin au moyen d'une alimentation lactée, surtout de lait caillé et de yoghourt. En effet, ces derniers contiennent de gros bacilles, inoffensifs pour nous, et qui luttent eux-mêmes contre les petits microbes malfaisants de notre intestin. Certes ce remède, comme tant d'autres, rentre dans l'arsenal des mesures hygiéniques qu'il est bon de suivre. Mais il n'est nullement une panacée contre notre vieillesse, dont les causes profondes viennent d'être étudiées. Quels seraient donc les moyens réellement efficaces pour combattre ces causes ? Pour répondre à cette question, nous devons pénétrer dans le mécanisme intime de nos tissus et nous rendre compte de ce qui conditionne leur vie, leur fonction. Et ici, nous entrons dans un domaine qui était encore plein de mystère voilà à peine une trentaine d'années. Malgré que l'étude du corps humain remonte à des siècles, ses rouages essentiels nous étaient restés inconnus. On se rendait bien compte que depuis la naissance chaque organe accomplissait son rôle, qu'au cerveau étaient dévolues les fonctions psychiques, que le cœur propulsait le sang dans nos vaisseaux, se contractant à chaque seconde pendant quatre-vingts ou quatre-vingt-dix ans, que le tube digestif élaborait la substance nutritive dont nous avons besoin, que le rein drainait les déchets organiques, etc. Mais on ne se demandait point par quel prodige chacun de ces organes remplit sa fonction sans trêve, sans repos, durant toute notre existence. Chacun, selon ses convictions religieuses ou ses conceptions philosophiques, cherchait la raison de cette continuité de fonctions, soit dans la volonté du créateur qui a mis en nous les principes de la vie, soit dans une sorte d'impulsion première que la nature octroie généreusement à chacune de ses créatures. Puis, se produisit un brusque réveil devant une réalité déconcertante, grâce aux méthodes expérimentales dont la valeur a été surtout relevée par le génie de Claude Bernard. On s'est aperçu qu'il suffisait d'enlever à l'homme sa glande thyroïde située au milieu du cou, bien loin du cerveau, pour que ce dernier perdit ses facultés psychiques et devint incapable de former la moindre pensée.

Sans la contribution de cette glande, le cerveau n'est qu'une masse inerte de chair grise et l'homme reste dépourvu d'intelligence. Pour que les cellules cérébrales manifestent leur activité, qui se traduit par l'émission d'une pensée ou d'un sentiment, il faut qu'en elles, se produise une réaction chimique déterminée par le liquide venant de la glande.

Les enfants qui naissent sans cette glande, ou dont la glande s'est atrophiée à la suite de quelque maladie, demeurent arriérés, idiots, malgré que leurs cellules cérébrales gardent la constitution normale. Le cerveau ne peut plus émettre la pensée, parce qu'il manque de stimulant pour déclencher cette pensée.

Le moteur-cerveau trouve son allumage dans la glande thyroïde et, sans l'étincelle (liquide thyroïdien) venant de cette glande, il reste inerte. Par contre, l'hypertrophie de cette glande, l'abondance anormale de la sécrétion, surexcite le cerveau et le système nerveux et occasionne des troubles divers, tremblements des mains, proéminence des yeux hors de l'orbite, etc.

Pire encore est le résultat de la suppression des quatre petites glandes para-thyroïdes, grandes comme des têtes d'épingle, situées à côté de la glande thyroïde. Toutes les cellules nerveuses entrent aussitôt dans une folle surexcitation, impriment des contractions violentes aux muscles, et le malade meurt dans des convulsions affreuses en l'espace de quelques jours. Le système nerveux, privé de la sécrétion des para-thyroïdes, perd le contrôle de ses actes, l'équilibre de sa fonction. Il ne sait plus pour ainsi dire ce qu'il fait, et au lieu d'imprimer des contractions régulières, adéquates aux nécessités, il provoque des mouvements désordonnés, fausse le jeu de tous nos muscles et entraîne notre mort. Ces petites glandes sont donc de merveilleuses usines, où s'élabore un liquide destiné à modérer, à régulariser l'activité de nos cellules nerveuses et à proportionner leurs efforts aux besoins utiles.

D'autres glandes jouent dans notre corps des rôles non moins importants. Ainsi, la privation des glandes surrénales, ces deux petites glandes situées au-dessus des reins, entraîne fatalement la mort au bout de trente heures en moyenne. Il se produit une faiblesse musculaire extrême, les battements du cœur se ralentissent de plus en plus et un animal sur lequel on a pratiqué cette opération meurt avec des signes d'extrême prostration, comme les hommes atteints de la maladie d'Addison due à la destruction lente de ces glandes. Notre cœur ne se contracte donc pas durant toute notre existence grâce à l'impulsion première que la nature aurait donnée à la naissance d'un être vivant. Un liquide sécrété par les glandes surrénales est nécessaire pour exciter le muscle du cœur, soutenir constamment ses battements et les contractions des artères. La dynamo du cœur est située dans les glandes surrénales.

Non moins important est le rôle de la glande qu'on appelle corps pituitaire ou hypophyse, petite glande qui se trouve au-dessous de notre cerveau, au niveau du palais de la bouche. De la grosseur d'une noisette, elle ne pèse guère qu'un peu plus d'un demi-gramme et pourtant son ablation complète entraîne la mort dans les quarante-huit heures ou en cinq jours au plus tard. Après la destruction de cette glande, l'animal devient somnolent, sa respiration se ralentit, sa température baisse et il meurt dans le coma.

On a observé sur l'homme l'effet de l'hypertrophie partielle de cette glande. Il est des plus curieux et prouve combien le jeu de tous nos organes est conditionné par la sécrétion de diverses glandes, rouages les plus les essentiels de notre corps. Si petit qu'il soit, le corps pituitaire est encore divisé en deux lobes dont chacun préside à une fonction spéciale. L'hypertrophie du lobe antérieur chez un être jeune, alors que la croissance des os n'est pas terminée, provoque l'allongement démesuré de ses os ; l'individu atteint une taille gigantesque, ses mains, ses pieds deviennent énormes, les mâchoires atteignent des proportions inusitées, le développement musculaire devient considérable et le sujet se montre d'une force extraordinaire.

Par contre, en cas d'insuffisance de la sécrétion de ce lobe antérieur, la taille reste petite, les pieds et les mains menus, la peau est douce et délicate.

La sécrétion du lobe postérieur n'a pas du tout les mêmes effets. Elle stimule les sécrétions lactée et rénale, influence le développement de la graisse et stimule la contraction des muscles de nos viscères.

Il y a d'autres glandes dont la fonction est encore entourée de mystère, telle la glande pinéale qui se trouve au milieu du cerveau et où les anciens plaçaient le siège de l'âme. Ce qui est certain c'est que chez quelques reptiles un œil médian se trouve développé au niveau de cette glande. Tout ce que l'on connaît pour le moment concernant sa fonction, c'est son influence sur le développement des organes de génération : mais de nouvelles études sont nécessaires pour éclaircir son rôle.

Nous laissons intentionnellement de côté pour l'instant l'étude de la glande génitale, dont la description mérite un développement plus complet. Mais ce qu'il y a à retenir de la revue rapide que nous venons de faire du rôle des glandes dans notre organisme, c'est que la vie, le fonctionnement de tous nos organes en dépendent, que ce sont elles qui déterminent l'action de chacun. Le cerveau, les nerfs, les muscles, ainsi que le foie, le rein et tous les autres organes ne sauraient accomplir aucun rôle utile sans le secours des glandes. La suppression de l'estomac, d'une grande partie de nos intestins, d'un rein est infiniment moins préjudiciable que la suppression des minuscules glandes parathyroïdes, surrénales, etc. La fonction de nos organes est en dépendance directe de l'activité de nos glandes, et, lorsque cette fonction est troublée, la cause doit en être cherchée, la plupart du temps, non dans l'état de cet organe, mais dans l'état de la glande qui le commande. Et, chose merveilleuse, ces glandes, chez tous les animaux, ont la même fonction, sécrètent le même liquide, produisent le même effet que chez l'homme. La sécrétion interne d'une glande de mouton ou de chien est identique à celle de l'homme, et si on pouvait transplanter cette glande animale dans le corps de ce dernier elle exercerait la même influence que sa glande originelle sur la fonction des organes qu'elle commande. L'inverse est également vrai. Si on pouvait greffer la glande de l'homme à un animal quelconque, cette glande se comporterait comme celle de cet animal. C'est que toutes ces glandes agissent uniquement par la substance chimique qu'elles élaborent ; et cette substance est partout la même.

Ce qui diffère, c'est la qualité des tissus qui reçoivent ce même liquide, leur degré de perfectionnement, leur évolution dans l'échelle animale. La glande thyroïde d'un homme agissant sur le cerveau d'un chien ne saurait réveiller que la fonction du cerveau de cet animal en rapport avec sa nature propre, sa capacité de manifester la pensée et le sentiment d'un chien. Par contre, la glande thyroïde de ce chien, en versant dans l'organisme de l'homme la substance chimique dont tout cerveau a besoin pour accomplir sa fonction, traduira cette fonction selon la capacité des cellules cérébrales humaines parvenues à un degré de perfectionnement que celles des animaux n'ont pas atteint.

Toute l'opothérapie, c'est-à-dire le traitement par les extraits de glandes, est basée sur cette constatation, et c'est aux glandes de moutons, veaux, etc., qu'on a recours pour remédier partiellement à l'insuffisance de la fonction des glandes chez l'homme.

La médecine évoluera graduellement, à mesure que les esprits se convaincront de ces vérités, vers la thérapeutique glandulaire. Hormis les maladies produites par des microbes, les troubles des fonctions de nos organes n'étant la plupart du temps que la conséquence d'un trouble dans la sécrétion glandulaire, c'est à la cause que l'on s'adressera et non à l'effet nuisible traduit par l'organe secondairement affecté. Par la connaissance approfondie de l'effet de chaque glande, du territoire qu'elle administre, des fonctions qu'elle tient sous sa dépendance, nous pénétrons dans le mécanisme profond de notre organisme et pourrons souvent nous en rendre maîtres. Ces glandes mystérieuses, si petites, enfouies profondément dans nos tissus, fuyant nos investigations, sont restées méconnues pendant des siècles, et pendant des siècles nous avons ignoré les rouages essentiels de notre corps. On penserait que la nature a voulu nous dérober son secret, et ce n'est que péniblement, après des efforts séculaires, que nous sommes parvenus à le lui arracher. Que de maladies, où l'effet des microbes nuisibles ne pouvait pas être invoqué, nous sont restées inconnues dans notre ignorance du rôle de ces glandes, et quelle source merveilleuse nous avons en elles pour équilibrer les fonctions de nos organes ! À travers des millions d'années, la nature a tâtonné, cherché, supprimé des organismes malvenus, et peu à peu a formé des êtres où tous les organes sont admirablement combinés pour assurer un fonctionnement parfait du corps adapté aux conditions de la vie sur notre terre. Dans un être normalement constitué, si ce fonctionnement subit un trouble, si notre cerveau baisse, si notre cœur fléchit, si nos muscles s'affaiblissent, c'est que la glande qui les commande a subi un trouble, une altération.

Manier ces glandes à notre convenance, assurer leur vitalité, la continuité de leur action, stimuler les unes, *remplacer* les autres, vieillies, usées, c'est nous rendre maître, pour ainsi dire, de notre vie.

RÔLE DES GLANDES GÉNITALES ET TECHNIQUE DE LA GREFFE

Une fatalité pèse sur nous : l'atrophie progressive des cellules nobles remplacées par des cellules conjonctives qui, à leur tour, deviennent fibreuses, scléreuses, impriment la marque de vieillesse à notre corps et l'acheminent vers la mort. Les cellules les plus affinées, les plus perfectionnées, les plus spécialisées pour une fonction particulière, celles qui fournissent un travail plus intense, s'affaiblissent, s'atrophient les premières et sont remplacées par des cellules conjonctives. Or, pensez au haut degré de perfectionnement que doivent atteindre les cellules de nos glandes ! Le volume de ces dernières n'atteint souvent que la grosseur d'une noisette et se réduit parfois à des dimensions encore plus exiguës. Elles ne contiennent forcément qu'un nombre très limité de cellules qui fournissent un travail formidable. La plupart du temps même, elles se partagent le travail, forment des équipes séparées, chargées chacune de produire un liquide différent devant agir sur tel ou tel organe.

Notre salut, la conservation de notre jeunesse, de notre activité, de l'équilibre harmonieux de toutes nos fonctions ne pourront donc être assurés que si nous trouvons moyen de venir en aide aux cellules nobles de nos organes. C'est la solution la plus logique à l'angoissant problème de notre déchéance, de notre vieillesse. Or, nous pouvons y parvenir.

La nature, qui nous a créés pour la vie, qui nous a dotés de rouages puissants pour faire mouvoir nos organes, nous a pourvus en même temps d'une source d'énergie merveilleuse. C'est à une glande que ce rôle a été dévolu, car ce sont toujours les glandes qui sont chargées d'élaborer le produit pouvant influencer à distance divers organes ou même l'organisme tout entier.

Tel est en effet le rôle des glandes génitales qui distribuent l'énergie, stimulent tous les membres de cette immense ruche qu'est notre corps, où soixante trillions de cellules travaillent sans trêve, accomplissant chacune une fonction déterminée.

Ces glandes élaborent les éléments de vie future destinés à féconder l'ovule afin de donner naissance à l'être nouveau et de transmettre à l'espèce l'énergie créatrice détenue par l'individu. Mais en même temps elles sécrètent un liquide qui, versé directement dans le sang, porte à tous les tissus le stimulant, l'énergie nécessaire à l'individu même. Nous assistons là à une manifestation merveilleuse du plan de création. Dans un seul organe, la nature a réuni la source de la vie de l'individu et celle de l'espèce.

Ceci est prouvé par le fait que le mâle castré perd ces deux énergies en même temps. Désormais incapable de procréer une vie nouvelle, il voit la sienne profondément diminuée. On s'en rend compte aussi bien sur les hommes que sur les animaux castrés.

La castration peut donc nous permettre d'étudier le rôle de ces glandes. Elle est pratiquée sur une tellement grande échelle chez les animaux domestiques et même sur les hommes en Orient, et elle a été effectuée si souvent dans les laboratoires par les savants désireux d'étudier méthodiquement les effets de la privation des organes génitaux, qu'un immense matériel d'observation peut être réuni à ce sujet. L'étude des phénomènes ainsi observés après la castration montre d'une façon évidente l'influence de la sécrétion interne des glandes génitales sur l'organisme tout entier.

La privation de ces glandes se répercute aussi bien sur le cerveau que sur le cœur, les muscles, les os et sur tous les autres organes. L'énergie morale et physique diminue, les qualités propres aux mâle s'évanouissent, la jeunesse disparaît.

Sur le coq castré, non seulement on observe que la crête se flétrit, qu'il cesse de chanter, etc., mais on constate qu'il perd en même temps son humeur belliqueuse, sa bravoure, ses instincts de domination et de protection envers les poules.

Le taureau castré, devenu bœuf, ne présente pas seulement des changements physiques, mais accuse également la disparition de son esprit inquiet, soupçonneux, de son caractère méchant, féroce et devient le plus doux des animaux, traînant paisiblement la charrette, conduit par un enfant, alors qu'auparavant trois hommes ne pouvaient pas toujours le maîtriser. Si l'on en juge par les apparences extérieures du cerveau, les différences peuvent exister dans la structure même de cet organe. Le cerveau du bœuf est d'un blanc mat, de teinte plutôt jaunâtre. Celui du taureau possède un brillant rappelant l'aspect de la porcelaine.

L'étalon fougueux, capricieux, difficile à manier, devient, une fois castré, l'animal le plus docile, et j'ai tout lieu de croire qu'en perdant ses glandes génitales il perd, en même temps, beaucoup de son intelligence. Je tire cette conclusion du fait que dans les cirques, où l'on voit des chevaux merveilleusement dressés, ce sont toujours des étalons qui ont été éduqués à ces pas savants, et non des chevaux hongres ; ces derniers, malgré leur parfaite docilité, se montrent tout à fait malhabiles à comprendre ce que l'on veut leur enseigner.

Selon Kaddour, berger en chef des troupeaux de moutons du Gouvernement général de l'Algérie, que j'ai connu dans ce pays, les béliers diffèrent également des moutons castrés par leur intelligence et leurs sentiments altruistes. Observant les mœurs de ces animaux depuis trente ans, il a noté que le bélier trouve plus facilement les bons pâturages et, aussitôt la découverte faite, y amène le troupeau, qu'il défend au besoin contre l'agression des petits animaux sauvages, tandis que ses congénères castrés se montrent tout à fait inférieurs dans les deux cas.

Le chien de chasse castré perd beaucoup de ses qualités cynégétiques et n'égale jamais le chien normal.

La castration influence également le squelette des d'animaux. Tous les os du corps sont plus grêles. La boîte crânienne est diminuée, la face plus étroite, le poitrail rétréci, les jambes sont minces et plus longues que celles des animaux normaux. Les muscles sont moins développés. La graisse envahit le corps. C'est du reste une des raisons pour lesquelles on castre les animaux destinés à la boucherie.

Les chairs des taureaux, béliers, boucs, verrats, sont rouge-noir, fermes, dures, tandis que celles des castrats sont rouge clair à grain fin. La peau des premiers est plus épaisse et plus dense que celle des derniers. Les taureaux élevés pour la boucherie sont castrés à l'âge de dix ou douze mois, tandis que les animaux destinés au labour le sont plus tard, afin que leur corps acquière un plus grand développement leur permettant d'accomplir le travail exigé d'eux. Leur force, néanmoins, ne peut jamais être comparée à celle des taureaux « entiers »; mais le caractère indomptable de ces derniers, la fougue, la violence de leurs mouvements empêchent leur soumission aux travaux des champs.

Quant à l'homme, j'en ai fait un très grand nombre d'observations personnelles pendant mon séjour en Égypte. Castrés à l'âge de six à sept ans, les eunuques offrent à l'âge adulte un aspect tout particulier qui les distingue aussitôt. Ordinairement de taille élevée à cause de l'allongement anormal de leurs tibias, ils ont des figures glabres, blafardes, des joues pendantes qui leur donnent l'aspect de vieilles femmes. Obèses pour la plupart, ils possèdent des formes arrondies et souvent des seins volumineux. Leurs chairs sont flasques et leur musculature amoindrie. La voix est enfantine par suite de l'arrêt du développement du larynx, et souvent discordante. La vigueur du corps étant très diminuée, ils sont incapables de fournir un effort d'une certaine durée. Le sang est pauvre et l'anémie accentue encore leur faiblesse. Bref, la déchéance physique paraît atteindre tous les organes, et l'on se trouve en présence d'êtres déchus, languissants, amoindris dans toute leur vitalité. La déchéance intellectuelle et morale n'est pas moindre. Leur mémoire est faible, ils retiennent beaucoup moins bien les versets du Coran qu'on leur apprend comme aux autres enfants. Tout travail leur étant pénible, ils se montrent naturellement paresseux, indolents, sans énergie. Les sentiments affectifs sont très effacés et l'égoïsme n'est pas leur moindre défaut. Craintifs comme les chapons, ils sacrifient facilement leur amour-propre, incapables d'une riposte énergique. Ils vieillissent prématurément. A quarante ou quarante-cinq ans, leur peau perd de sa souplesse, devient squameuse. Après cinquante ans, le cercle sénile de la cornée est fréquent. Rarement ils atteignent un âge avancé. Leur intelligence est paresseuse et jamais de haute envolée. Ils sont souvent rusés, mais la ruse n'est-elle pas la marque d'une faiblesse d'esprit ? Les quelques eunuques qu'on cite comme ayant joué un certain rôle dans l'ancienne Byzance étaient castrés à l'âge adulte et ont pu conserver pendant quelques années, au moins en partie, des qualités déjà acquises. Même dans ces conditions, la vitalité de l'organisme n'étant pas soutenue par l'apport renouvelé de stimulant énergique dont la réserve s'épuise bientôt, cette vitalité subit un amoindrissement notable. Le brillant poète qu'était Abélard n'a plus écrit une strophe après qu'il fut castré à l'âge de quarante ans sur les ordres du cruel oncle d'Héloïse.

J'ai reçu du reste à ce sujet des confidences probantes de quelques hommes castrés tardivement, que j'ai eu l'occasion d'observer en France. Privés de leurs glandes génitales à la suite de la tuberculose, qui avait nécessité leur ablation à l'âge de vingt ou vingt-cinq ans, ces hommes, cinq à six ans après leur opération, avaient observé des lacunes dans leur mémoire, de la difficulté à concentrer leurs pensées, à poursuivre un effort intellectuel d'une certaine durée. Lors d'une conférence que j'étais invité à faire en 1924, à l'Institut catholique de Toulouse, j'ai appris des ecclésiastiques qui, avec leurs élèves, composaient mon auditoire, que les lois canoniques interdisaient à un homme châtré de devenir prêtre. Cette interdiction a été prise à la suite de la constatation qu'un homme, en perdant ses glandes génitales, perdait non seulement ses facultés de procréation, qu'un prêtre n'a pas à exercer, mais une partie de ses facultés intellectuelles, bien nécessaires au contraire à l'exercice du sacerdoce.

Ainsi, la relation de cause à effet entre la dépression générale de l'organisme et la disparition de la sécrétion interne de ces glandes ne laisse aucun doute. Comme nous venons de le voir, nul organe ne peut conserver son énergie vitale, ni fonctionner à plein rendement si les cellules n'en sont pas stimulées, vivifiées par la sécrétion interne des glandes génitales.

Les eunuques nous en donnent une démonstration très nette. Tous leurs organes sont semblables aux nôtres, un seul leur manque, et la privation de cet unique organe déprime, affaiblit la fonction de tous les autres, les vieillit prématurément.

Le rôle des glandes génitales comme source d'énergie *pour tout l'organisme* est démontré également par des faits diamétralement opposés. Il existe en effet dans les *Annales de la Médecine* des observations portant sur des hommes doués de trois testicules, ou dont l'un était considérablement augmenté de volume. Tel est le cas publié par le professeur Marro père, de Turin, et étudié en même temps par le professeur Sacchi, de Gênes. Il s'agissait d'un enfant de neuf ans dont ils ont donné une description très détaillée et une photographie des plus caractéristiques. A neuf ans, il avait une belle barbe, des moustaches et offrait l'aspect d'un jeune homme de vingt ans. Petit de taille mais très robuste, il possédait des muscles très développés et donnait l'impression d'un homme énergique. Son intelligence était également bien au-dessus de son âge. Les parents effrayés par l'aspect insolite de leur enfant lui ont fait enlever ce testicule hypertrophié. Quelques mois après cette opération, la barbe est tombée, la musculature a diminué et, ce qui est encore plus significatif, son développement intellectuel a subi une régression qui a ramené l'enfant à l'état correspondant à son âge. Nous avons là une belle démonstration que les testicules ne tiennent pas seulement sous leur dépendance les caractères liés au sexe, mais agissent bien comme stimulant général de notre énergie physique et intellectuelle.

Chez la femme, l'ovaire joue un rôle analogue à celui des testicules. On connaît les troubles profonds qui se produisent chez les femmes jeunes privées de leurs ovaires et le changement d'aspect de la femme après la ménopause, lorsque les ovaires ont cessé de fonctionner. C'est le début de la vieillesse. On connaît également des cas d'enfants chez lesquelles l'hypertrophie d'un ovaire a produit des phénomènes analogues à ceux qu'on observe à la suite de l'hypertrophie des testicules. On se rend ici encore mieux compte de l'action générale sur l'organisme de l'ovaire. Ainsi, *La Presse médicale* a publié le 5 décembre 1923 la photographie d'une enfant âgée de trois ans et onze mois, laquelle sous l'effet d'un ovaire hypertrophié présentait l'aspect d'une jeune fille de quatorze ans ! Elle avait les seins bien développés et était réglée depuis six mois. L'hypertrophie de l'un de ses ovaires, en se répercutant certainement sur toutes les autres glandes toujours reliées les unes aux autres, a fait franchir d'un bond à cette enfant une dizaine d'années.

Tout ceci prouve jusqu'à l'évidence le rôle général des glandes génitales dans l'organisme.

Les vieillards atones sont en réalité des eunuques. Ils ont été castrés non pas par la main criminelle de l'homme, mais par la loi cruelle de la nature, par l'usure de l'âge.

Lorsque leurs glandes génitales cessent de fonctionner, lorsqu'ils ont perdu l'ardeur affective, il se produit, dans leur état physique, moral et intellectuel, une modification caractéristique qui les rapproche des eunuques.

Les grands actes de la vie, les actions nobles et généreuses s'effectuent pendant l'activité des glandes génitales. Combien Metchnikoff avait raison de dire qu'un homme de génie perd beaucoup en perdant sa fonction génitale ! Si Goethe, auteur de *Faust*, ce génie universel, a produit des œuvres admirables jusqu'à la fin de ses jours, s'il a fait en même temps preuve d'une activité et d'une énergie physique étonnante, c'est qu'il avait conservé la fonction génitale jusqu'aux dernières années de sa longue vie. Ce grand génie était un grand amoureux comme Victor Hugo, comme du reste tous les génies, mais il n'y a que les poètes qui aient le courage de compter leurs amours. Le cas de Goethe, le génie en moins, est celui de tous les hommes qui, parvenus à un âge très avancé, continuent à manifester une belle activité, un esprit clair, des sentiments affectueux et généreux. Leurs glandes génitales, gardant encore suffisamment de cellules actives, les maintiennent dans l'amour de la vie, contrairement aux vieillards dont les glandes se sont atrophiées.

Dans la manifestation de ses qualités physiques et intellectuelles, différentes selon les individus, l'homme dépend en grande partie de ses glandes génitales, de leur activité plus ou moins grande qui se répercute sur tous les organes pour exalter leur fonction. Malheureusement, cette activité diminue progressivement avec l'âge.

Elle est à son apogée pendant notre jeunesse et notre âge adulte, au moment où l'organisme atteint sa plus grande force, sa belle énergie. Puis son activité décroît pour cesser enfin définitivement. La diminution de cette activité correspond à la vieillesse, sa disparition totale à la sénilité.

1. Influence des glandes génitales sur la longévité

Si tel est l'effet des glandes génitales, les animaux et les hommes castrés doivent non seulement vieillir avant les animaux et les hommes normaux, mais également mourir avant eux. J'ai fait une enquête à ce sujet auprès des professeurs de l'École vétérinaire d'Alfort et des vétérinaires d'Algérie, de Tunisie, du Maroc et de nos colonies de l'Afrique Occidentale avec lesquels je suis en rapport suivi par mes expériences sur les animaux domestiques. J'ai appris qu'il est impossible d'obtenir des renseignements exacts concernant les animaux qui servent à notre alimentation : les moutons sont livrés à la boucherie entre un et six ans, les taureaux sont abattus au plus tard à six ans et les bœufs ne sont pas conservés au-delà de dix à douze ans. Les seuls animaux sur lesquels des observations aient pu être faites à ce sujet sont les chevaux. J'ai reçu des vétérinaires et des éleveurs l'affirmation générale que les étalons atteignent un âge très avancé, auquel les chevaux hongres parviennent exceptionnellement. Selon mon ami M. Trouette, le savant inspecteur d'élevage du gouvernement général d'Algérie, l'homme si compétent dans toutes les questions concernant les animaux domestiques, la durée de la vie d'un cheval entier est d'un quart plus longue que celle d'un cheval castré. Voilà donc un fait positif : un étalon vit plus longtemps qu'un cheval hongre. À ceux-là je peux joindre mes propres observations sur les eunuques d'Égypte. Pendant mon séjour au Caire, j'étais en relations fréquentes avec les eunuques et j'en ai vu mourir plusieurs. Ces eunuques avaient été châtrés de bonne heure et leur organisme n'avait jamais subi l'empreinte de la sécrétion interne des glandes génitales. L'observation de tels sujets a donc une grande valeur pour nous faire apprécier l'influence de ces glandes sur la longévité ! Eh bien, je n'ai jamais vu d'eunuques dépasser l'âge de soixante ans. On les voit, bien avant la mort, offrir l'apparence de vieillards ; on serait tenté de leur attribuer un âge très avancé, mais c'est une pure illusion. Ils paraissent effectivement vieux ; ils ont la peau sèche, le corps tassé, les yeux éteints ; ils marchent courbés, donnant l'impression de centenaires. Il semble que leur fin soit l'aboutissement normal d'une longue vieillesse, mais la vérification de leur âge indique habituellement qu'ils demeurent entre cinquante et soixante ans. Leur aspect résulte de ce que, privés du facteur essentiel de la jeunesse et de la vigueur, ils ont prématurément vieilli, et meurent bien avant le terme atteint ordinairement par les hommes normaux.

Ainsi donc, la privation de la sécrétion interne de ces glandes abrège la vie. Il n'en pouvait être autrement : il n'était pas admissible que le corps privé des organes dont la suppression rend le sang pauvre, les os grêles, les muscles plus faibles, la graisse plus abondante, les échanges nutritifs défectueux, ne subît pas un affaiblissement général, ne devînt plus vulnérable, moins apte à lutter contre toutes les causes qui nous font toujours mourir bien avant le terme physiologique normal. On peut donc affirmer que la privation de la sécrétion interne des glandes génitales accélère la vieillesse et abrège la vie. Par contre, la conservation de cette source d'énergie vitale est la meilleure garantie de la longévité. Les hommes doués de glandes génitales particulièrement riches en sécrétion interne et chez lesquels la fonction de ces glandes ne s'est pas éteinte avec l'âge vivent très vieux. Victor Hugo, Ibsen sont restés des amoureux jusqu'à la fin de leur longue existence. Goethe, qui finissait la deuxième partie de *Faust* à quatre-vingt-deux ans, est devenu passionnément amoureux de Marianne Ioung qui le consola de l'échec qu'il avait subi quelques années auparavant auprès d'Ulrike Lewtzow, jeune fille de vingt ans, qu'il voulait épouser. Thomas Parr, dont la verte vieillesse était tellement surprenante qu'il fut invité à Londres par le roi d'Angleterre à l'âge de cent trente-deux ans, se remaria à cent dix-neuf ans. Lorsqu'il fut mort à cent trente-deux ans et neuf mois, à la suite d'une trop riche alimentation à la cour royale, son corps fut autopsié par le célèbre savant, le docteur Harvey, qui avait découvert la circulation du sang. Le protocole de cette autopsie, légué par Harvey à son neveu, a été publié par la Sydenham Society. Les organes furent trouvés sains et même les cartilages costaux n'étaient pas encore ossifiés. Les testicules étaient « pesants et volumineux ». La femme de Parr avait affirmé à Harvey que son mari n'avait cessé d'accomplir son devoir conjugal qu'à l'âge de cent vingt ans !

Peter Albrecht, qui vécut cent vingt-trois ans, se remaria à sa quatre-vingtième année et eut sept enfants.

George Douglas, né à Marstrend près de Gothebourg, en Suède, vécut cent vingt ans et sept mois, se remaria à l'âge de quatre-vingt-cinq ans et eut huit enfants. Le dernier naquit quand il avait cent trois ans. On pourrait multiplier ces exemples – la littérature médicale en contient un nombre considérable. Les auteurs sont unanimes à constater la conservation de la fonction génitale chez les vieillards ayant atteint un âge très avancé. De ces faits se dégage la conclusion logique d'une relation étroite entre la conservation de cette fonction et la vigueur, la jeunesse du corps, l'une conditionnant l'autre.

2. Peut-on prolonger la durée de la vie ?

L'idée de capter cette course merveilleuse, de la mettre à notre service lorsque sa source naturelle commence à tarir à mesure que nous avançons en âge, hantait mon esprit depuis de longues années, depuis que l'observation des eunuques en Égypte m'a révélé l'importance de la sécrétion interne de ces glandes.

Mais cette entreprise n'est-elle pas chimérique ?

Si puissante soit la source de jouvence que nous avons découverte en nous-mêmes, peut-elle, même renouvelée dans notre corps en y versant à nouveau ce fluide précieux, instiller une vitalité accrue aux organes affaiblis, aux tissus épuisés, encore usés par l'âge ?

Jusqu'à ces derniers temps, les savants ne l'ont pas cru et ont toujours conseillé à la pauvre humanité assoiffée de vie de vieillir sans espoir et mourir sans révolte. Telle était la loi de la nature et il fallait s'y soumettre. Mais notre esprit ne peut admettre ce verdict à une époque où nous nous affranchissons de plus en plus des lois de la nature. N'avons-nous pas vaincu la loi formidable qui régit notre planète entière, la loi de gravitation, qui nous condamnait depuis la naissance de l'humanité à ramper sur cette terre ? Nous avons voulu nous élever dans les airs, et les aéroplanes nous transportent à des hauteurs qu'aucun oiseau ne saurait atteindre.

Par l'organisation de nos poumons, la nature nous oblige à vivre à la surface de la terre ; nous avons contrevenu à cette loi et les sous-marins nous ont permis de conquérir les profondeurs de la mer.

Dans l'atmosphère qui nous entoure, la nature a gardé comme trésor mystérieux des fluides impalpables reliant les mondes ; nous lui avons arraché ce secret, et à travers ces ondes hertziennes nous envoyons notre pensée, notre voix, et faisons communiquer des êtres séparés par des milliers de lieues !

Tout le progrès de l'humanité est dû à la victoire de l'homme sur la nature. C'est par là qu'il se montre supérieur aux bêtes, et c'est grâce à cette supériorité qu'il est parvenu à son évolution actuelle.

Sans la lutte constante contre la nature, nous serions encore à l'état de l'homme des cavernes.

Asservir la nature, c'est faire progresser l'humanité. Mais jusqu'à ces dernières années, cette lutte était concentrée sur la conquête des forces mécaniques et inorganiques de la nature. Nous ambitionnons davantage, à présent ; nous aspirons à soumettre à notre volonté la vie elle-même.

Cette vie aussi est réglée par les lois que nous avons ignorées, et notre soumission à ces lois était le résultat de notre ignorance.

Savoir, c'est s'affranchir ; savoir, c'est vaincre ; savoir, c'est être maître de la matière, qu'elle soit inorganique ou vivante.

Or, nous avons vu quelles sont les causes de notre décrépitude et de notre mort : l'atrophie, l'usure de nos cellules nobles, éléments de notre jeunesse, que remplacent des cellules conjonctives, agents de notre vieillesse.

Nous avons appris également quelle source merveilleuse de jeunesse la nature a placée dans nos glandes génitales. Le voile n'obscurcit plus notre cerveau, et nous devons avoir l'audace, avec ces notions acquises, avec ce secret surpris, de forcer la nature à nous garder jeunes jusqu'à l'heure suprême où nous devons nous fondre avec la création. Et nous y parviendrons.

À aucun moment de la vie les cellules de notre corps ne restent immuables. Les cellules se renouvellent constamment, les générations jeunes remplacent continuellement les vieilles. Sans cette faculté, la vie ne serait pas possible.

Pareilles aux êtres primitifs, aux protozoaires, les cellules de notre corps, après une courte période d'existence, se divisent en deux, donnant naissance à deux jeunes cellules qui continuent le cycle de division et de rénovation durant toute notre vie.

Un exemple typique de ce renouvellement ininterrompu, facile à observer par chacun, nous est offert par les cheveux et les ongles, qui croissent et se réparent jusqu'à notre mort. À l'intérieur de notre corps se produit le même phénomène. Ne voit-on pas un muscle atrophié à la suite d'un long séjour au lit, d'une maladie, reprendre son volume normal et même le dépasser à la faveur d'exercices ? Ce renouvellement cellulaire ne cesse pas à la vieillesse, il se ralentit seulement. Pourquoi ne pourrait-on pas accélérer ce cycle de rénovation, de multiplication, de rajeunissement ? La mort même la plus éloignée n'indique point la fin de la capacité que possèdent nos cellules de vivre et se renouveler. L'expérience l'avait démontré péremptoirement. En effet, si on détache une parcelle de la peau, du foie, des reins, etc., d'un animal quelconque, par exemple d'un cobaye, et qu'on le place dans un sérum nutritif fréquemment renouvelé, on observe que les cellules de ces organes, cultivées ainsi hors du corps, recommencent à se diviser, à se multiplier, les jeunes remplaçant toujours les vieilles. Ces expériences sont devenues classiques, et à l'Institut Rockefeller Alexis Carrel conserve depuis douze ans les cultures des tissus de petits animaux morts depuis longtemps, leur vie ne dépassant pas trois à quatre ans.

Le fait que les cellules cultivées en dehors de l'organisme peuvent vivre bien plus longtemps que les mêmes cellules incluses dans le corps prouve bien que la mort n'indique point l'inéluctable fin du pouvoir vital des cellules, de leur faculté de se multiplier, de se rénover, mais résulte uniquement de certaines conditions défavorables auxquelles elles se trouvent soumises à un moment donné.

Les cellules jouissent pour ainsi dire d'une existence infinie lorsqu'elles sont libérées de leur subordination mutuelle dans des organismes compliqués comme ceux de l'homme et des animaux. Dans ces conditions particulières, leur activité, leur pouvoir de division, de rénovation, doit être constamment soutenu par la sécrétion interne des glandes génitales. À mesure que cette sécrétion diminue avec l'âge, le travail cellulaire s'affaiblit aussi bien dans les organes que dans les autres glandes si indispensables pour le fonctionnement parfait du corps.

Mais la pente est lente.

Jusqu'à l'extrême vieillesse, les cellules nobles qui ont gardé leur vitalité continuent leur cycle d'évolution, de multiplication ; seulement, le rythme en est ralenti et s'éteint définitivement à la mort, faute du stimulant fourni par les glandes. Remplacer à temps la source tarie par une glande génitale jeune, vigoureuse, en pleine activité, c'est donner une nouvelle énergie à toutes les cellules, augmenter leur pouvoir de division et de rénovation.

3. Lutte contre la vieillesse

Brown-Séquard, le génial savant qui occupa la chaire de physiologie au Collège de France, avait déjà pressenti cette vérité : la relation de la vieillesse avec la diminution de la fonction des glandes génitales. Mais au siècle dernier régnait encore le dogme que seule la nature avait le pouvoir de doter l'être vivant des organes qui lui sont destinés.

L'idée audacieuse de nous associer à la création dans son œuvre de vie est née dans le XXe siècle qui a vu éclore tant de découvertes merveilleuses.

Brown-Séquard se contenta de conseiller aux hommes âgés de recourir aux injections de l'extrait des glandes génitales ; le docteur Lorand préconisa l'emploi dans le même but de la glande thyroïde. L'application quasi universelle de la méthode de Brown-Séquard n'a pas réalisé les espoirs conçus et actuellement elle se trouve presque complètement délaissée. La raison en est que la trituration de la glande ne permet point d'en extraire tout le produit, le liquide qu'on obtient étant pauvre en éléments actifs. Ce liquide, comme tout extrait organique, s'altère rapidement, perd ses propriétés et devient même souvent toxique. Son action du reste ne peut être que provisoire. À l'état normal, nos glandes sécrètent d'une façon *continue* le liquide stimulant nécessaire à l'organisme. Le jour où ces glandes ne le fournissent plus, il faudrait, si parfaite qu'en soit la préparation, l'injecter, à petites doses, plusieurs fois par jour, pendant tout le reste de la vie.

L'opothérapie, le traitement par les extraits des organes, traitement palliatif, insuffisant, peu efficace, auquel on devait recourir faute de mieux, a fait son temps. C'est du passé. Notre ambition va plus loin. Une pièce usée de la machine vivante doit être remplacée par une pièce neuve. Je caressais cette idée depuis mon séjour en Égypte, depuis que j'avais observé les eunuques, leur vieillesse prématurée due à l'absence des organes essentiels de la jeunesse. Tout le monde passe à l'état d'eunuque à un moment donné, on s'en approche plus ou moins à mesure que l'usure de l'âge tarit la source de jouvence. Tout le monde accuse après soixante ans des lacunes dans la mémoire, une paresse du travail cérébral, quelque raideur dans les articulations, une diminution de la force musculaire, de l'énergie physique et morale, de l'ardeur effective - prodromes de l'état d'eunuque. Il y a certainement des différences individuelles. Mieux placé que tout autre pour faire des observations à ce sujet, j'ai vu des hommes de cinquante ans manifestement vieux et des hommes de soixante cinq et soixante-dix ans qui accusaient seulement à cet âge les premiers signes de défaillance organique. Mais personne n'y échappe. Tôt ou tard, la glande génitale cesse de fonctionner, l'étincelle qui animait les rouages devient de plus en plus faible, la vie se ralentit, on devient vieux.

On dit qu'il faut savoir vieillir, que chaque âge à ses privilèges, mais quelles pauvres prérogatives la vieillesse nous réserve ! La joie de voir vivre les autres, les jeunes, l'agrément d'inspirer le respect au lieu de l'amour, la satisfaction d'avoir l'esprit calme, de considérer l'existence avec une sereine philosophie, parce que toutes les passions sont éteintes ! Qui de nous envie ces avantages ? Qui de nous ne voudrait pas conserver la joie immense, merveilleuse, que procure la dépense de notre énergie, la force de nos sentiments, l'ardeur passionnée de notre jeunesse et de l'âge adulte ? Les prétendues joies de la vieillesse ont été inventées pour nous consoler de notre déchéance considérée comme fatale, irrémédiable. Eh bien, cette notion est fausse !

Nous ne pouvons pas éviter la mort, nous pouvons néanmoins la reculer aux limites extrêmes des possibilités ; mais nous devons supprimer la vieillesse, comme on guérit d'une maladie. La greffe des glandes génitales à laquelle on joindra, selon les indications individuelles, celle de la glande thyroïde, pituitaire, etc., nous sauvera de la vieillesse et nous donnera la joie de mourir jeunes à un âge où actuellement ne parviennent pas même les grands vieillards. Ma méthode est encore trop récente pour que je puisse illustrer cette affirmation par un exemple d'homme demeuré jeune jusqu'à cent cinquante ans.

Mais j'ai pu déjà en donner une preuve manifeste sur des animaux dont la vie est bien plus courte que la nôtre et par conséquent facile à observer. Ainsi, j'ai gardé à mon laboratoire, grâce à la greffe, un bélier toujours plein d'énergie vitale jusqu'à l'âge inaccoutumé de vingt ans ! À l'échelle de la vie humaine, il a atteint cent soixante ans. Or la vieillesse de ces animaux commence à neuf ans et ils meurent complètement séniles à quatorze ans au plus tard. Leur vieillesse dure donc environ cinq ans. Mon bélier, greffé à douze ans, au moment où il offrait l'aspect d'une misérable vieille bête, a vu sa vieillesse disparaître comme par enchantement. Jusqu'à la fin de sa longue vie, il a conservé une vigueur remarquable, et la brebis avec laquelle il demeura les dernières six années a donné naissance à cinq agneaux, dont le dernier est né quatre mois après la mort du jeune vieillard. Ce n'est que six jours avant sa mort qu'il a brusquement décliné, perdu l'appétit, est devenu somnolent et s'est éteint. Sa vieillesse a duré six jours au lieu de cinq ans, malgré qu'il ait dépassé de six ans la durée de la vie la plus longue de ses congénères !

Ce bélier nous indique la voie à suivre, l'idéal à atteindre : prolonger la durée de la vie et abréger le temps de la vieillesse grâce à la greffe des glandes.

4. Ma méthode de greffe glandulaire

La réalisation de cette greffe glandulaire a été extrêmement difficile et a nécessité des années de recherches durant lesquelles la volonté d'aboutir devait être soutenue par une longue patience. Même la greffe végétale est une entreprise délicate. On doit choisir une époque favorable, le printemps, lorsqu'une sève abondante monte dans la tige. On doit également bien déterminer l'endroit où sera implantée la nouvelle branche, de préférence à la naissance d'un jeune bourgeon, et, de toute façon, il faut adapter les écorces de manière que les vaisseaux de la plante puissent pénétrer dans la branche transplantée et y porter la sève nourricière.

De même, les greffes animales et humaines doivent pourvoir avant tout à ce que la sève, c'est-à-dire le sang d'un nouvel hôte, pénètre dans la glande transplantée et lui fournisse l'aliment sans lequel la vie d'aucun organe n'est possible. Cette condition essentielle n'a jamais été réalisée dans les quelques greffes tentées avant moi, et elles ont toujours échoué. On demandait à l'organisme compliqué de l'homme ce qu'on n'aurait jamais pu obtenir même d'une simple plante. On se contentait, en effet, d'inciser n'importe où la peau ou les muscles et d'y déposer la glande. On attendait ensuite le miracle qui ne se produit point, car pour obtenir un miracle encore faut-il le mériter. La glande transplantée n'étant pas reliée aux artères ni aux veines du nouvel hôte, ne recevait point de sang pour alimenter ses cellules, formait un corps mort dans un organisme qui ne pouvait le tolérer. Les glandes ainsi transplantées étaient toujours résorbées et au bout de quelques semaines ou tout au plus quelques mois, il n'en restait pas trace. À la suite de ces tentatives malheureuses s'est établie dans l'esprit des médecins la conviction, amplement justifiée alors, que les greffes ne servaient à rien ou plutôt n'étaient pas réalisables. Cette opinion, basée sur des faits réels observés avant 1917, m'a été extrêmement préjudiciable. Lorsque, après des centaines d'expériences sur les animaux, j'ai élaboré une technique personnelle assurant à la glande greffée une abondante nutrition sanguine et sa survivance pendant plusieurs années, les médecins sont restés longtemps incrédules. Il s'en trouve encore, du reste, qui ignorent les faits nouveaux, trop occupés par les devoirs de leur profession pour lire et se documenter. En fait de greffes, quelques-uns ont gardé la mentalité de gens qui auraient connu les débuts de l'aviation, lorsqu'on décernait un prix d'honneur à Santos-Dumont pour avoir fait exécuter à son appareil un vol de 100 mètres, et qui depuis n'auraient pas ouvert un journal. Vous vous imaginez leur sourire apitoyé sur la crédulité humaine à la nouvelle qu'un avion aurait volé d'un trait de New York à Paris ! Mais il est difficile d'ignorer les progrès de l'aviation, les avions font énormément de bruit, tandis que les hommes greffés n'en font guère. Heureusement les faits contrôlés sur les hommes et les animaux sont actuellement si considérables, la littérature médicale s'est enrichie de tant de documents, de preuves irréfutables venant des pays où ma méthode a été appliquée, que le nombre des incrédules par ignorance est maintenant bien minime. Je ne parle pas des jaloux, des envieux qui défendent leur médiocrité en niant les découvertes qu'ils n'ont pas su faire. Mais la plupart des hommes de science se sont dit qu'il n'y avait point de raison pour qu'une méthode nouvelle ne parvienne pas à vaincre les difficultés antérieures et qu'un progrès ne fut pas possible dans cette voie. Les uns sont venus voir ou ont appliqué eux-mêmes ma technique – ce sont maintenant les plus convaincus. Les autres se sont mis au courant des faits nombreux rapportés dans les publications scientifiques et ont modifié leur opinion. En réalité, j'ai tout lieu de me réjouir du changement rapide qui s'est opéré dans l'esprit du monde médical. Un chirurgien célèbre, qui a du reste à son actif un grand nombre de greffes, le professeur Tuffier, m'avait dit après ma première communication en 1919 au Congrès français de Chirurgie, à Paris : « il vous faudra trente ans pour faire passer vos idées dans l'esprit des médecins et les convaincre que vous détenez la vérité. » Eh bien, le chemin parcouru dans ces huit années me fait constater que ce délai était exagéré. Nous vivons dans un siècle de communications rapides, où la pensée fait vite le tour du monde, où le fait annoncé à Paris est commenté et vérifié aussitôt, aussi bien en Angleterre qu'au Japon, en Amérique qu'en Australie. N'ai-je pas reçu dernièrement une invitation pressante d'envoyer un de mes élèves à Bornéo, où les indigènes affaiblis par le climat tropical et vieillis prématurément mettaient dans la greffe leur espoir de retrouver l'énergie vitale ?

Des demandes de renseignements pour appliquer ma méthode de greffe à l'amélioration des races d'animaux domestiques me sont parvenues des gouvernements de plusieurs pays, notamment d'Angleterre, d'Italie, d'Espagne, d'Argentine, etc. J'ai même eu l'insigne bonheur d'être apprécié avant de mourir dans mon propre pays, et la suprême satisfaction d'assister cette année à une leçon faite par l'éminent professeur Sicard aux élèves de la Faculté de Médecine de Paris, et dans laquelle il leur a enseigné ma méthode de greffe. J'en étais d'autant plus heureux que justice m'était rendue dans cette même Faculté de Médecine, où sept ans auparavant un autre professeur, président d'un Congrès de Chirurgie, m'avait défendu d'exposer mes recherches sous un prétexte fallacieux, mais, en réalité, afin d'épargner à la savante assemblée d'entendre des choses, selon lui, dénuées de bon sens. Du reste, la Faculté de Médecine de Paris n'a-t-elle pas nié pendant vingt ans les travaux de Pasteur ? Les anciens se rappellent encore les violentes attaques dirigées contre ce génie à l'Académie de Médecine par le fameux professeur Peter, défenseur obstiné des erreurs consacrées. Tous ceux qui font une découverte trouvent en face d'eux un professeur Peter. Il n'y a que le nom qui change.

M. Leclainche, membre de l'Institut, m'a fait également l'honneur d'exposer à l'Académie des Sciences, le 22 août 1927, les résultats de mes greffes sur les troupeaux de moutons du gouvernement général d'Algérie.

La nouvelle édition du *Traité de Pathologie chirurgicale*, publié par les professeurs Beguin, Bourgeois, Duval, Gosset, Jeanbrau, Lecène, Lenormant, Proust et Tixier, fait entrer ma méthode de greffe glandulaire dans l'enseignement classique. Le chapitre consacré à ces greffes est rédigé par l'éminent chirurgien de Montpellier, le professeur Jeanbrau.

J'ai suivi la voie ouverte par les illustres savants Claude Bernard et Brown-Siquard, professeurs au même Collège de France où je poursuis mes recherches en faisant passer le rêve dans la réalité. J'ai posé d'abord le principe qu'on doit se conformer à la nature lorsqu'on a la prétention de se substituer à elle. Or, il n'est vraiment pas possible d'admettre que la nature ait placé nos organes d'une façon fantaisiste, qu'ils puissent indifféremment être à l'endroit où nous les voyons ou n'importe où ailleurs. Pareille croyance ne pouvait résulter que de notre ignorance ou de notre prétention outrecuidante d'être plus intelligents que la création. Pourtant, c'est ainsi qu'ont procédé presque tous ceux qui ont tenté avant moi la greffe glandulaire. On transplantait les glandes génitales sous la peau du ventre, dans les muscles, sur le péritoine, dans le dos, même dans la moelle des os, bref partout, sauf à l'endroit que la nature avait désigné à ces organes.

Plus modeste, je me suis conformé au plan de la nature. J'ai établi comme principe que chaque organe que l'homme veut implanter dans un corps vivant doit être mis à sa place normale, où des milliers de générations successives ont dû lui assurer les meilleures conditions pour sa vitalité.

J'ai procédé ensuite à la recherche des moyens de procurer aux glandes transplantées un apport de sang pour les nourrir. Le plus simple serait d'aboucher bout à bout les artères et veines de la nouvelle glande avec les artères et veines de l'être où on l'introduirait pour faire passer le courant sanguin. Malheureusement, cette entreprise est au-dessus de nos moyens humains. Les artères et veines de ces glandes sont si fines qu'il est impossible de réaliser pareille suture sans obstruer en même temps leur lumière. Or, comme aucun organe ne peut vivre sans être alimenté par le sang, il fallait renoncer à la greffe, pourtant si tentante, si pleine d'espoirs immenses, ou trouver un procédé qui obligeât la nature elle-même à créer de *nouveaux* vaisseaux destinés à la glande empruntée.

J'ai fait alors les réflexions suivantes qui m'ont permis de découvrir le procédé. A la naissance, l'être vivant se trouve pourvu de tous les vaisseaux, artères et veines qui lui sont nécessaires. Tant que les organes restent sains, le nombre de ces vaisseaux demeure invariable. Mais si l'un d'eux vient à se congestionner, si cette congestion amène un afflux impétueux du sang, on observe la formation de multiples petits vaisseaux *nouvellement créés* pour laisser passage à ce surcroît de flot sanguin. Les autopsies des hommes et des animaux morts à la suite de pareilles congestions fournissent des exemples fréquents de ce fait. Ce fut pour moi le trait de lumière qui a éclairé la route que je devais suivre pour fournir à la glande greffée de nouveaux vaisseaux spécialement destinés à l'alimenter. Congestionner artificiellement, mais à un degré inoffensif, la région où l'on devait greffer la glande, était le moyen le plus sûr d'obliger la nature à créer les nouveaux vaisseaux nécessaires. Pour ce faire, point n'est besoin d'avoir recours aux microbes qui congestionnent nos organes dans certaines maladies. Il suffit de traumatiser quelque peu les tissus, de les irriter par le grattage, par de légères scarifications faites avec un instrument rigoureusement aseptique, pour obtenir l'effet voulu, une congestion capable de créer de nouveaux vaisseaux qui pénétreront dans la glande transplantée et assureront sa nutrition sanguine.

Il fallait en somme labourer la terre avant d'y semer les grains.

Ce procédé très simple se montra extrêmement efficace. J'ai eu la possibilité de m'en assurer plusieurs fois par des examens de glandes greffées prélevées plusieurs années après la greffe non seulement sur les animaux, mais aussi sur les hommes. Ainsi le 6 octobre 1926, un collègue espagnol sur qui j'avais pratiqué la greffe trois ans et demi auparavant m'a permis de prélever la glande transplantée et de me rendre compte de son état. Il fut regreffé dans la même séance afin que son beau geste, dans l'intérêt de la science, ne lui fît pas perdre le bénéfice que la greffe lui avait procuré. Les greffons furent confiés à l'École de Médecine de Paris, au professeur Retterer qui, le 18 décembre 1926, a communiqué à la Société de Biologie de Paris le résultat de son examen microscopique. Les greffons furent trouvés abondamment pourvus de cellules vivantes assurant le parfait fonctionnement de la glande transplantée. On a pu ainsi se convaincre de la valeur de ma méthode qui permet à une glande étrangère d'accomplir dans un autre corps, pendant des années, la fonction d'une glande normale.

J'étais d'autant plus heureux de fournir cette démonstration indiscutable de la survivance d'une glande de singe greffée par ma méthode, qu'il était difficile de convaincre les médecins par des arguments de simple bon sens. On avait beau leur présenter des vieillards ayant retrouvé leur mémoire, très imparfaite avant la greffe, l'aisance du travail intellectuel, une musculature plus forte, une apparence nettement plus jeune, affirmant d'avoir recouvré certaines aptitudes éteintes avec l'âge, il répondaient : « Cela ne prouve rien ! » - « Mais alors comment démontrer l'effet d'une jeune glande greffée, si toutes ces constatations, et la satisfaction éprouvée par l'intéressé, et souvent aussi par son épouse, n'ont pas de valeur pour vous ? » - « Seul l'examen microscopique de la glande greffée prouverait bien sa survivance et démontrerait par conséquent qu'elle était bien la source de ce renouveau dans l'organisme du vieillard. » Eh bien, c'est chose faite, et les plus incrédules ont dû s'incliner devant cette preuve irrécusable.

Avec le temps, l'expérience, j'ai pu encore perfectionner mon procédé. Ainsi je me suis rendu compte que les nouveaux vaisseaux que je parvenais à créer étaient trop minces, trop délicats pour traverser toute l'épaisseur d'une glande. La périphérie était bien irriguée par le sang, pendant que le centre ne recevait rien et périssait. Pour y remédier, j'ai décidé de découper la glande en quatre parties, chacune d'un centimètre d'épaisseur, et j'ai eu la satisfaction de voir tous ces fragments bien nourris, accusant une parfaite vitalité. J'ai établi également le rapport qui doit exister entre le nombre de ces fragments et la surface qui doit leur fournir les nouveaux vaisseaux. Si dans un pot de terre d'une certaine contenance, capable de faire prospérer deux rosiers, vous en plantez quatre ou cinq, ils périront tous, aucun d'eux ne recevant la nourriture suffisante. Il en est de même pour les greffons humains ou animaux. L'expérience m'a permis de déterminer exactement le nombre de greffons dans chaque cas, selon la largeur de la surface destinée à les recevoir. Je passe sur d'autres détails d'une technique précise que j'enseigne à mes élèves. Ce qui est à retenir, c'est que cette chirurgie de la greffe glandulaire, telle que je l'ai créée, est actuellement parfaitement réglée et assure à la glande transplantée une survie de plusieurs années.

3

Nous avons commencé par la fin c'est-à-dire l'oubli puis pointé le sommet de la courbe. C'est traditionnellement à cette étape de l'existence que beaucoup se demandent : comment en est-on arrivé là ? Question du retour à l'origine, à la jeunesse et aux années de formation : mes jeunes années, mes universités, un homme se penche sur son passé. En fait pas tellement, peut-être même pas du tout. Les trois quarts de la vie de Voronoff ressemblent plutôt à une fuite en avant, une marche forcée sans jamais se retourner. Les bilans, il les dresse dans la précipitation, lors des périodes où ses activités sont les plus nombreuses et non aux moments creux propres à la réflexion. Aussi ses livres s'échelonnent-ils tout au long de sa carrière sous forme plutôt d'inventaires introduisant à ce qu'il compte encore accomplir plutôt que de synthèses du travail effectué. Quand il fait les comptes, c'est pour se projeter dans ce qu'il va entreprendre parce qu'il est en phase prospective. Ce sont des entreprises publicitaires pour une affaire qui marche mais que l'on doit pouvoir encore améliorer. Voronoff est un homme pressé qui n'a jamais pensé à égrener ses souvenirs. Non qu'il refuse son passé, qu'il occulte un lourd secret ou qu'il veuille rompre vigoureusement avec des gens, des lieux ou événements avec lesquels et sur lesquels il tiendrait à tirer un trait définitif. Mais il ne veut ni en parler ni en entendre parler. Il existe au présent. Dans la mesure où il a vécu quatre-vingt-cinq ans et a séjourné longuement dans plusieurs pays, il ne cherche pas à se dessiner *a posteriori* un destin linéaire. Peut-on évoquer la figure traditionnelle du juif errant ? Ce n'est pas impossible. Il y a des contradictions factuelles dans son parcours ? Tant mieux et lui-même s'ingénie à brouiller les pistes quand il doit remplir des questionnaires officiels pour candidater à un poste, obtenir des subventions ou établir des papiers : mariage, naturalisation, service militaire, état civil, acte d'achat d'appartement, nomination honorifique. Il y a toujours de petites différences de dates, d'orthographes, d'adresses, même de noms de ses proches ou de ses propres prénoms ! Erreurs, négligences ? Elles sont tellement répétées que cela est impossible. Il s'agit plutôt d'un trait de caractère, de la nature profonde de quelqu'un qui craint d'être défini par des repères intangibles. Ce n'est pourtant pas un homme sans passé. Il ne cache rien mais ne raconte rien, ne suscite pas la confidence et ne s'expose pas lui-même. Sa famille est en Russie. Si deux frères viennent le rejoindre à Paris, il les accueille mais n'est pas allé les chercher et quand l'un d'eux tracera un temps une route personnelle, les relations se distendront. Voronoff ne jouera jamais le rôle du fils émigré rentrant au pays pour étaler sa réussite. Ceci dit, justement parce qu'il est secret, certains détails ont peut-être échappé fortuitement à son biographe Jean Réal. Il faut aussi compter avec les aléas historiques : deux guerres mondiales ont égaré archives, documents et papiers personnels ou notariaux en France comme en Russie puis en URSS, les notices biographiques un peu retouchées par Voronoff lui-même ne clarifiant évidemment pas les choses.

Quoi qu'il en soit, Samuel Abrahamovitz Voronoff est né dans les premiers jours de juillet 1866, puisqu'à défaut d'acte de naissance la grande synagogue de Voronej conserve trace de sa circoncision le 10 juillet ; il est présenté par ses parents Rachel et Abraham qui auront en tout cinq garçons ou six (selon les sources) et une fille. A près de mille kilomètres de Moscou, Voronej est aujourd'hui encore un important nœud ferroviaire et centre industriel de 850 000 habitants. À la fin du XIXe siècle c'est déjà une grande ville manufacturière et métallurgiste, bien située comme carrefour commercial de l'Empire et célèbre pour ses chantiers de construction navale créés dès les années 1680-1690 par le tsar Pierre le Grand. La ville est donc peuplée d'ouvriers et de bourgeois. Mais tout autour l'agriculture et l'élevage sont prospères car les terres sont riches. Serge Voronoff est contemporain d'Anton Tchekhov (né en 1860), mais il n'a pas eu l'enfance et la jeunesse misérable de l'écrivain et quand celui-ci commence à s'imposer dans le monde des lettres (avec sa pièce *Ivanov* et sa nouvelle *La Steppe* en 1886-87), Serge Voronoff a déjà quitté la Russie l'année précédente et se trouve à Paris. Quand le dramaturge écrit dans les dernières années de sa vie ses pièces les plus célèbres (*Oncle Vania*, 1897 ; *Les Trois sœurs*, 1901 et *La Cerisaie*, 1904), Voronoff étudie les eunuques et opère les moutons en Égypte. Mais Voronoff et Tchekhov sont tous deux des enfants de la fin de l'Ancien Régime tsariste que l'un a fui et l'autre a décrit. Non seulement sa peinture de la classe bourgeoise doit être assez proche de celle qu'a connue Voronoff jusqu'à vingt ans mais on peut supposer qu'il a lu ou vu ces pièces à Nice où il fréquentera la communauté russe et à Paris où il évolue dans la haute bourgeoisie cultivée.

Au milieu du XIXe siècle, les juifs sont marginalisés dans la Russie orthodoxe. Ils sont cantonnés dans des zones spécifiques qu'ils ne peuvent quitter que par promotion sociale. Seuls ont le droit de circuler en Russie les diplômés de l'Université, les scientifiques, les artistes ou hommes de lettres. Mais cette règle générale connaît de nombreuses exceptions dans certaines régions, la plupart du temps pour des raisons historiques qui leur ont fait par exemple conserver leurs privilèges lors d'annexions ou obtenir d'être exemptés de certaines lois de l'empire. C'est précisément le cas de Voronej qui n'est pas une zone spécifique aux juifs et où les juifs sont pourtant nombreux depuis longtemps (la synagogue est superbe). De fait la famille de Serge Voronoff est installée depuis plusieurs générations à Chekman, petite localité proche de la ville, comme l'indique d'ailleurs son patronyme : Voronej/Voronoff ; Voronoff est un nom très répandu encore de nos jours à Voronej et ils ne sont pas (ou plus) parents, même éloignés.

Abraham Voronoff est (sans doute) distillateur, en tous cas patron d'industrie, donc un riche bourgeois. De fait il offrira à ses sept enfants de bonnes scolarités dans les meilleurs établissements de Voronej et enverra même trois de ses garçons poursuivre leurs études supérieures en France. Samuel (Serge) entre pour sa part dès 13 ans dans une nouvelle école qui s'ouvre alors à côté des deux collèges traditionnels, l'un militaire et l'autre privé. Samuel bénéficie d'une pédagogie innovante, les cours étant dispensés à la fois en Russe, en Français et en Allemand par des enseignants étrangers résidant dans les locaux de l'école et restant ainsi en contact permanent avec les élèves. Samuel obtiendra brillamment ses deux « Bacs » Lettres puis Sciences. Très doué pour les langues, il ajoute au Français et à l'Allemand une bonne connaissance de l'Anglais. Enfance et adolescence se dérouleront donc sous les meilleurs auspices. Mais les nuages s'accumulent à l'horizon dans un Empire que commencent à secouer, en écho aux problèmes de l'Europe Occidentale, des questions sociétales que les tzars maîtrisent de moins en moins : tradition et modernisme, dictature et démocratie, autorité et libéralisme sont essayés par les gouvernements successifs, jamais bien longtemps, ce qui amène une instabilité fragilisant le pouvoir avec des mesures contradictoires, des applications tour à tour sévères et laxistes au gré des renversements d'opinion, des percées de l'opposition ou des vagues d'arrestations.

Alexandre II est devenu empereur en 1855 au lendemain des défaites de la guerre de Crimée révélant la faiblesse militaire de la Russie et surtout son retard économique. Persuadé de la nécessité de réformes d'envergure pour entrer dans l'ère moderne, il promulgue en 1861 l'abolition du servage qui libère 20 millions d'« esclaves » appartenant aux riches propriétaires terriens. Les cadres administratifs sont par le même coup profondément transformés : levée de l'impôt et exercice de la justice jusque- là assurés par les seigneurs passent aux communes rurales créées à cet effet, les Zemstvos devenant l'échelon administratif régional. Ensuite, une réforme de l'enseignement et du service militaire, qui devient obligatoire, complètera le dispositif en 1874... On mesure la lenteur de l'application de ce changement qui se heurte aussitôt d'un côté à la fronde des nobles et des propriétaires et de l'autre aux groupes révolutionnaires et aux pays opprimés voulant profiter de la brèche ouverte pour faire tomber le régime. Dès 1863 l'insurrection polonaise est réprimée dans le sang et trois ans plus tard (1866) Alexandre II échappe à une première tentative d'assassinat. Parallèlement il mène une politique étrangère ambitieuse, choisissant l'alliance avec l'Autriche et l'Allemagne (entente dite des trois empereurs) dans un pays culturellement plutôt francophile et économiquement admirateur de la révolution industrielle britannique, et poursuit une politique d'expansion territoriale dans le Caucase et en Orient qui mécontente ses alliés. Bref, les troubles se multiplient malgré un allégement relatif de la censure pour désamorcer la grogne intellectuelle. Mais c'est la diffusion des idées terroristes qui en profite dans les publications révolutionnaires. Les attentats se multiplient en 1879-1880 revendiqués par l'association *Liberté du peuple*. Alexandre II échappe à plusieurs tentatives mais est finalement assassiné en 1881 : Samuel a 15 ans. La ville de Voronej n'est pas alors directement touchée par cette confusion et ces perturbations, le desserrement de l'obligation de résidence pour les juifs plaidant même pour la situation libérale déjà en usage dans la région. Quant au service militaire (réduit de 25 ans à 15 !), son obligation est heureusement accompagnée de nombreux cas d'exemptions et de diminution de durée. Notamment les années d'études seront soustraites : il faudra donc être étudiant très longtemps !

Mais l'accession au trône d'Alexandre III est une catastrophe car il veut venger son père et se déclare aussitôt persuadé que ce sont les mesures libérales qui ont causé sa mort. Il réinstaure donc l'autocratie et supprime pratiquement toutes les réformes d'Alexandre II. Mais il n'est pas toujours facile de revenir en arrière et ce sont plutôt l'anarchie et le désordre qui s'installent durablement. La puissance du clergé orthodoxe est en tout cas partout renforcée : dans les régions nouvellement annexées comme en Pologne, Ukraine ou Asie, elle règne sans partage à la place de l'État défaillant et dans la Sainte Russie les mesures discriminatoires à l'égard des juifs se multiplient quant à leurs lieux de résidence, attisant l'antisémitisme. Des juifs sont massacrés, notamment lors de la Pâque orthodoxe, l'administration tsariste laissant faire et l'armée encourageant même parfois les pogroms. Des communautés juives sont attaquées, pillées et de nombreux meurtres perpétrés. Le statut des juifs est officiellement réformé en 1882 en pleine vague d'atrocités ; ils sont désormais assignés à résidence dans certains quartiers spéciaux des grandes villes dont ils ne peuvent sortir : c'est la création des ghettos. En 1894 Nicolas II succède à Alexandre III. Ce sera le dernier tsar et il subira la révolution de 1917.

La période la moins connue de l'existence de Samuel-Serge Voronoff demeure, à l'heure actuelle, les années 80 où il passe, justement, de Samuel à Serge et de Voronej à Paris. Il ne s'est jamais exprimé, ni sur ses dernières années en Russie, ni sur ses premières en France. Pourtant on aimerait connaître les contrecoups des problèmes nationaux sur l'existence de sa famille à Voronej comme les étapes de son intégration personnelle à Paris. En fait Voronoff a toujours oblitéré ce tournant fondamental en déclarant qu'il avait obtenu son « bac » russe à 18 ans, donc en 1884, puis était aussitôt parti à Paris la même année. Mais ce n'est pas si simple et l'enquête de Jean Réal a démontré que c'était même complètement faux. En fait, sans doute hésitait-il en 1884 à s'inscrire à la Faculté de Médecine à un moment où un *numerus clausus* très sévère venait d'être institué pour l'accès des juifs à l'enseignement supérieur. Aussi est-il un temps répétiteur dans une riche famille, les Rachmaninov, à Tumalov situé à 120 km de Voronej. Il y est d'abord bien accueilli et apprécié mais ses idées sociales généreuses vis-à-vis des pauvres et notamment des paysans libérés du servage depuis près d'un quart de siècle et néanmoins toujours exploités, poussent la famille, soucieuse du qu'en-dira-t-on, à se séparer de lui.

Revenu chez ses parents à Voronej, son inaction qui lui pèse et l'injustice dont il pense avoir été victime, l'amènent à fréquenter les bistrots d'étudiants où il se lie avec des membres de mouvements de jeunesse bourgeoise progressiste dont il présente exactement le profil. Comme il préfère la réflexion et l'étude à l'action, il se procure, lit et fait circuler clandestinement dans ces milieux des livres d'inspiration populiste interdits par la censure. Ces ouvrages exaltent la figure du Moujik, icône du peuple souffrant, et certains incitent même à la révolte contre le pouvoir tsariste. Mais en octobre 1884 ce réseau de lecture de « publications socialistes » est découvert par la gendarmerie de la ville qui perquisitionne chez plusieurs jeunes gens. Dans la chambre de Voronoff sont notamment saisis *La chute de la science bourgeoise* et *La marche naturelle des révolutionnaires.*

Cette petite affaire semble avoir défrayé en ville la chronique bourgeoise qui découvre qu'une partie de sa jeunesse ne partage pas ses convictions conservatrices garantes de l'ordre social. Certes ce n'est pas très grave, il n'y a pas démantèlement d'une filière terroriste, on a trouvé des livres et non des armes. Mais la gendarmerie décide néanmoins de faire un exemple en frappant fort pour rassurer la génération des pères. De fait ce délit de circulation d'idées pernicieuses susceptibles de troubler la sécurité publique conduit un étudiant à être condamné à trois ans d'exil en Sibérie. Un second est renvoyé de l'École Militaire et Voronoff se voit infliger quinze jours de prison, en février 1885.

Ce rappel à l'ordre public a dû être fort mal reçu dans sa famille qui avait mis beaucoup d'espoir dans l'avenir de ce fils jusqu'ici brillant élève. Sans doute plus persuasif que punitif, son père a certainement envisagé les choses avec réalisme, de concert avec Samuel sur l'intelligence et l'ambition duquel il pouvait compter. Ce faux pas tombait mal à une période où la vie des juifs en Russie était en train de devenir difficile. Dans un premier temps il fallait accepter la peine. S'enfuir pour déroger à si peu aurait eu des conséquences désastreuses pour ce jeune homme de 19 ans promis à un bel avenir. Aucun doute, par conséquent : la peine fut purgée. La condamnation a laissé des traces dans les registres. Si elle n'avait pas été exécutée, cette fuite aurait également été mentionnée dans ce pays, le plus paperassier du monde. Par cette preuve de soumission et de volonté de se racheter une conduite, le pire avait été évité. Le futur immédiat restait sombre et prenait la forme du service militaire. Voronoff avait pu sourire des quinze ans, quand il savait qu'il ferait des études supérieures qui l'en exempteraient. Mais en 1885 la porte d'entrée est devenue extrêmement étroite pour les juifs. Affecté désormais d'une condamnation, son dossier avait toutes les chances d'être refusé. D'autant plus qu'une carrière valorisante dans l'armée était également devenue impossible pour un juif auquel était interdit de monter les échelons. L'attendaient donc quinze ans en tant que simple soldat !

Heureusement la famille Voronoff était riche et les frontières de l'empire encore ouvertes, même pour les juifs. La voie était libre : il avait envisagé d'être médecin, il le serait en France s'il partait tout de suite. Dès la fin de l'année, il serait à la faculté de Paris ! Cet épisode 1884-1885 est intéressant, dévoilant des aspects de son caractère pas forcément décelables dans sa carrière. Ses idées généreuses se révéleront certes à plusieurs reprises, même si l'on retient plutôt sa fortune : celle de son père qui le sauve d'un ratage complet, puis celle de sa femme qui lui permettra de s'adonner prioritairement à ses recherches. Mais sa révolte politique est plus surprenante, vu le désir perpétuel qu'il aura de se faire accepter, reconnaître, honorer, aussi bien par le pouvoir tsariste jusqu'en 1917 que par les autorités françaises, scientifiques, professionnelles et civiles ensuite. Car il y a du Charlot l'émigrant dans Voronoff, mais un Charlot qui réussit.

*
* *

La première décennie parisienne est celle d'un travail acharné. De 1885 à 1895 : il est étudiant en médecine, puis assistant des hôpitaux ; il passe sa thèse, s'installe à son compte et commence à bénéficier d'une bonne renommée professionnelle. Mais d'abord il découvre Paris à vingt ans, sortant de l'autocratie russe, de l'étouffante religion orthodoxe et de la peur des pogroms. La république triomphante, qui vient dans les dix ans passés de faire voter les principales lois définissant l'esprit du régime, lui paraît le pays de la liberté. Ses premiers contacts sont évidemment avec la population étudiante, légère, ouverte aux autres. Études et distractions se mêlent avec bonheur, comme les sexes et les classes sociales. L'impressionnisme a triomphé et l'image que donnent les peintres est celle qu'il découvre au contact de la jeunesse qui l'adopte. Il est un brillant étudiant étranger et plus particulièrement russe dans un pays plutôt russophile. Ses parents lui octroient 300 francs mensuels qui le mettent à l'abri du besoin. Il s'installe donc en plein Quartier Latin, 11 bis rue Berthollet, le long de l'hôpital militaire du Val-de-Grâce. Il est à deux pas du Panthéon, de la Sorbonne, du jardin du Luxembourg et de l'animation du boulevard Saint-Michel. Il y fréquente les cafés où il peut côtoyer, outre les étudiants, des artistes et écrivains de toutes sortes, inconnus, débutants ou même déjà célèbres. Il dira plus tard y avoir croisé Verlaine, ce qui est possible car le poète buvait énormément dans le quartier !

Grand (1 mètre 90), mince, beau et racé, élégant, il arbore une allure aristocratique et cultive un charme slave sensuel et mystérieux. De cette époque où il est invité partout, il conservera un goût marqué pour les mondanités où il évoluera à son aise, moins pour se montrer que pour rencontrer beaucoup de gens différents dont il observe la psychologie, les comportements et les sentiments. Il aime plaire, questionner, comprendre.

En cette fin de siècle, Paris est pour lui la Ville lumière. Le Sacré-Cœur est en pleine construction depuis déjà pas mal d'années (1870) et encore pour longtemps (1912), couronnant les pentes pittoresques de la butte aux bistrots animés de chansonniers dans ses beuglants, petits cafés concerts de quartiers, où se croisent « mauvais garçons » et bourgeois noctambules venant s'encanailler depuis 1880 en écoutant Aristide Bruand au Lapin agile. Quand on est un jeune russe francophone et fin lettré, arriver à Paris en 1885, date des funérailles nationales de Victor Hugo, ne peut être que d'excellent augure, même si les monstrueux travaux d'Haussmann ont beaucoup saccagé le Vieux-Paris. De fait Voronoff ne retrouvera pas les étudiants décrits en 1818 par Murger dans ses « Scènes de la vie de bohème ». De nouvelles avenues partent en étoile de la Nation, la République ou la Bastille et Paris a doublé puis triplé sa population depuis le milieu du siècle. C'est maintenant une ville de près de deux millions d'habitants qui étale sa prospérité par les alignements des immeubles haussmanniens cossus érigés dans les riches quartiers ouest – par exemple Monceau – tandis que les pauvres s'entassent à l'est, le boulevard Sébastopol divisant (plutôt qu'il ne réunit) la capitale en deux camps. Mais si le rythme de la vie s'accélère, les marchands ambulants restent encore nombreux, sur les trottoirs désormais spacieux, ornés de kiosques et de fontaines Wallace, éclairés la nuit par les nouveaux becs de gaz que l'électricité viendra rapidement concurrencer. Les grands magasins napoléoniens regorgent de monde et les bals populaires égayent certaines rues à deux pas des salons bourgeois où « le gratin » du « Tout-Paris » se montre autant qu'il se distrait. En 1889, le cabaret du Moulin-Rouge devient le grand établissement de danse de la capitale avec la création du « quadrille naturaliste » futur french-cancan. La photo de la première Madame Voronoff ressemble en tous points au tableau d'Auguste Renoir « La Parisienne » sortant à l'aube d'un souper ou en calèche au « bois » (de Boulogne bien sûr) croisant de fringants cavaliers, assistant aux courses ou tout aussi bien se rendant au cirque – il y en a de superbes – ou à quelque « Caf-Conc » très à la mode.

L'incroyable Trocadéro à l'architecture arabo-espagnole est resté de l'exposition universelle de 1878, mais dès 1887, en bas, commencent les travaux de la tour Eiffel pour celle de 1889. Ce signe arrogant de modernisme semble devoir condamner à terme les traces parfois tenaces d'un folklore qui s'éteint ou se transforme : le carnaval, le marché à la ferraille, les chiffonniers et rémouleurs. Le ventre de Paris en pleine activité anime les Halles Baltard tandis que les squares et jardins qui ont remplacé les blocs d'immeubles démolis permettent à la nature de conquérir de grands espaces en plein Paris avec ses marchandes de fleurs et ses manèges de chevaux de bois, tout près de l'opéra Garnier ou du moins classique opéra-comique. Mais ce sont les grands boulevards, comme celui des Italiens peint par Pissarro ou ceux de Renoir, qui représentent le mieux l'animation bigarrée de cette fin de siècle avec sa foule et ses omnibus puis ses tramways tirés par des chevaux sur une chaussée toujours plus encombrée. Bientôt, dès le début des années 90, les premières bicyclettes et automobiles s'ajouteront aux charrettes et aux piétons. Il y a toujours à voir, à découvrir ou à revoir et sans doute Voronoff aura pu admirer la curiosité autour de laquelle tout le monde se presse en 1886 : la statue de la Liberté, la vraie qui sera livrée en fin d'année à New York, se dressant, gigantesque, dans la cour de l'atelier de Bartholdi au-dessus des toits alentour.

Dès son arrivée il obtient en septembre 1885 son équivalence du baccalauréat scientifique et en avril 1888 celle du baccalauréat littéraire. Il s'inscrit alors à la rentrée 1888 à l'École de Médecine. Il choisit la chirurgie, secteur de la médecine jusqu'alors un peu marginal mais qui connaît alors un grand essor grâce aux progrès des spécialités annexes, en particulier l'anesthésie mais aussi les stérilisations, la composition du sang, l'étude des tissus ou des invasions microbiennes qui rendent les interventions à l'intérieur du corps de plus en plus possibles, longues et complexes. C'est une voie très prometteuse, ouverte à la recherche et à l'innovation qui, d'entrée, intéresse surtout le jeune étudiant. Il a trouvé sa vocation.

Mais que fait-il exactement les deux années et demie séparant ses deux équivalences du baccalauréat ?

En 1889 en tout cas, étudiant, Voronoff se serait selon certaines sources injecté des tissus de testicules de chien et de cobaye sous la peau pour expérimenter sur lui-même les techniques d'opothérapie, c'est-à-dire l'utilisation thérapeutique d'organes ou d'extraits d'organes d'origine animale qui commençait dans les milieux médicaux. Il s'agissait essentiellement des travaux de Charles Édouard Brown-Séquard, physiologiste successeur, jusqu'à sa mort en 1894, de Claude Bernard au Collège de France. Parmi de remarquables études (sur la moelle épinière), il avait détecté le rôle des glandes à sécrétion interne et mis au point un traitement de la sénescence par des extraits testiculaires. Mais le jeune Voronoff n'aurait pas obtenu les résultats attendus, à savoir l'augmentation artificielle des effets des hormones afin de retarder le vieillissement, ce qui aurait stoppé pour un temps son intérêt pour l'opothérapie. L'exactitude des faits est discutable et même peu probable : un jeune étudiant – les deux termes sont importants – testant sur lui-même des techniques destinées à soigner de vieilles personnes. Néanmoins, pour la cohérence de son parcours de recherche, il aurait été notable qu'à 23 ans il s'intéresse déjà à ce secteur. En fait il sera vite convaincu que des transplantations glandulaires devraient produire davantage d'effets que de simples injections (comme généralement, en opothérapie) et la chirurgie sera donc privilégiée. Si elle s'avérait juste, l'anecdote pourrait cependant marquer le point de départ de la mise en pratique de ses techniques.

Pour s'en tenir aux dates généralement retenues, Serge Voronoff semble avoir très (trop !) rapidement parcouru le cursus des études médicales : cinq ans entre son inscription (1888) et sa thèse (1893), ce qui est très peu. La date de la thèse étant incontestable (puisqu'il exerce dès 1894), c'est peut-être celle du début qui est fausse : il faudrait sans doute retenir 1885 (première équivalence de bac.), ce qui ferait alors 8 ans jusqu'à la soutenance effective. De fait, même excellent, un étudiant en médecine ne peut guère « sauter » des années ! D'autant plus qu'il se passionne parallèlement pour des spécialités hors de la stricte chirurgie qui lui semblent nécessaires à une pratique pleine et entière de son art. La chirurgie ne saurait en effet pour lui constituer un élément parmi d'autres d'une thérapie d'ensemble. Elle doit toujours être la clé de voûte du traitement médical et celui qui tient le bistouri doit dominer toutes les composantes utiles au bon déroulement de l'opération, l'avoir préparée et contrôler ses conséquences. Il est l'architecte de la reconstruction du malade. C'est pourquoi il sera toujours attentif aux découvertes de la biologie et s'intéressera particulièrement aux travaux du physiologiste Alexis Carrel, de sept ans son cadet (puisque né en 1873) qui poursuivra une double carrière en France et à l'institut Rockefeller de New York. Carrel obtiendra le prix Nobel en 1912 (donc à 39 ans à peine), époque où Voronoff est à Nice où il a commencé ses greffes glandulaires qui tablent sur la survie des cellules, tissus et organes en dehors de l'organisme. Or Carrel a démontré que c'était possible. Les greffes de Voronoff seront confortées par la confirmation de cette hypothèse. Il n'est pas un savant isolé mais à la fois un théoricien et un praticien dépendant de l'avancée de l'ensemble de la recherche. Carrel et Voronoff connaissent chacun les travaux de l'autre et s'appliqueront à diffuser aussi bien ceux du collègue que les leurs propres. Aussi est-il probable qu'Alexis Carrel, dont Voronoff contribua beaucoup à faire l'éloge de la justesse des découvertes, favorisera de son côté la reconnaissance aux États-Unis de l'intérêt des greffes de glandes pratiquées par Voronoff.

Si Carrel deviendra un de ses plus distingués confrères, Jules Émile Péan fut effectivement son patron (puisqu'il dirigeait le département de l'hôpital où Voronoff était externe), notamment lorsqu'il contribuait à vulgariser l'ovariotomie. Péan connut malheureusement davantage la notoriété que la reconnaissance scientifique malgré des résultats remarquables qui n'avaient souvent comme défaut que d'être (en plus ? trop ?) spectaculaires. Or Voronoff subira un peu un destin analogue dans un domaine commun, la sexualité. La chirurgie moderne doit en outre à Péan la mise au point de procédés et instruments nouveaux encore en usage aujourd'hui dans les blocs opératoires. Il s'agit d'une époque pionnière où l'émulation jouait un rôle positif.

La thèse soutenue par Voronoff en 1873 porte sur les « Trêves morbides ». Remarquons qu'il ne s'agit pas de chirurgie mais d'une question de fin de vie étudiant ces étranges périodes de rémissions qui proviennent dans des maladies mortelles déjà engagées en phase terminale (cancers, tuberculoses, maladies du foie…). Quel est le mécanisme de ces journées où le moribond se sent mieux et les proches reprennent espoir avant que le mal ne revienne tout à coup et terrasse alors rapidement le patient ? Étrange sujet que Voronoff ne résout pas mais qu'il a le mérite de poser scientifiquement pour la première fois en observant tous les aspects physiques comme mentaux, affectifs, psychiques… On voit bien que Voronoff aime affronter des domaines vierges combinant des secteurs généralement séparés de la recherche, d'où la difficulté de comprendre des effets ayant plusieurs causes. On n'est déjà pas si loin des cures de rajeunissement pour vieillards qui ne les empêcheront pas de mourir mais préserveront leur bonne santé jusqu'à la fin.

Dès 1894 Voronoff s'installe en achetant à son condisciple Henri Meige l'établissement médico-chirurgical d'Auteuil au 61 boulevard Montmorency dans le XVIe arrondissement. Il y opère et y habite. Meige conserve néanmoins à la même adresse un centre de traitement neurologique que fréquente d'ailleurs Voronoff pour enrichir sa connaissance des troubles psychiques qui l'intéressent pour mener à bien ses interventions chirurgicales, à moins qu'il n'imagine des opérations du cerveau à entreprendre dans des cas relevant jusqu'alors de traitements exclusivement neurologiques ou même psychologiques car il ne s'est en effet pas encore spécialisé. Il ouvre dans le même temps un cabinet privé rue de Passy où il consulte. Dans ces quartiers distingués et riches, médecine et chirurgie rapportent beaucoup : 80 000 francs de revenus dès la première année. Visiblement il hésite encore entre la recherche scientifique et la médecine de ville, voulant parvenir à concilier les deux afin d'acquérir à la fois intégration et renommée dans son pays d'accueil.

Mais il n'oublie pas la Russie pour autant ni la pauvreté de ses compatriotes au service de laquelle il voulait se consacrer quand il avait 19 ans. Pour se dévouer à la souffrance de ses semblables, il crée donc en 1894 puis 1895 deux centres médicaux gratuits pour les malades nécessiteux. Dans ces années, la situation des juifs russes devient en outre de plus en plus insoutenable, si bien que son jeune frère Gherasim le rejoint en France à 21 ans. Il fera à son tour médecine, mais à Montpellier. Diplômé en 1899, il se fixe alors à Paris, se marie et, dès lors, exercera toujours auprès de son frère aîné, participant notamment à l'aventure des greffes de singe, dès le début à Paris et ensuite à Grimaldi où il assurera pratiquement la direction médicale de la clinique lorsque Serge ne sera plus que le prestigieux mandarin un peu lointain, opérant de moins en moins lui-même ou alors, justement, en double avec Gherasim/Georges. Un second frère arrivera à son tour peu de temps après Gherasim mais on suit plus difficilement son parcours car il entreprend d'abord des études d'ingénieur.

Serge Voronoff est naturalisé français en décembre 1895, non sans quelques fausses déclarations, notamment en ce qui concerne ses obligations militaires auxquelles il avait échappé par l'exil, comme nous l'avons vu. Mais Voronoff a toujours tenu à paraître parfaitement en règle dans ses deux pays. Sans doute voulait-il se réserver la possibilité de circuler librement entre les deux, ce qu'il n'eut finalement jamais l'occasion de faire, surtout après la révolution bolchevique de 1917. Aussi invente-t-il, en remplissant les documents de naturalisation qu'il avait été tiré au sort « bon pour le service », alors que le tirage au sort n'existait plus en Russie depuis le milieu des années 70 (quand le service avait été diminué de durée mais étendu à tous), avant d'être finalement réformé pour myopie, infirmité qui l'aurait donc empêché de porter les armes en Russie, mais pas d'exercer la chirurgie en France en 1895, date de sa demande de naturalisation. Notons pour l'aspect savoureux du mensonge que, dès ses premières greffes, lui-même et ses observateurs, collègues ou journalistes médicaux, insisteront toujours sur l'extrême dextérité réclamée par ce type d'opération qui exigeait beaucoup d'expérience et de savoir-faire. C'est à cette époque que se forge la notion d'« acte chirurgical », élément fondamental de la réussite dans cette discipline. Il ne suffit pas d'avoir raison en théorie si l'on ne maîtrise pas parfaitement le geste : tenir un bistouri n'est certainement pas plus facile que de se servir d'un fusil et dans les deux cas la main suit le regard. C'est celui-ci qui commande.

Gherasim eut plus de difficulté que son frère à se faire naturaliser. Pourtant il amorce les démarches en 1896, à peine un an après Sergueï Abramovitz dont avait également été admise la francisation de son prénom. C'est pourquoi Gherasim se fera appeler Georges (et leur troisième frère Jacques). Mais en 1895 Serge Voronoff est médecin et bénéficie tout naturellement de ce que l'on appellerait aujourd'hui une « immigration choisie », décision d'une élite d'étrangers optant pour la France par goût et non par nécessité, pour servir un pays dont ils admirent les valeurs. Mais l'antisémitisme s'intensifie à l'extrême fin du XIXe et au début du XXe siècle dans toute l'Europe, initialement et très violemment en Russie, ce que n'ignorent pas les autorités et fonctionnaires des services français de l'immigration. Aussi le « profil » du candidat Gherasim Voronoff, pouvait être vu tout autrement : pour beaucoup c'était un juif russe fuyant les persécutions en effectuant une sorte de regroupement familial (avant la lettre) avec un frère aîné déjà installé lui servant de caution morale et financière afin d'amorcer des études (il vient juste de commencer). À de nombreux signes, et notamment la chaleur avec laquelle il se démènera pour accueillir Gherasim puis son épouse et pour les conserver auprès de lui, Serge Voronoff témoigne de la douleur qu'il ressent en constatant que l'antisémitisme de Voronej ne disparaissait pas à plusieurs milliers de kilomètres de là. Lui avait personnellement réussi à être un immigrant à l'époque où celui-ci était considéré comme une richesse. Mais peu après son frère, c'est-à-dire exactement le même type d'homme, n'était plus qu'un émigré dont on se méfiait et auquel on était prêt à faire les pires difficultés. En effet, ne voyant rien venir, Gherasim, dix ans plus tard toujours citoyen russe, s'engage en 1916 dans l'armée française, ainsi que le troisième frère Jacques, ce dernier en tant que simple soldat tandis que Georges comme aide-major, chef du service urologie de l'hôpital de Châlons-sur-Marne. Les besoins étant énormes, ils sont acceptés et Georges sera effectivement récompensé par la naturalisation en 1918.

4

En 1895, les pogroms et la création des ghettos en Russie avaient (sans doute) précipité son départ pour la France. Dix ans plus tard, l'affaire Dreyfus ne sera (probablement) pas pour rien dans son choix d'accepter le poste qui lui est offert en Égypte. Certes chaque fois c'est une fuite par le haut : faire ses études à Paris en tant qu'étudiant riche et libre avait été certainement plus agréable et valorisant qu'aller à la faculté de Voronej en occupant sa chambre de jeune homme chez ses parents ; de même, travailler dans un Orient de légendes aux côtés du Khédive d'Égypte allait être plus excitant que de débuter la chirurgie dans le secteur libéral ou à l'hôpital en France. N'empêche qu'il est poussé au succès par une fatalité malheureuse : celle de la montée de l'antisémitisme en Europe. Commencée en Russie où il était, elle s'étend en France au moment où il s'y trouve. Aussi lui faudra-t-il pour réussir davantage d'efforts que les autres, aiguillonné par une propension à vouloir prouver qu'il n'est pas inférieur. Du coup, il sera même meilleur ! Il obtiendra le plus, mais toujours à la pointe de l'épée, jamais dans la facilité. Rien ne va de soi dans sa carrière prestigieuse, rien n'est acquis, tout est le résultat d'un combat qu'il mène avec force mais aussi finesse. Surtout, il ne lui faut pas reculer devant la mobilité : Russie, France, Nice, Paris, Grimaldi puis l'Amérique lorsque le nazisme le forcera à nouveau à l'exil (là encore doré) en 1939. On pense à la carrière cinématographique du grand cinéaste allemand Max Ophuls contraint à quitter son pays parce qu'israélite, pour aller d'abord en France, puis aux Pays-Bas et en Italie avant de se fixer à Hollywood… mais finir sa carrière et sa vie à Paris. Que ce soit en Allemagne (*La Fiancée vendue*, 1932), aux États-Unis (*Lettre d'une inconnue*, 1948) ou en France (*Le Plaisir*, 1952), Max Ophuls a signé des chefs-d'œuvre, a été considéré comme un des meilleurs metteurs en scène de son temps mais n'a jamais pu profiter bien longtemps de cette position enviable : avancée nazie dans toute l'Europe, difficultés professionnelles à Hollywood, maladie en France lui empoisonnent la vie et il meurt épuisé à 55 ans, achevé par le scandale de son dernier film, son meilleur que les commerçants mutilent pendant qu'il agonise : *Lola Montès*.

Mais revenons en 1895, Serge Voronof n'a pas trente ans et se voit ouvrir les portes de l'Orient. Province de l'empire ottoman, modernisée dans la première moitié du XIXe siècle par Mehemet-Ali, l'Égypte est dirigée effectivement depuis 1867 par un vice-roi, le Khédive. Le creusement du canal de Suez par Ferdinand de Lesseps (1859-1869) a laissé le pays très endetté et le Khédive a dû accepter une tutelle commune des Français et des Anglais. Mais les premiers ont vite été évincés au profit des seuls britanniques qui établissent une domination de fait à partir de 1882. La situation de protectorat demeurera inchangée jusqu'en 1922 où l'Égypte deviendra un royaume théoriquement indépendant mais dans lequel l'influence anglaise demeurera longtemps encore notable.

Perle du moyen (ou proche) Orient, l'Égypte est une zone de passage entre Europe occidentale et Extrême-Orient depuis le temps des caravanes, cette route traditionnelle ayant été spectaculairement réactivée par le canal s'ouvrant sur les rivages de la Méditerranée Orientale. C'est un pays qui fait rêver, surtout en France, depuis les pharaons, Cléopâtre et la conquête par Bonaparte. En fait l'orientalisme est un mouvement artistique et littéraire que l'on peut suivre depuis plusieurs siècles mais qui prend une grande vigueur au tout début du XIXe siècle : la campagne d'Égypte se déroule de 1798 à 1801, puis la conquête de l'Algérie active l'intérêt pour les pays d'Afrique du Nord, la longue révolte de l'émir Abd-El-Kader occupant toutes les années 30 et maintenant dans l'actualité les pays du Maghreb et du Nil. Alexandre Decamp et Eugène Delacroix prolongent les inspirations romantiques par leurs voyages, le premier dans tout l'Orient en 1828 et le second en Algérie en 1831. Certes tout cela imprègne l'art et la culture française bien avant l'arrivée de Serge Voronoff à Paris, mais le courant est encore très vivace dans le dernier quart du siècle et, par exemple, Théodore Chassériau a exécuté de vastes décorations murales à Paris où Voronoff a pu les voir (par exemple celle de l'église Saint Philippe-du-Roule). Bien que décédé en 1824, Lord Byron brille encore au firmament poétique et l'exotisme poursuit l'inspiration orientaliste. Ainsi Pierre Loti, le dilettante homme de lettres officier de marine voyageur aujourd'hui bien oublié, publie avec un grand succès ses récits évoquant l'Orient et l'Afrique. Son meilleur texte sur l'Égypte, *La mort de Philae* paraîtra d'ailleurs en 1909 alors que Voronoff sera encore au Caire où il rencontrera effectivement l'écrivain. Le jeune docteur a commencé dans la première moitié des années 90 à fréquenter assidûment la bonne société du XVIe arrondissement où il exerce et où ses patients l'invitent à leurs fêtes, concerts privés, salons de lecture, dîners et débats. Il y rencontre artistes et hommes de lettres qui l'attirent car c'est un esprit curieux qui s'imprègne avec plaisir de l'air du temps circulant dans la bonne société.

Il a donc forcément entendu parler de l'Égypte, a apprécié son histoire ainsi que les œuvres de ceux qui sont allés y voir de plus près et en sont revenus profondément inspirés. C'est d'ailleurs au moment où on lui propose de s'y rendre à son tour, comme au temps de Bonaparte qui amenait avec lui à la fois artistes et savants, qu'il rencontre Marguerite-Louise Barbe, fille de François Paul Barbe, promoteur de la dynamite en France. La jeune femme évoluait dans le tourbillon parisien mondain de la grande époque au tournant du siècle. Nous y reviendrons puisque cette jeune personne deviendra la première épouse de Voronoff et que son existence ne sera pas sans alimenter le côté sulfureux du personnage bien avant les greffes simiesques. Le mariage a lieu à Paris le 11 janvier 1896. Ce sont les troisièmes noces de Marguerite Barbe. A cette date, ses parents ainsi que trois aïeuls sont décédés mais elle mène grande vie et entretient des fréquentations très libres.

Signe du destin ? De fait, son ancien « patron », Jules Émile Péan, qui cherche en 1895 à pourvoir le poste de « chirurgien de la cour » au Caire où le khédive a besoin de quelqu'un capable de moderniser la chirurgie de son pays, parvient à persuader Voronoff que ce haut poste prestigieux au Moyen-Orient lui apportera une notoriété internationale et qu'il pourra ensuite revenir en France y faire ce qu'il voudra. Autrement, s'il reste maintenant dans ce pays devenant xénophobe et antisémite, on lui mettra toujours des bâtons dans les roues tandis qu'il pourra réaliser en Égypte des plans de santé grandioses et généreux répondant à ses aspirations humanistes. Sans doute Marguerite-Louise (ou Léonie Caroline) Barbe aidant, Serge Voronoff fut vite convaincu : on ne déçoit pas la confiance d'un savant de l'envergure de Péan et l'on ne laisse pas passer une opportunité pareille qui ne se renouvellera pas.

Ceci dit, il ne pensait sans doute pas en s'embarquant pour Le Caire y rester si longtemps : quatorze ans (1896-1910) ! D'entrée il est sans doute un peu déçu car l'Égypte n'est plus ce qu'elle était. Administrée sans génie par les Britanniques dans un esprit post colonial assez terne très éloigné de la munificence des Mille et une Nuits (qui est d'ailleurs un recueil de contes persans et non égyptiens), elle est un pays très pauvre à l'exotisme passablement frelaté. Mais précisément, le Khédive est jeune, ambitieux, occidentalisé et animé d'une solide volonté de moderniser son royaume. Dans le domaine de la santé, il y a énormément à entreprendre et Voronoff va y employer toute son énergie et son enthousiasme.

Certes il n'a pas abandonné sans regret ce qu'il avait entrepris pendant deux ans à l'établissement médico-légal d'Auteuil en soignant des malades psychiatriques. Naturalisé français le 30 novembre 1995, il publie deux études : *Hystérie, traité pratique de médecine* où il préconise l'utilisation simultanée de trois thérapies – la suggestion et l'hypnose (les deux très à la mode) associées à l'hydrothérapie (1895) – et *Étude de gynécologie et de chirurgie générale* (2 tomes, 1896). Mais Voronoff s'intéresse à tous les aspects de la maladie individuelle comme de la santé publique et, en conservant sa passion pour les greffes qui constituent toujours son domaine de prédilection, il est prêt à s'investir dans bien des secteurs de la recherche qui connaît un essor considérable. Alors, pourquoi pas les fièvres coloniales, les épidémies animales et l'éradication des endémies humaines meurtrières ? D'autant plus que sa puissance de travail est colossale et le conduira par deux fois (1910 et 1916) à frôler la mort par accumulation d'une fatigue chronique qu'il ne ressent pas mais qui l'épuise. En outre, le travail agit comme une drogue lui permettant de supporter une vie privée qui n'est sans doute pas telle qu'il l'aurait souhaitée. On sait peu de choses sur le sujet, mais il semble bien que la fille de Paul Barbe préfère les folles nuits branchées de la métropole aux charmes du désert et ne demeure pas beaucoup aux côtés de son époux, menant grande vie avec les amis les plus extravagants de Paris plutôt que d'assister le docteur dans ses dispensaires du Caire ou ses campagnes de vaccination des troupeaux d'ovins dans le sud égyptien. Le couple divorcera finalement au retour en 1911.

Voronoff se dépense donc sans compter sur deux fronts professionnels principaux : d'une part la santé publique où il se comporte en ministre menant des réformes modernes ambitieuses ; d'autre part ses études personnelles sur la population d'eunuques et sur celle des animaux, groupes entre lesquels il va tisser des relations qui seront au cœur de ses découvertes les plus étonnantes. C'est dire que le (long) séjour en Égypte ne sera pas une parenthèse dans la carrière du fantastique Docteur Voronoff mais au contraire le temps fort d'une recherche médicale et clinique qui le rendra célèbre dès son retour en France où, comme le lui avait prédit Péan, il pourra alors faire ce qu'il voudra, passant à l'acte de façon étonnante et surtout magistrale. Voronoff quittera Le Caire peu d'années avant que Lawrence d'Arabie y arrive au service de cartographie. Son épopée immortalisée par le film à grand spectacle de David Lean en 1963 se déroule donc dans la décennie suivante, mais le pays n'avait pas changé et les images sublimes sont exactement celles qu'il a vues. D'ailleurs Voronoff était le même genre d'homme que Peter O'Toole interprète du personnage : grand, élancé, d'une belle distinction ! Pourtant Voronoff évoque davantage le Docteur *Barberousse* se dévouant au temps féodal de Edo au Japon sous les traits de Toshiro Mifune dans le film d'Akira Kurosawa (1965)... mais qu'importe : deux héros hors normes, deux acteurs mythiques et de grands réalisateurs, des figures de haute stature, un peu de mystère en plus pour Voronoff.

L'action de Voronoff à la tête des institutions de santé égyptiennes est clairement exposée dans le tome XXX, n°2, de l'*Histoire des sciences médicales*, ouvrage de référence publié en 1996 (ce qui prouve que Voronoff n'a jamais été oublié ni occulté par les spécialistes de l'histoire de la médecine). Il s'agit de l'article biographique de 8 pages, fort bien documenté, objectif et explicatif signé de trois médecins en exercice, F. Augier, E. Salft et J.B. Nottet, le premier ayant précisément consacré sa thèse de doctorat (université de Lyon I, 1998) au « *Docteur Samuel Serge Voronoff, 1866-1951* ». Le sérieux de la recherche et de l'approche est un modèle du genre de ces notices qui font autorité, celle-ci ayant été examinée, avant publication dans l'ouvrage, par le Comité de lecture du 25 février 1995 de la Société Française d'Histoire de la Médecine. En bonne monographie, le texte ne se concentre pas exclusivement sur ce qui fait débat – les greffes – mais examine chronologiquement le déroulement d'une carrière riche et variée. Nous lui empruntons donc l'essentiel du développement qui suit.

D'entrée apparaît la volonté de Voronoff de ne jamais dissocier la pratique de la théorie, la recherche de l'aspect clinique qui en constitue l'application ou l'expérimentation, l'esprit et la main, le diagnostic et la thérapie. Dès 1898, il fonde au Caire la Société Khédivale de Médecine d'expression française dont il est secrétaire général puis président d'honneur. Il y présentera de nombreuses communications. Il s'attache ensuite à l'organisation du premier congrès égyptien de médecine qui lui demande quatre ans de préparation, mais qui sera grandiose puisqu'il réunira en septembre 1902 au Caire 600 médecins venus de tous les pays du monde : « axé sur la médecine tropicale, ce congrès, une gageure en terre d'Afrique, fut un éclatant succès, la science française tenant la première place sous la présidence du Professeur Bouchard qui reçut le Gand Cordon de Médjidié des mains du khédive, le Docteur Voronoff étant fait pour sa part Grand Officier de l'Ordre. Il rédigera les actes du colloque édités en quatre volumes (Le Caire, 1905). »

Il créera à ses frais l'Hôpital privé de Choubrah comptant 60 lits dont le tiers réservé aux indigents ; il en fera don à la ligue égyptienne contre la tuberculose. En 1908 il y adjoint la première école (gratuite) pour former des infirmières égyptiennes. L'année suivante le bimensuel *La Presse Médicale d'Égypte* en langue française se propose de coordonner les initiatives locales et de procurer aux 1000 médecins égyptiens (pour 12 millions d'habitants) une reconnaissance internationale. Lui-même ne cesse jamais, depuis le Caire, de collaborer aux publications internationales, comme pour sa mise au point sur « le redressement forcé des gibbosités, des anciens à nos jours », étudiant les bosses et courbures anormales du rachis entraînant une saillie extérieure (1899). Il aime aussi la pédagogie clinique et publie à Paris son *Manuel pratique d'opérations gynécologiques*. Dans *Les feuillets de chirurgie et de gynécologie* (Paris, 1910), il revient sur les idées, très avancées pour l'époque, du Baron Dominique Larrey qui avait accompagné Bonaparte en Égypte, mais expose aussi en détail son « intervention d'exérèse d'une tumeur occipitale agressive, adhérente à la méninge, chez un patient de 46 ans pour lequel il réalisa une cranioplastie par une hétérogreffe osseuse d'omoplate de moutons, qui fut colonisée avec succès par l'os sain de voisinage ». Cette première mondiale d'une greffe osseuse d'un morceau d'omoplate de mouton dans le crâne d'un homme, opérée en 1908 et qui, deux ans plus tard, se révèlera bien tolérée puisque suivie de la reconstitution de cellules humaines, fit grand bruit puisqu'elle levait le tabou de la transplantation de l'animal à l'homme. Certes ce n'était encore qu'un morceau d'os, mais la réussite de Voronoff rendait envisageable de tenter bientôt d'autres tissus, muscles et bientôt glandes. Voronoff est désormais admiré, respecté dans les milieux internationaux d'innovation médicale.

Mais Voronoff ne se contente pas de promouvoir la médecine égyptienne ni de faire connaître ses propres avancées scientifiques à l'extérieur, notamment en France. Car ses recherches sont en symbiose avec ce qui se passe ailleurs dans « son » domaine. S'il est en 1910 une sorte de héros national au Caire par sa science et sa bonté, il suit avec un grand intérêt la découverte en 1900 par Karl Landsteiner des groupes sanguins compatibles permettant les transfusions obligatoires en chirurgie. Comparant avec les études vétérinaires, Voronoff remarque que les sangs des grands singes sont très proches de ceux des humains. En 1902-1903 sont mis en évidence les hormones et il se passionne pour les premières greffes d'organes de 1905, dans ce cas les reins, entre humains comme, dans le même temps, pour les transplantations entre animaux de son confrère et ami Alexis Carrel. Lui-même pratique des greffes sur des béliers pour optimiser leurs performances. L'idée serait de parvenir en quelques générations à des races ovines produisant plus longtemps et davantage de laine ou de viande, la qualité des produits de l'élevage allant de pair avec la santé et la longévité de l'animal. Les résultats individuels sont remarquables mais l'expérimentation devait être menée sur une longue durée et sur un grand nombre de bêtes. Voronoff n'en aura ni le temps ni les moyens et reprendra ses expériences au cours des décennies suivantes parallèlement à son travail sur l'homme.

Car les greffes humaines s'affirment progressivement comme la grande affaire de son existence et puisque l'on peut bonifier les espèces animales, on doit aussi réussir à améliorer la nature humaine. C'est la première idée qu'il approfondit en Égypte. La seconde est que ce mieux doit se concrétiser prioritairement en freinant la sénilité, c'est-à-dire la décrépitude progressive de l'être humain qui perd ses capacités à partir de la cinquantaine. Il faudrait le maintenir le plus longtemps possible dans l'état où il se trouve, à cet âge, étant bien entendu que Voronoff ne prétend évidemment pas à l'immortalité. Mais il a émis un jour le souhait de voir l'an 2000. Humour ? Pas forcément, car à plusieurs reprises il déclara que la durée normale de vie devrait être de 140 ans ! D'où la troisième idée concrétisant les espoirs de la première et de la seconde : le secret est dans les glandes. Ce sont-elles qui régissent le bon fonctionnement du corps, et plus particulièrement les testicules, la perte du désir, de la production de sperme et des capacités d'érection n'étant que les plus spectaculaires des effets de la sénilité.

Voronoff tournait autour de cette supposition depuis un certain temps, mais c'est l'observation des eunuques égyptiens, étudiés systématiquement pendant la longue décennie du Caire, qui lui en administre la preuve, lui permettant de passer de l'hypothèse à la théorie. On sait que les eunuques jouèrent de grands rôles dans l'Orient ancien, occupant de hautes charges dans les empires byzantin et ottoman, au début en tant qu'hommes de confiance des chefs et souverains. Mais l'état dans lequel Voronoff trouve le groupe encore nombreux en Égypte au tournant 1901 est lamentable.

Dans son très bel ouvrage *La Conquête de la vie* (Ed. Eugène Fasquelle, 1928), Serge Voronoff décrit clairement comment il découvrit que le rôle des testicules est bien plus important comme stimulant de l'énergie vitale, qu'en tant qu'organe purement sexuel : « En 1898, me trouvant au Caire, je vis et examinai pour la première fois des Eunuques. J'ai appris qu'on les castrait à l'âge de 6 à 7 ans, donc bien avant la puberté, bien avant que l'organisme ait pu subir l'influence, même passagère, de la virilité, bien avant le développement complet du corps et la fin de la croissance.

Leur aspect me frappa vivement. Je savais que les testicules, non seulement élaborent les spermatozoïdes nécessaires à la fécondation, à la perpétuation de l'espèce, mais qu'ils conditionnent en même temps les caractères secondaires du mâle, ceux qui distinguent l'homme de la femme : barbe et moustaches, bassin étroit, voix plus grave, etc. Les eunuques différaient nettement des hommes normaux.

La doctrine s'opposait pourtant à ce que la privation d'un unique organe, si important soit-il, pût modifier à ce point l'organisme entier. Mais je me rappelais ces paroles de Pasteur : « En pénétrant dans le laboratoire pour observer les faits de l'expérimentation déposez vos théories dans l'antichambre ». Et la nature n'est-elle pas un laboratoire incomparable ?

Je me souvenais aussi de l'enseignement de Claude Bernard : « Quand les faits qu'on rencontre sont en opposition avec une théorie régnante, il faut accepter les faits, et abandonner la théorie, alors même que celle-ci, soutenue par de grands noms, est généralement adoptée ». (*Introduction à l'étude de la Médecine Expérimentale*).

Peu importe si la privation des testicules produit directement cet effet désastreux sur l'organisme, ou si l'absence de la sécrétion interne retentit sur d'autres glandes endocrines : glande pinéale, hypophyse, thyroïdes, surrénales, troublant leurs fonctions de telle sorte que l'effet observé serait la résultante de toutes ces sécrétions déficientes ou altérées ! C'est possible et même certain, mais le point de départ, la cause efficiente des modifications survenues, c'est bien la suppression des testicules.

De ce fait observé, de ce fait, dirais-je, expérimental, car c'est bien une expérience qu'on réalise sur une vaste échelle en Orient, en castrant des hommes – j'ai tiré la conclusion que la sécrétion interne des testicules ne conditionne pas seulement les caractères secondaires du mâle, les caractères strictement masculins, mais qu'elle influence, soit directement, soit indirectement par d'autres glandes endocrines l'organisme entier, qu'elle stimule notamment le travail de nos cellules cérébrales, agit sur la croissance des os, soutient l'énergie musculaire et fournit à notre organisme ce quelque chose qui le rend fort et énergique ».

Épuisé par son travail, Voronoff décide en 1910 de rentrer en France bien qu'il soit « à l'apogée d'une situation professionnelle enviable. Un banquet, la veille de son départ, réunit tout le corps médical et le consul de France. Les princes de la famille Khédivale et toutes les notabilités lui remirent une adresse des plus flatteuses le jour de son départ du Caire, le 15 juin 1910 » (*Histoire des Sciences Médicales*). Il a 44 ans, juste cet âge « idéal » où l'homme est d'après lui au summum de ses capacités physiques, intellectuelles et même morales : il emploie en effet le terme dans *La Conquête de la vie.*

5

Après quatorze ans de douceur méditerranéenne, Voronoff ne se sentait pas de retourner à la grisaille parisienne. Or, vue de l'étranger, la France, c'était Paris ou la Riviera. Il n'hésita pas longtemps et comme son épouse avait beaucoup usé et abusé de la capitale, ils se retrouvèrent d'accord sur Nice et la French Riviera pour donner un nouveau départ à leur couple. Ils avaient certainement chacun des torts. Elle n'avait pas voulu sacrifier ses plaisirs ni lui sa carrière. Ils allaient peut-être pouvoir concilier leurs caractères opposés sous des cieux plus cléments et avec d'autres activités. Voronoff s'octroya néanmoins d'abord un voyage à New York fin 1910 pour y suivre modestement les enseignements de son célèbre ami Alexis Carrel (qui avait quitté Lyon pour le Rockefeller Institute) et l'assister dans ses travaux en microchirurgie vasculaire permettant désormais les greffes les plus complexes. Arrivé sur la côte, il est décidé à réduire son travail de clinicien (clientèle de ville) pour se consacrer davantage à la recherche chirurgicale. Il habite d'abord un temps à Hyères, mais n'y demeurera pas longtemps.

Les hormones viennent d'être « découvertes » (en 1905 par W.B. Hardy) mais la physiologie endocrine n'en est qu'à ses débuts. Voronoff concentre ses études sur les glandes à sécrétions internes et externes dont Claude Bernard avait démontré les conséquences désastreuses de leur dysfonctionnement ou de leur destruction. Mais l'application de cette découverte en opothérapie (notamment par Brown-Séquard) n'est pas la bonne : on confectionnait des cachets ou ampoules à base d'hormones sécrétées par des glandes endocrines animales. On écrasait des morceaux de foie de porcs ou de vaches, des placentas de brebis, des thymus de veaux ou des thyroïdes de moutons destinés à remplacer les productions endocrines des humains. Ce remède était souvent prescrit et certains patients s'en trouvaient mieux quelque temps. Ils augmentaient les doses, recommençaient le traitement, mais celui-ci agissait de moins en moins. Ses observations (sur animaux) en Égypte avaient convaincu Voronoff qu'il fallait greffer les glandes elles-mêmes prélevées vives et non injecter des tissus déjà morts. C'est dans cette voie qu'il engage son travail en créant d'abord à ses frais un laboratoire de recherche à Cagnes-sur-Mer qu'il déménage rapidement à Nice quand il devient à la fois praticien et chercheur dans le nouveau quartier neuf au nord de la ville à la clinique Sainte-Marguerite, bel établissement récent entouré alors de pimpantes petites « villas niçoises ». Celles-ci ont presque toutes aujourd'hui disparu remplacées par de hauts immeubles, mais pas la clinique, devenue une résidence du troisième âge d'un bon standing.

En 1910, Nice est française depuis cinquante ans mais conserve encore quelques belles places à arcades typiquement italiennes rappelant ses origines. La Belle Époque (du milieu du XIXe siècle au déclenchement de la Grande guerre) fait passer Nice du statut de modeste métropole régionale en 1850 à celui d'une capitale mondiale du tourisme de luxe en 1910. Sans abandonner tout à fait son identité locale, cette mutation en ville cosmopolite, rendez-vous international de l'argent et des « hôtes de prestige » ou « personnes de distinction » comme on dit alors, affecte la composition de la population, l'architecture et l'urbanisation ainsi que les comportements, les arts et la culture. Dans le même temps, la French Riviera change de nom pour devenir la Côte d'Azur, du titre du livre de Stéphen Liégeard publié en 1887 et qui redéfinit la région. L'époque n'est pas encore au tourisme de masse mais plutôt de qualité qui arrive à Nice par le train depuis 1864. Très bien desservi, Nice reçoit en 1913 vingt-sept trains quotidiens en provenance de Paris après un voyage de 14 heures. Mais il y a aussi des trains entre Nice et Londres, Milan, Amsterdam, Berlin, Vienne, Varsovie, Saint-Pétersbourg... En 1914 la ville frôle les 150 000 habitants et reçoit par an plus d'un million d'hôtes (on ne parlait pas encore de touristes). À la fin du XIXe siècle Nice doit son succès aux célébrités qui y passent l'hiver : la reine Victoria de 1895 à 1900, mais aussi de nombreux nobles riches, des têtes couronnées de toutes les grandes familles régnantes d'Europe : le roi du Brésil, celui d'Italie, Oscar II de Suède puis son fils Gustave V...

La saison bat alors son plein au cœur de l'hiver : janvier février. Pour distraire ses hivernants, théâtres et opéras (celui de Nice date de 1885) se sont multipliés et sont apparus des établissements offrant à la fois théâtre, music-hall, café et bientôt salles de jeux. Ce sont les casinos dont le plus célèbre est celui de la Jetée Promenade érigé en

1891 sur une plate-forme de fer avançant dans la mer à l'exemple des casinos du sud de l'Angleterre. En 1910, à l'arrivée de Voronoff le casino de la Jetée et la promenade des Anglais, perles de la Baie des Anges, figurent sur toutes les affiches touristiques. On avait fait très tôt des essais d'éclairage urbain électrique, mais la découverte des becs de gaz Auer relance ce procédé vers 1900. Nice possède une ligne de tramway électrique depuis 1895, bien que la traction hippomobile persiste sur l'essentiel du réseau. Les fêtes et banquets réunissent le Gotha dans des mondanités sans fin, autour des spectacles, concerts et conférences. Bientôt les salles de cinéma, très nombreuses à Nice, attirent les foules.

Les premiers hôtes, très fortunés, revenant chaque année pour de longs séjours, construisent des « villas », terme qui désigne alors de fastueux domaines autour d'imposantes demeures situés tout près de la promenade des Anglais. Aussi de nombreux cabinets d'architectes s'installent, certains d'origine étrangère mais beaucoup niçois, participant à la construction de grands hôtels et palaces qui se multiplient dans la toute première décennie du XXe siècle. Les hôtels étaient 64 en 1877 et 182 en 1910, plusieurs de plus de 200 chambres, le Régina à Cimiez plus de 400 et l'hôtel du parc Impérial presque autant. Au centre de Nice régnait le Ruhl, face à la mer, bientôt concurrencé par le Négresco qui ouvre en 1912 à quelques centaines de mètres ; ces palaces logent 160 000 voyageurs en 1910. Mais des immeubles résidentiels s'érigent aussi le long des avenues. Ils ont des architectures variées, parfois fantaisistes, très éloignées de la rigueur haussmannienne de Paris. Pour loger les travailleurs de ces hôtels et des métiers dérivés, de nouveaux quartiers viennent renforcer l'habitat du Vieux Nice à l'Est (Nice Riquier) où s'élèvent aussi de grosses casernes car Nice est une ville frontière de garnison qui a même son régiment vedette, les Chasseurs alpins.

Choisir de s'installer à Nice dans cette ville riche en plein développement est une évidence pour un ambitieux originaire de Russie car les liens entre le Comté de Nice et la Russie sont anciens. En effet parmi les souverains venant à Nice passer l'hiver figure depuis longtemps la famille impériale, à commencer par la tsarine Alexandra Feodorovna, veuve de Nicolas Ier au milieu du XIXe siècle , Maria Alexandrovna, épouse d'Alexandre II possède une villa dans le quartier Saint Philippe où elle séjourne avec son fils le Tsarévitch qui y meurt en 1864. Autour d'eux gravitent de nombreux grands-ducs excentriques, leurs suites de dignitaires et aussi ce que les niçois appellent des « rastaquouères », individus menant grande vie autour des tables de jeux, vivant d'expédients, de rapines et de vols dans les salons ; sans oublier beaucoup d'anarchistes et révolutionnaires russes qui ne sont pas sans poser des problèmes aux autorités locales chargées de la sécurité. Au milieu des faux princes, on remarque le moine Gapone, Bakounine et Lénine lui-même à plusieurs reprises après la première révolution de 1905, notamment en 1909 et 1912. Ainsi une grande colonie russe est-elle installée à Nice depuis le siècle précédent. Il y aurait eu, dès 1850,150 familles russes, ce qui avait amené la construction d'une église orthodoxe consacrée rue Longchamp en 1860. Mais dès les années 90, on s'active pour en ériger une autre. En 1903 la première pierre est posée dans un terrain appartenant à la famille impériale et où un mausolée commémoratif de la mort du tsarévitch avait été inauguré en 1868. La construction, qui jouxte le monument, ne sera terminée qu'en 1912. Cette église est considérée, encore aujourd'hui, comme le plus bel édifice orthodoxe situé hors de Russie. Pour les Russes de Nice, nul doute qu'il ne témoigne pas seulement de leur foi mais qu'il représente aussi le symbole de leur identité dans lequel Serge Voronoff, bien que juif, pouvait se reconnaître. Effectivement, le guide médical *Riviera, climat hygiène* de 1912 rédigé par Ernest Liotard (conservé à la Bibliothèque Romain Gary de Nice) signale que le docteur Serge Voronoff réside au Palais Crédit Lyonnais, somptueux immeuble du Crédit Lyonnais édifié à l'angle de l'avenue de la gare, artère principale de Nice, et de la riche rue Cotta (actuelle rue Maréchal Joffre), c'est-à-dire à quelques mètres de la première église orthodoxe de la ville (rue Longchamp) dominant le quartier russe originel. Jusqu'à la déclaration de guerre, il demeure donc à la fois près de ses compatriotes et dans un des symboles de la modernité, une banque qui finance le nouveau destin de la ville.

En 1910, a lieu le 29 juin une grande fête pour le cinquantenaire de la réunion de Nice à la France terminée par un éblouissant feu d'artifice. L'année avant avaient été inaugurés au cimetière du château, à quelques mois d'intervalle, un monument à Garibaldi et l'autre à Gambetta, le premier, niçois, héros de l'Unité Italienne et le second fondateur de la 3ème République française, belle matérialisation de la dualité niçoise, tandis qu'était ouverte à Cimiez la première usine d'Europe de purification de l'eau courante à l'ozone et qu'un nouveau pavillon s'ouvrait à l'hôpital Saint-Roch où Voronoff trouvera un collaborateur enthousiaste de ses greffes révolutionnaires. Nice n'est pas qu'une ville de plaisir ou de manifestations spectaculaires telles que les courses de chevaux ou d'automobiles. Certes Carnaval XXXVIII battra son plein, comme la fête des Mais et celle des Cougourdons, mais les expositions des salons de l'Artistique sont souvent consacrées aux arts plastiques les plus contemporains et Serge Voronoff pourra assister à la bénédiction de la grandiose croix de la nouvelle église en cours d'achèvement comme il sera sans doute à la Première, au Casino Municipal de la place Masséna, de *Monna Vanna*, chef d'œuvre de Maurice Maeterlinck, à l'origine d'une longue amitié nourrie d'estime réciproque entre le poète et le savant. L'événement le plus grand qui se soit produit dans ces années d'avant-guerre est en tout cas un prodigieux meeting d'aviation qui rassemble en avril 1910, 100 000 personnes sur la promenade des Anglais pour voir évoluer dans le ciel de la Baie des Anges les pionniers les plus célèbres de l'époque, dont le russe Mikhail Elimov, major de la flotte aérienne créée par le tsar Nicolas II, Charles Rolls fondateur de la firme automobile Rolls-Royce ou le Péruvien Jorge Chavez.

*

* *

Les études de Voronoff portent d'abord sur les greffes ovariennes qu'il expérimente à Cagnes-sur-Mer à partir d'octobre 1911 sur des brebis castrées. Ces premiers résultats sont présentés au XXVe congrès français de chirurgie de Paris en 1912. L'année suivante il confirme ses résultats au XVIIe congrès international de médecine à Londres où il présente l'agneau né d'une brebis à laquelle il avait, avant sa fécondation, enlevé ses ovaires pour les remplacer par ceux de sa sœur. La vitalité des greffons est donc démontrée. Toutes ces expérimentations sont menées à Nice avec Joseph Hobbs, son ancien camarade de faculté qui l'avait déjà suivi en Égypte. Les résultats sont échangés au plus haut niveau avec des collègues car le monde de la chirurgie est en plein essor. Les praticiens écrivent sur leur art, communiquent, publient et sont également interviewés par des journalistes car politiciens, monde littéraire et artistique s'intéressent beaucoup à ces avancées, nous dirions aujourd'hui de la génétique dont Voronoff est vite un des chercheurs les plus connus.

Durant l'année 1913, il fait venir à Nice de petits ânes corses pour faire des transplantations de reins. La réussite de ces opérations l'amène à imaginer d'opérer de même chez les humains, un parent pouvant par exemple en donner un pour sauver son enfant ou l'inverse puisque l'on peut très bien vivre avec un seul rein. Or à Sainte-Marguerite Voronoff soigne une jeune fille de 19 ans en train de perdre les siens tous deux atteints sans recours par la tuberculose. Raymond la Science – de la « bande à Bonnot » - ayant déclaré qu'il voulait faire don de son corps à la recherche avant d'être exécuté, Voronoff demande au Procureur de la République de lui permettre de prélever un rein immédiatement après sa mort, mais la justice s'y oppose pour de mauvaises raisons morales (ne voulant pas faire de ce meurtrier crapuleux un héros de la science post-mortem) et la jeune fille meurt. L'affaire fit un certain bruit.

Par contre l'opération du 5 décembre 1913 fut une réussite spectaculaire largement répercutée et commentée. Elle avait été, il est vrai, préparée et exécutée pour cela car Voronoff allait pratiquer sa première greffe du singe à l'homme, ce qui ne s'était jamais fait dans le monde. Il opère à Sainte-Marguerite en présence de dix-neuf confrères dont les Docteurs Grinda député de la ville, Schmidt et Roux, respectivement chirurgiens de l'hôpital Saint-Roch (le plus grand de Nice) et de l'hôpital Lenval (spécialisé dans les enfants). Assisté de Joseph Hobbs, des Docteurs Paschetta, Giovani et Fosse ainsi que de deux vétérinaires (MM. Duguet et Grognard), Voronoff opère un enfant de 14 ans, fils d'un employé du Casino de Nice atteint depuis l'âge de huit ans de crétinisme. On n'appelait en effet pas encore les aveugles malvoyants et les gens en fauteuil roulant des personnes à mobilité réduite. Myxœdémateux contenu mais sans amélioration par les traitements orthopédiques d'usage administrés par les Docteurs Giorgi de Bastia et Garazani professeur de pathologie interne à la faculté de Pise, l'enfant aurait dû recevoir une partie de la thyroïde de sa mère, mais celle-ci prend peur et refuse. Voronoff décide alors de lui greffer le lobe gauche et la parathyroïde d'un grand singe qu'il avait dans son laboratoire. L'opération prouva que la cause du dysfonctionnement était une hypertrophie thyroïdienne majeure. Peu à peu l'enfant redevint normal et chacun put constater des progrès constants dans son état mental et physique. Quatre ans plus tard, à 18 ans, le petit opéré sera jugé « apte au service », physiquement et intellectuellement pour défendre la patrie : son corps et ses activités cérébrales avaient rattrapé leur retard. La guérison est officiellement communiquée en 1914 à l'Académie de médecine de Paris. Dès lors, Voronoff va refaire à plusieurs reprises des greffes thyroïdiennes avec des glandes de singe pour remédier au crétinisme et à l'arrêt du développement des enfants arriérés. Curieusement Voronoff remarqua, en suivant l'évolution sur le long cours par l'hébergement dans sa clinique de ses patients greffés pendant plusieurs semaines, que la guérison était plus nette à partir des thyroïdes de singe que lorsqu'il s'agissait de transplantations de greffons prélevés sur les mères des enfants.

Le succès de l'opération fut mondialement médiatisé par la diffusion de deux photos du jeune Jean G. prises avant puis après la greffe (selon un procédé que reproduira ensuite souvent Voronoff). En cadrage américain, buste de face, visage en léger trois-quarts, le garçon est vêtu chaque fois d'un blouson à col marin très courant à l'époque. De toutes évidences il a l'air d'un imbécile avant et paraît d'une pétillante intelligence après. Le caractère un peu flou du premier cliché accuse la mollesse, le piqué et les contrastes du second soulignent la vivacité du petit guéri. Ses épaules tombantes se sont relevées ; affecté d'un léger strabisme avant, il regarde droit devant lui après. L'art consommé du photographe a visiblement très bien obtenu l'effet recherché, mais il n'y a pas de raison de suspecter le diagnostic du conseil de révision quatre ans plus tard.

Des opérations thyroïdiennes à base de greffons de singes seront réalisées régulièrement pendant une bonne douzaine d'années selon la méthode Voronoff, par lui-même et surtout d'autres chirurgiens. En 1934 un rapport médical témoigne encore de l'intérêt de leurs résultats. En effet un patient opéré par Voronoff en 1926 à Florence qui avait été guéri de sa tétanie chronique par greffe de thyroïde et parathyroïde de singe meurt de tuberculose huit ans plus tard en 1934. Or l'autopsie permet de retrouver des tissus parathyroïdiens en parfait état de fonctionnement alors que les glandes de l'homme étaient complètement atrophiées lors de l'opération de 1926. En 1934 les greffons de singe s'étaient tout à fait nécrosés mais les propres glandes de l'homme, vivifiées par l'apport étranger, avaient repris du service pour huit ans avant qu'une maladie n'ayant rien à voir à l'affaire ne cause la mort. La méthode de rajeunissement des glandes avait donc parfaitement réussi. Cette constatation irréfutable venait néanmoins trop tard car, dès 1927, Voronoff avait cessé de réaliser ces greffes à la suite de la découverte de deux chercheurs anglais ayant réussi à synthétiser l'hormone thyroïdienne humaine ce qui allait aussitôt favoriser des thérapies plus légères et moins traumatisantes. Voronoff continuera néanmoins, durant deux décennies encore, à suivre ses opérés pour constater le rajeunissement des vieux et la normalisation à tous les niveaux des arriérés mentaux (bien que, chez ces derniers, il y ait toujours eu un certain taux de rechutes). Voronoff demeura par conséquent convaincu de l'efficacité de sa méthode, seulement dépassée par la mise au point de médications plus performantes.

En 1914, alors qu'il était toujours à Nice, Voronoff a le plaisir d'obtenir enfin, grâce à son ami le Professeur Bouchard, la reconnaissance officielle de la pertinence de l'ensemble de ses activités. On lui attribue en effet des locaux libérables le 1er janvier 1915 au Collège de France situés dans la station physiologique appelée parc des Princes au bois de Boulogne (plus tard le bâtiment sera détruit pour établir sur le terrain les cours de tennis de Roland-Garros). Une subvention annuelle de 4000 francs assure le fonctionnement, mais lui-même n'a qu'un statut de chercheur libre, c'est-à-dire sans traitement. Ses recherches devaient être consacrées prioritairement aux greffes articulaires mais allaient s'y ajouter d'autres travaux nécessités par la guerre. Il commença en fait par effectuer des autogreffes sur des chiens.

*

* *

Depuis trois ans Voronoff est divorcé, les retrouvailles n'ayant pas duré et le couple s'étant séparé en 1911. En août 1914 la guerre éclate mais Serge Voronoff, à 48 ans, n'est pas mobilisable (bien qu'il inscrira en 1933 dans son dossier pour l'obtention de la Légion d'Honneur avoir été soldat au 29e régiment d'Infanterie de Falaise en Normandie… petite inexactitude de plus). Mais la guerre le rattrape dès septembre lorsque l'ambassadeur du tsar de Russie lui demande, au nom de la triple Entente (France Grande-Bretagne Russie) coalisée contre l'Allemagne, l'Autriche (et l'Italie dès 1915) d'être chirurgien chef au château de Dalamond Blanquefort près de Bordeaux d'un hôpital « offert » par le tsar aux blessés français. Il n'est pas étonnant que, pour ce faire, Voronoff ait été aussitôt contacté en tant que chirurgien d'origine russe le plus célèbre d'Europe. Dès octobre 1914, il y ouvre effectivement une section de greffe osseuse pour traiter les grands blessés présentant des fractures ouvertes infectées avec délabrements osseux. Le 23 novembre, en présence de son ami Alexis Carrel, il opère un soldat traité depuis trois mois pour un bras fracassé, mal consolidé, infecté et présentant une ankylose envahissante. Il décide de lui greffer trois centimètres provenant du radius et du cubitus d'un singe macaque. Mais les conditions d'hygiène n'étant sans doute pas excellentes, l'infection se réinstalle et finalement le chirurgien Leriche de Lyon retirera les greffons en août 1915 responsables d'une néoformation osseuse exubérante bloquant la pronosuppination (selon l'*Histoire des Sciences Médicales*, 1996). En fait, si Voronoff avait envisagé d'effectuer d'autres greffes grâce à six singes que le gouverneur du Gabon lui avait adressés, il dut y renoncer car les animaux moururent pendant le voyage en bateau. Il réalisa donc désormais presque exclusivement des greffes autoplastiques (avec un autre os du patient) ou homoplastiques (os d'amputés).

Après la victoire de la Marne, l'hôpital russe déménage en décembre 1914 à Paris à l'Hôtel Carlton, 121 avenue des Champs Élysées, transformé pour accueillir 110 lits de grande chirurgie, toujours sous la direction de Voronoff qui habitera d'abord chez son frère Georges rue Cardinet. À l'occasion de l'installation au Carlton, Voronoff obtient audience avec Raymond Poincaré pour lui demander le singe du Jardin des Plantes. Fort étonné, le Président de la République le lui accorde et un de ses os fut donc greffé à un blessé. On le voit, si Voronoff se consacre alors aux autogreffes, c'était uniquement à cause de l'impossibilité de se procurer des singes ! De toute manière, ces autogreffes sont elles-mêmes fort innovantes et beaucoup de ses confrères demeurent sceptiques. Pourtant, le flot de blessés ne cessant d'augmenter et les résultats étant dans l'ensemble satisfaisants, tous les autres médecins majors s'y seront mis dans l'armée dès 1916.

En avril 1915 Voronoff quitte l'hôpital russe pour être nommé chirurgien chef à l'hôpital auxiliaire n°197, 19 rue d'Armaillé à Paris, établissement du Service National de Santé créé par l'Union des Femmes de France et destiné exclusivement aux grands blessés devant subir des greffes osseuses importantes, difficiles et au pronostic réservé. Voronoff opère sans relâche tout en poursuivant par ailleurs ses expériences d'application de pulpe testiculaire pour réduire le temps nécessaire à la guérison des plaies profondes qu'il mènera jusqu'à l'extrême fin de la Grande Guerre. Voronoff au 197 et Alexis Carrel dans son hôpital Militaire de Compiègne se consultent, s'aident, échangent leurs découvertes et comparent leurs hypothèses ou intuitions. En effet l'effroyable boucherie des tranchées oblige chacun à inventer d'autres moyens : tout est bon pour guérir, atténuer les souffrances, améliorer des dégâts hier encore irréparables.

Mais ce travail ne va pas sans blocages hiérarchiques et conflits d'amour-propre. Parmi ces chirurgiens traumatologues, les querelles sont violentes et n'éclatent pas toujours pour le bien des blessés. Certaines disputes entre les gardiens des méthodes classiques d'avant-guerre et ceux désireux de rompre avec les habitudes pour tenter des pratiques adaptées à des cas effroyables jusqu'alors inimaginables apparaissent, avec le recul des années, assez indécentes vu les situations affrontées après chaque attaque. Voronoff parvient à louvoyer habilement en réservant la théorisation de ses découvertes en 1915 aux instances scientifiques plutôt que militaires. En novembre il présente à la Société de Médecine et de Chirurgie de Bordeaux ses travaux sur la greffe de membranes fœtales pour reconstituer la peau. En décembre, il expose ses expériences sur la greffe des articulations à la Commission des Recherches Scientifiques et à la Société de Biologie, recevant déjà la caution histologique du professeur Retterer, de l'École de Médecine de Paris (toujours selon l'*Histoire des Sciences Médicales*, 1996).

Mais, épuisé par un rythme de travail épouvantable, Voronoff est infecté au cours d'une opération en février 1916 par le pus d'un malade atteint de phlegmon et développe un abcès entre poumon et foie. Son maître le Professeur A. Ricard lui pose un drain pleural qu'il conservera un an. Alité trois mois parmi ses blessés, il se rétablit lentement et décide d'aller passer sa convalescence à Nice où le rejoint son ex-épouse, péripétie inexplicable pour nous, des relations amoureuses du couple dont nous n'avons pas les moyens de percer les aléas, réduits aux dates des événements officiels : mariage, longue absence de l'un ou de l'autre, divorce et cette « comédie de remariage », sous genre fort prisé de la comédie américaine, mais qui se limitera pour eux à ces quelques mois de 1916 dans une ville très différente de celle d'avant-guerre : plus de tourisme, les activités portuaires très faibles, les palaces réquisitionnés pour héberger et soigner les blessés. L'éclairage public des rues est restreint et la distribution des denrées alimentaires drastiquement régie par un système de cartes de rationnement. La monnaie se raréfiant, les paiements en timbres-poste sont autorisés ! De toute manière, Voronoff ne fait pas que filer une love story puisqu'il profite de ses « vacances » pour rédiger un *Traité des greffes osseuses et articulaires*, synthèse élaborée à partir de 195 observations cliniques. Il y reconnaît la supériorité des autogreffes sur les homogreffes et hétérogreffes mais affirme que les greffons d'os d'amputés ou de singes ne sont pas rejetés et constituent la matière d'une ostéogenèse de l'os abimé du blessé.

De fait, en 1917 la greffe est enfin une méthode reconnue et Voronoff retourne à Paris où il est nommé le 13 novembre 1917 Directeur Adjoint du Laboratoire de Biologie de la prestigieuse École Pratique des Hautes Études associée à la Station Physiologique du Collège de France. Il y poursuit alors ses études expérimentales sur « la réparation des pertes de substances osseuses par la greffe » et démontre que, parmi les glandes endocrines, c'est la pulpe testiculaire qui accélère le mieux la cicatrisation. Il expose ses conclusions au XXVIIIe Congrès Français de Chirurgie et à l'Académie des Sciences fin 1918, où il explique que l'application de la pulpe testiculaire provoque une accélération intensive du bourgeonnement de la plaie propre à combler naturellement sa surface et sa grandeur. Cette communication précise que « les plaies occasionnées par les multiples engins modernes ont suscité, dès le début de la guerre, le problème de leur désinfection. On s'est vite aperçu, en effet, qu'elles étaient toutes infectées » et qu'il fallait détruire leur flore microbienne : la solution de Dakin fut une belle découverte dans ce sens d'Alexis Carrel. Mais il fallait ensuite pratiquer la désinfection chirurgicale par la résection de tous les tissus dévitalisés et la suture immédiate. « Malheureusement ces interventions sont d'une exécution très difficile dans les conditions de la guerre actuelle. À chaque offensive, l'affluence des blessés est telle qu'une opération méthodique, aussi longue, aussi minutieuse, que la résection totale de tous les tissus dévitalisés, est rarement possible. » Il faut donc se contenter de la désinfection chimique (type Dakin) et attendre ensuite la marche régulière de la cicatrisation. « Mais cette marche régulière est toujours longue, parfois extrêmement, surtout lorsqu'il s'agit de blessés épuisés par de grandes hémorragies ou de longues suppurations ». Le délabrement considérable des tissus et la profondeur de certaines plaies allant jusqu'au foyer de la fracture compromettent en fait le résultat. Le problème était donc de « trouver le moyen de combler rapidement les plaies par un processus naturel ; hâter, favoriser leur propre bourgeonnement serait la véritable solution du problème. Raccourcir le temps de cicatrisation, c'est épargner de longs mois de souffrance aux blessés (1), c'est récupérer rapidement les hommes valides aptes à reprendre le service (2), c'est enfin réaliser une économie considérable sur les frais de stabilisation (3) »… on appréciera les arguments 2 et 3 !

A côté des substances chimiques, il avait fallu par conséquent rechercher l'effet sur le bourgeonnement de certaines « hormones » physiologiques et c'est dans ce champ nouveau que Voronoff porta ses recherches. Il essaya les pulpes vivantes des glandes thyroïdes et surrénales, de la rate et du pancréas. Les expériences durèrent plusieurs mois sur des plaies (pratiquées chez des moutons et traitées avec ces pulpes). La pulpe testiculaire se révéla la plus performante car les plaies les plus profondes se comblèrent en peu de temps. Voronoff reconnaît dans ce rapport ne pas vraiment savoir par quel mécanisme ces pulpes agissent, mais l'histologie s'y penche : « toujours est-il que cette action favorisante est certaine, invariable ; le comblement des larges plaies profondes se fait en quelques jours ».

On voit que Serge Voronoff aura été, avec quelques autres, un authentique héros de la médecine de guerre, passionné et habile à conjuguer les recherches de laboratoire et les salles d'opération, expérimentant sur une très grande échelle ses découvertes aussitôt mises en application clinique. Néanmoins, à côté de cet immense chantier de la chirurgie réparatrice menée de 1914 à 1918, il n'a jamais vraiment cessé de poursuivre au Bois de Boulogne ses expériences testiculaires de rajeunissement menées alors sur l'espèce animale. C'est ainsi qu'en 1917, en pleine guerre, il se fait livrer vieux boucs et béliers sans que ses collègues sachent ce qu'il pouvait bien faire avec ce troupeau de vieilles bêtes alors que les blessés déchiquetés par les bombes s'accumulaient dans les hôpitaux où Voronoff travaillait sans relâche.

Mais la vie privée et professionnelle du célèbre docteur allait être transformée la même année lorsqu'arrive dans son laboratoire une belle, altière et volontaire infirmière bénévole. Riche Américaine de 45 ans (elle est née le 7 juin 1872 à Staten Island), Frances Évelyn Carstairs Bostwick en est à son troisième mariage et a trois enfants (deux filles, un garçon) de ses deux premières unions avec des citoyens britanniques. Titulaire de la Croix Militaire pour son engagement au Transvaal pendant la guerre des Boërs, c'est par ailleurs une grande sportive. Passionnée par la navigation à voile, elle a gagné de nombreuses régates à Nice, Monaco et Cannes en 1911, 1912 et 1913, justement les années où Voronoff était également sur la Riviera, opérait à la clinique Sainte Marguerite, défrayant l'activité scientifique et la chronique mondaine car il fréquentait la Gentry française et étrangère, celle-là même qui adorait organiser des activités nautiques ! Nul doute qu'ils se sont croisés à quelque remise de coupe ou de fanion, autour de somptueux buffets, ont été présentés comme deux stars, se sont peut-être éblouis l'un l'autre, ont dansé ensemble, se sont vus plus longuement… Y a-t-il eu affinités ou davantage ? Serge Voronoff était en 1911 en train de divorcer.

Quoi qu'il en ait été (ou pas) de ce possible prélude scintillant de paillettes ou de cette ébauche d'idylle niçoise dans les embruns des ports de plaisance et les fragrances des salons mondains, sans oublier les inévitables défilés d'élégance automobile, le contexte de 1917 au Bois de Boulogne est tout autre. Évelyn Bostwick est depuis 1915 Comtesse de Périgny par son troisième mariage et le Comte a usé de ses relations pour la faire revenir du Front où elle était partie (après avoir exercé au Val de Grâce en 1914) ambulancière puis infirmière dans les hôpitaux de campagne. À Paris vient de lui être attribué ce poste auprès de Voronoff. Aventurière au tempérament romanesque, résistante et courageuse, intelligente autant que compétente, elle ne manque ni de tempérament ni de classe. Mais la collaboratrice du célèbre Docteur est stupéfaite de l'état lamentable des locaux et ne peut que s'étonner de voir tous ces béliers opérés avec grand soin là où elle s'attendait à se dévouer auprès de beaux et jeunes militaires terrassés par leurs blessures et traumatisés par les images de leurs camarades tués à côté d'eux, éclaboussés de sang, parfois de cervelles éclatées. Son trop-plein d'héroïsme, sa bonté prête à s'épancher, sa féminité à la fois douce et affirmée auraient pu avoir du mal à s'acclimater à ce contexte de ferme, certes modèle mais avec de la paille et des odeurs… de vieux boucs. Or, au contraire, ces expérimentations mystérieuses sur des ovins dont on prélève les glandes génitales pour en faire des lamelles inoculées à d'autres vont frapper son imagination. Évelyn Bostwick avait rêvé de devenir une des femmes les plus en vue de son époque, mais a l'impression qu'elle n'a rien fait de vraiment exceptionnel. Son immense fortune – des actions pétrolières et, entre autres, une superbe propriété à Nice (la villa Torre di Cimella à Cimiez achetée en 1913) – ne lui a servi qu'à quelques dons. La première impression vite dissipée, elle va fantasmer sur ce séduisant quinquagénaire, génie et bon apôtre de la médecine, chercheur reconnu et travailleur infatigable. Elle se sait en outre gravement malade et va vouloir consacrer romantiquement le temps qui lui reste à vivre à cet être hors du commun que les hasards de la Grande Guerre ont placé sur sa route. Enflammée, elle s'initie à ses travaux, embrasse les nobles causes qu'il expose volontiers et ne quitte plus le laboratoire, de nuit comme de jour. Ayant reçu une bonne formation d'infirmière à New York, puis exercé en Angleterre où elle a doté l'hôpital Jymington d'une salle d'opération et d'un service de nuit, c'est une excellente auxiliaire. Au milieu de ce dénuement imposé par les circonstances (car comment espérer que l'État diminue en pleine guerre les moyens de la recherche traumatologique pour subventionner les greffes testiculaires des boucs ?), face à ce savant qui, avec des moyens très limités, va probablement faire les découvertes les plus formidables de son temps, elle trouve enfin à employer son argent à bon escient : en juin 1918 elle fait une donation au Collège de France de cinq cent mille francs en actions de la Standard Oil dont le revenu (de 30 000 à 50 000 francs par an) reviendra au Collège après sa mort qu'elle sait proche, ces sommes étant allouées spécialement au laboratoire dirigé par Serge Voronoff. Dans la seconde moitié de l'année, elle dépense alors une fortune pour moderniser les locaux et les doter du matériel le plus performant. En 1919 le parc des Princes devient un des tout premiers laboratoires d'Europe et de rang international qui fonctionnera sans subvention. Voronoff y travaille alors avec George Alexandresco.

Le 19 mai 1919, Frances Évelyn Carstairs Bostwick divorce du Comte de Périgny et épouse Voronoff, libre depuis 1911 (mais conservant de très bons rapports avec son ex-épouse) le 1er juillet 1919. Ses deux frères Georges et Jacques sont témoins. Les nouveaux mariés s'installent au 48 avenue Kléber, mais Voronoff conserve également l'appartement qu'il possède un peu plus loin au 18 de la même artère. Le couple effectue en outre de fréquents séjours à la villa Torre di Cimella de Nice. Les paperasseries (et semble-t-il tiraillements) nécessaires à l'établissement exact de la donation dureront encore trois ans. L'*Histoire des Sciences Médicales* laisse clairement supposer bien des difficultés : par acte notarié du 10 décembre 1919, le laboratoire des Voronoff est en tous cas nommé Station de chirurgie expérimentale, Fondation Voronoff. Celle-ci est dirigée par Serge Voronoff, assisté de son épouse jusqu'à son décès le 3 mars 1921. « La défunte avait prévu que 50 000 francs par an seraient attribués à son fonctionnement, dont 20 000 francs de salaires, le surplus de la rente étant attribué par l'Assemblée des professeurs du Collège de France aux autres laboratoires de Biologie, Physiologie et Histologie (ou assimilés) du Collège. Autant dire que cette générosité envers l'État et autrui fut sujette aux plus basses calomnies qui ne méritent même pas de passer à la postérité. La donation ne fut acceptée que le 28 octobre 1920 par décret du Président A. Millerrand.

Par arrêté, le nom de « Fondation Voronoff » ne sera effectif que le 18 mai 1925 ». Évelyn Voronoff s'obstinera avec opiniâtreté à mener l'affaire jusqu'à l'ultime signature du 15 janvier 1921. Morte un mois et demi après à Paris, elle sera enterrée à New York. À la fin des années 90, Jean Réal constate que la « Fondation Voronoff » envoie encore une donation d'un million de francs au laboratoire de biologie du Collège de France. Mais l'administration est incapable de préciser qui exactement est à la base de cet envoi. Des héritiers ?

De 1917 à 1919, Voronoff peaufine ses greffes rajeunissantes chez les béliers grâce aux testicules. L'idée de rajeunir un animal âgé par l'adjonction de glandes prélevées sur un plus jeune n'était pas tout à fait neuve, Alexis Carrel ayant notamment pu anastomoser, c'est-à-dire raccorder bout à bout, les principaux vaisseaux sanguins de l'organe greffé avec ceux de l'animal récepteur. Malheureusement artères et veines des organes génitaux étaient trop fines pour être ainsi accolées. Or inclure simplement les greffons sous la peau dans les muscles ne donnait, au mieux, que des résultats très éphémères. Voronoff semble (car ses résultats seront toujours contestés) parvenir quant à lui à force de réajustements progressifs d'une expérimentation à l'autre, à faire vivre le greffon dans l'organisme du receveur assez longtemps pour permettre à des vaisseaux neufs de se créer de façon naturelle et d'agir normalement, assurant ainsi la réussite et par conséquent la pérennité de la greffe. Ayant observé que les inflammations provoquent ainsi spontanément la naissance de réseaux vasculaires, il procédait donc à des scarifications à coups de bistouri sur la face des tissus sur laquelle il allait appliquer la substance glandulaire d'origine extérieure. Le résultat était la turgescence de ces tissus récepteurs réagissant en favorisant de mini capillaires sanguins qui pénétraient le greffon pour le nourrir comme le reste du corps. Cette théorie une fois vérifiée, restait à mettre au point un déroulement clinique minutieux établi peu à peu à force de mises au point toujours plus précises. C'était un travail de longue haleine. Une opération de ce type ne pouvait donc pas être réalisée exceptionnellement. Elle nécessitait de l'entraînement, une habitude d'enchaînement de gestes longtemps répétés, améliorés progressivement jusqu'à la perfection.

D'autant plus que se posaient parallèlement les questions à la fois de la nature du greffon et de la place où les introduire qui ne furent réglées qu'après de nombreux essais et tâtonnements selon un processus de *work in progress*, chaque opération étant réalisée en fonction directe des résultats (positifs, négatifs, améliorables…) de celles immédiatement précédentes. Les expérimentations ont donc débuté en 1917 à partir de 120 ovins installés dans les écuries du Parc des Princes que possédait la Station Physiologique du Collège de France. Voronoff avait choisi boucs et béliers à cause de leurs caractères sexuels très marqués sur lesquels les modifications résultant de la greffe devaient être particulièrement visibles. Leur longévité permettait en outre de poursuivre les observations pendant plusieurs années. Voronoff commence par greffer des testicules entiers sous la peau, au cœur des muscles, dans le péritoine et les bourses mais le greffon se résorbe assez rapidement parce qu'il n'y a pas de véritables créations de capillaires sanguins dans ces organes extérieurs introduits. Les découper en petits fragments ne résout pas mieux le problème. Finalement l'analyse de ses essais « lui fait choisir définitivement le feuillet pariétal de la vaginale entourant les testicules comme site de ses greffons en respectant les testicules existants. Chaque site reçoit un testicule découpé en 4 à 6 languettes de 5 mm d'épaisseur » (*Histoire des Sciences Médicales*, 1996).

Parmi les nombreuses réussites, Voronoff lui-même choisit la plus spectaculaire pour la décrire dans ses propres textes repris ensuite systématiquement dans les études postérieures publiées sur ses travaux. C'est l'équivalent, pour les greffes testiculaires animales, de la célèbre greffe thyroïdienne du jeune crétin niçois. Et cela principalement par la même campagne de communication : les deux photos, avant et après. Au printemps 1918, le Professeur Gabriel Petit de l'École Vétérinaire d'Alfort, membre de l'Académie de Médecine, adresse à Voronoff un bélier au dernier degré d'une sénilité dévastatrice. À 12 ans (les béliers vivant au maximum 14 ans) il était épuisé, incontinent, squelettique, tremblant sur ses pattes, la fourrure rare et râpée par larges plaques. Greffé le 7 mai, il sera trois mois après méconnaissable : la laine a repoussé ; il est vivace, belliqueux, mange beaucoup. On le place avec une brebis qui réveille son instinct sexuel ; elle est saillie en septembre et met bas en février 1919. Pour rendre l'exemple incontestable, Voronoff fait un an après l'opération inverse, lui enlevant les greffons. Au bout de quelques semaines, le bélier retombe dans la pire sénilité. À nouveau en juin 1920, Voronoff le greffe une seconde fois, obtenant le même résultat : en deux mois l'animal redevient jeune. Mais au bout de trois ans, il paraît vieillir et Voronoff le greffe une troisième fois en avril 1923 avec le même succès et la même réussite sexuelle. Hector Ghilini écrit en 1926 dans *Le secret du Docteur Voronoff* où il décrit l'expérience sous le titre « le miracle » que le bélier, par conséquent âgé de 20 ans, vit toujours au parc des Princes et que lui-même l'a vu, la photo publiée en témoigne. Tous les vétérinaires d'hier et d'aujourd'hui déclareront en effet qu'il s'agit d'un des plus grands miracles jamais relatés… ou d'une mystification (style des erreurs de chronologie dans les autobiographies du Docteur). Voronoff a accumulé (un peu trop ?) preuves et contre preuves pour démontrer que le doute ne pouvait être permis quant au fait que le rajeunissement (survenu à trois reprises) soit bien dû exclusivement à sa greffe de testicules et non à d'autres éléments (changement d'air, de nourriture, traitements médicamenteux…).

Sans attendre que se développent dans la durée ces formidables preuves, et assuré par des rajeunissements spectaculaires obtenus dès 1917-1918, Voronoff décide de présenter le 8 octobre 1919 au XXVIIIe Congrès de chirurgie le résultat de ses premières opérations. Dans le grand amphithéâtre de la Faculté de Médecine de Paris, seul à la tribune face aux gradins de l'hémicycle où se pressent des médecins nombreux dont beaucoup de célébrités occupant des places officielles reconnues, Serge Voronoff affirme qu'il a trouvé le remède contre la vieillesse et qu'il a déjà rajeuni des animaux, suggérant par là même que l'application à l'homme devrait suivre (ce qu'il dit beaucoup plus nettement aux journalistes dans les couloirs). Il invite à la fin de sa communication ses collègues à venir le lendemain au parc des Princes constater eux-mêmes de visu, en présence des vétérinaires concernés par l'expérience, les animaux rajeunis. Mais le jour suivant, aucun membre du Congrès ne vient au rendez-vous, lui infligeant un démenti cinglant : personne ne veut croire à ses travaux, même lorsque le Professeur Retterer apporte les 8 et 16 novembre 1919 à la Société de Biologie la confirmation histologique attendue.

Voronoff au milieu de ses bêtes rajeunies attendant médecins et scientifiques dont aucun ne prendra la peine de se déplacer pour essayer de vérifier constitue un tableau bien triste. Ce mépris le touche profondément. Il y voit la victoire de l'obscurantisme, du pouvoir écrasant des forces conservatrices, de la peur des nouvelles générations qui veulent inventer, avancer, apporter le progrès mais qui se heurtent à l'immobilisme hiérarchique des parvenus aux fonctions honorifiques.

Il n'aura pourtant pas le temps de se désespérer car dès les jours suivants les comptes rendus de la grande presse (ceux des publications spécialisées viendront beaucoup plus tard) sont par contre très intéressés. Les journalistes des rubriques médicales s'emballent, flairant le scoop optimiste dans cette après-guerre qui panse ses plaies dans la sinistrose ambiante. Les plus rigoureux louent la réserve de bon aloi de ce scientifique qui a déjà fait beaucoup mais ne veut rien prophétiser… tout en laissant supposer bien des prolongements à ses découvertes. De fait Voronoff reçoit déjà des centaines de candidatures aux premières tentatives à venir de greffes humaines : on ne peut pas laisser ça aux vieux béliers ! Voronoff est dépassé, publie des correctifs, des mises au point, des démentis. Il a raison de s'inquiéter de la forme que prend l'événement. Il n'est pas sain en effet qu'un grand médecin soit en même temps rejeté par ses pairs et plébiscité par l'opinion publique, nous dirions aujourd'hui les médias. Comme l'écrit son biographe : « les ennuis vont débuter, bon nombre de ses confrères ne goûtant guère cette situation. Et pour commencer, des rumeurs, sinon des calomnies, sur l'installation de son laboratoire, sur la fortune de sa femme, sur sa judaïté circulent à partir de ce moment très précis ». À 53 ans s'ouvre la seconde partie de son fabuleux destin.

6

À l'origine, la greffe est une très ancienne pratique du milieu agricole et, plus généralement, du monde végétal. Le modèle de base est la greffe d'une plante qui consiste à insérer dans une plante sujet la pousse (ou greffon) d'une autre plante (œil, branche). Si la greffe prend bien, le sujet portera dorénavant les fruits de l'espèce du greffon.

Tel est le cas habituel, mais le célèbre naturaliste Buffon écrivait déjà au XVIIe siècle qu'« au moyen de la greffe, l'homme a pour ainsi dire créé des espèces secondaires qu'il peut propager et multiplier à son gré » ; il constatait donc que ce n'est pas toujours si simple et que l'espèce du greffon ne l'emporte pas systématiquement (par mutation de celle du greffé porteur) car il peut y avoir formation d'une sorte d'espèce intermédiaire conservant des caractères de l'une et de l'autre. De toute manière, Voronoff ne se référait jamais dans ses écrits à l'exemple végétal car, si la transposition d'un morceau d'un organe de singe dans un corps humain devait répondre au cas des plantes, on obtiendrait généralement à la floraison et à l'époque des fruits c'est-à-dire de la reproduction, un singe (le greffon) ne conservant que très peu d'attributs humains (le porte-greffe) ou parfois, à la rigueur, un autre être vivant moitié singe moitié homme… !!

Heureusement, cela ne se passe pas ainsi chez les animaux et les hommes, si l'on veut bien ne pas tenir compte de certains monstres de foire (les célèbres « Freaks » phénomènes du cirque Barnum dans le dernier tiers du XIXe siècle aux États-Unis). Il en est d'ailleurs tout autrement dans les créations fantastiques, peinture, littérature et cinéma, et par conséquent dans l'imaginaire populaire comme artistique. Là on trouve les greffes « naturelles » les plus les aberrantes, cela dès la mythologie avec ses minotaures (corps humain et tête de taureau), centaures (moitié homme moitié cheval) ou plus sympathiques sirènes (tête et poitrine de femme, queue de poisson)… Quant à l'origine des trolls, gnomes lutins des légendes scandinaves, elle n'est pas très claire, c'est le moins que l'on puisse dire ! Au Moyen Âge la lycanthropie est en outre une maladie qui est censée transformer l'homme en loup-garou les nuits de pleine lune.

Mais revenons à nos moutons, puisque Voronoff a précisément greffé des centaines de moutons, béliers et brebis pendant plusieurs dizaines d'années. C'est en travaillant sur ces greffes animales en Égypte, en Algérie et en France qu'il forgea ses théories audacieuses dans une pratique de plus en plus aiguisée par ses recherches tendant à améliorer les espèces les plus aptes à un élevage moderne sur grande échelle. Nulle métaphysique, morale ou philosophie, mais la volonté vétérinaire d'obtenir viande et laine en quantité et en qualité. Ce ne sera qu'ultérieurement en passant à l'homme que les capacités du cerveau, donc l'action possible sur l'intelligence et la pensée, entreront en ligne de compte. Mais chez l'animal où l'autogreffe (greffe dans laquelle le greffon provient de la même bête) était déjà pratiquée à l'occasion (pour réparer par exemple une patte cassée), Voronoff expérimente l'allogreffe (greffe d'un mouton avec un greffon prélevé sur un autre mouton), mais pas encore l'hétérogreffe (une bête greffée avec un greffon provenant d'une autre espèce animale, par hypothèse un mouton qui recevrait un greffon de chien) ou, évidemment, à plus forte raison, la xénogreffe (donneur et receveur n'appartenant pas au même groupe d'êtres vivants, comme imaginer de greffer un organe d'homme à un animal ou, tabou extrême, de l'animal à l'homme).

Dans la mesure où les années vingt connaissent des progrès fulgurants de la chirurgie, on peut comprendre que certains partisans du « à la science rien d'impossible », soient emportés, à propos de ces catégories de greffes (auto, allo, hétéro, xéno) à les considérer comme les étapes logiques d'un itinéraire naturel. De fait, alors que le passage de l'autogreffe à l'allogreffe aurait pu paraître un seuil infranchissable, les opérations de Voronoff prouvent que c'est, non seulement possible, mais souhaitable pour améliorer la race. Or quel éleveur ne souhaite pas améliorer la race de ses vaches laitières, de ses poulets ou de ses porcs ? L'homme, si sourcilleux sur les notions de race quand il s'agit de l'être humain, ne l'a jamais été pour l'animal, modifiant même les races félines et canines afin de créer des bêtes idéalement adaptées à ce qu'il attend d'animaux de compagnie. Aussi, entraîné par l'élan et la passion de la recherche, et alors que quelques expériences semblent déjà permettre d'envisager dans un futur proche de parvenir à l'hétéro greffe, pourquoi ne pas rêver de gravir l'échelon suprême de la xénogreffe (dans un sens ou un autre ?) déjà franchi par la littérature (Tarzan davantage homme que singe), bientôt au cinéma (King Kong plus singe qu'homme), pour aboutir finalement dans les années 60 à cette *Planète des singes* (best-seller de Pierre Boulle, 1963 ; grand succès au box-office cinéma, Franklin J. Schaffner, 1967) qui pose bien des questions. Certes il s'agit dans sa forme d'un classique de science-fiction : dans un avenir lointain, le vaisseau spatial des cosmonautes s'est perdu dans l'espace et aboutit dans une planète où les singes ont pris le pouvoir. Mais la découverte d'humains sauvages vivant dans les forêts et surtout de l'énorme statue de la Liberté à moitié ensevelie dans les sables (belle idée et superbe image) conduit les voyageurs de l'espace à découvrir qu'ils ont en réalité effectué un saut temporel et se retrouvent sur leur Terre natale dans un futur lointain (seconde trouvaille géniale de P. Boulle) ! Mais si *La Planète des singes* fut celle des hommes, il s'agit de singes désormais très humanisés (redressés, grandis, intelligents, instruits, habillés, les visages plus près de ceux de l'homme, d'une grande sagesse mais avec « encore » quelques défauts humains) comme si tous les humains s'étant fait durant plusieurs générations « Voronoffiser », les résultats avaient été ceux des végétaux, à savoir que le greffé-porteur (l'homme) aurait finalement disparu au profit du donneur de greffon (le singe) ! Ce n'est pas du tout ce que croyait Voronoff qui comptait sur l'inverse (l'homme améliorant son énergie et ses performances sexuelles grâce aux greffons simiesques). Et pourquoi donc ne croyait-il pas à la règle des plantes ? Tout simplement parce qu'il avait cru observer que ses vieux béliers avaient vu leur vie améliorée par des greffes de testicules de jeunes béliers, oubliant qu'il s'agissait par conséquent d'allogreffe (à l'intérieur de la même espèce) et non d'hétérogreffe. Voronoff a, pour le moins, brûlé les étapes en passant en force à la xénogreffe humaine sans être bien certain de la réussite (au moins dans une certaine durée) de toutes ses allogreffes chez les animaux. Il a carrément sauté la phase décisive des hétérogreffes animales. Leur échec l'aurait peut-être dissuadé de s'attaquer à l'homme. Péché d'orgueil ? C'est probable, même si l'on peut parler également de foi aveugle dans les pouvoirs du génie humain.

Sans doute avait-il surestimé aussi les succès des homogreffes tentées dans l'improvisation des hôpitaux de fortune installés au front en pleine mitraille où l'on greffait un organe prélevé sur un mort qui venait juste de trépasser à un blessé très gravement atteint à peine une heure auparavant. Il y a eu là dans l'instant, des transferts de vif à vif.

On essayait, on osait et on eut raison car l'idée était bonne et il suffira ensuite d'adapter, d'améliorer la méthode pour que les greffes d'homme à homme se généralisent. Mais il ne s'agissait pas de singes ou de tout autre animal dont les greffons se heurtent aujourd'hui encore à un phénomène de rejet radical. Est-ce sans espoir ? On ne peut présumer des découvertes futures mais dans l'état actuel de la recherche scientifique c'est toujours impossible. Voronoff avait pratiqué ces greffes pionnières sous le feu des tranchées puis en 1918-1919 pour réparer les « gueules cassées ». Aussi voulait-il aller encore plus loin.

Certes on fait aujourd'hui des homogreffes spectaculaires : reins, foie... Chacun se souvient de l'événement mondial que constitua en décembre 1967 la première greffe d'un cœur humain par Christian Barnard, chirurgien sud-africain. Voronoff devrait-il être considéré comme un précurseur de Barnard dont les premiers opérés ne restèrent d'ailleurs pas longtemps en vie. Mais celui-ci frayait une voie (même si le cœur artificiel semble aujourd'hui devoir prendre la suite) tandis que Voronoff s'engageait sur le large boulevard des apparences pour se retrouver progressivement dans une impasse. Entre Voronoff et Barnard il n'y a pas seulement plus de quarante ans mais aussi un changement sémantique : le premier faisait des greffes, le second des transplantations. Si les deux termes sont à peu près synonymes, les mots sont différents. Il faut toujours être attentif au langage et le nouveau mot fait étrangement retour aux plantes, ces végétaux dont Voronoff n'avait pas voulu se préoccuper.

Mais s'il voulait laisser de côté la botanique, Voronoff pensait faire tomber le mur de la recherche entre zoologie (les animaux) et anthropologie (l'homme), faisant éclater la triade de la biologie classique qui associait étroitement au précédent siècle les trois disciplines. Lui, aurait volontiers dissocié la première des deux autres qu'il s'attachait au contraire à fondre en pratiquant alternativement l'art vétérinaire et la médecine humaine. Par-là, il se plaçait au cœur de la révolution du début du XXe siècle due à l'apparition de deux sciences nouvelles, la génétique et la biochimie, certes nées au sein de la biologie mais en révolte contre beaucoup de ses principes dans le désir d'approfondir d'autres domaines. Voronoff n'était pas lui-même chimiste (étudiant la constitution intime de la matière), mais il suivait de très près les avancées de la biochimie qui traitait spécifiquement de la chimie des êtres vivants car il sentait bien que l'attention portée au noyau cellulaire pouvait l'aider à démontrer la proximité originelle de la cellule du singe et de celle de l'homme, ce qui aurait en quelque sorte « justifié » la greffe qu'il pratiquait. Chacune de ses opérations était donc accompagnée d'une étude biochimique réalisée par de grands biochimistes de l'époque. Mais ceux qui travaillaient avec lui se retrouvèrent bientôt en porte-à-faux par rapport aux théories des plus brillants chercheurs de leur toute jeune discipline, s'inscrivant en faux contre la compatibilité à mesure que leurs expériences se heurtaient de plus en plus au phénomène de rejet. Prudent, Voronoff n'affirmera jamais scientifiquement l'identité des cellules originelles du singe et de l'homme, mais il opérait comme s'il en était convaincu et ses collaborateurs biochimistes s'avancèrent parfois plus loin. Cette recherche d'un soutien – tenant lieu d'approbation – du côté de la biochimie se retournera finalement contre lui.

Voronoff se déclarait pour sa part ouvertement généticien au moment même – années 10 et 20 – ou le changement de nom du praticien glisse de généticiste (fin du XIXe siècle) à celui – moderne – de généticien. La discipline se dégage alors de l'emprise philosophique (genèse) tout en conservant l'aura qui fait – encore aujourd'hui – du généticien un penseur « en plus » d'un chercheur en médecine, pour concentrer son domaine d'étude sur l'hérédité. En fait le fondateur incontestable de la génétique est Johann Mendel qui publie les célèbres lois de la transmission portant son nom dès 1866 (ségrégation génétique, croisement, hybridation… d'après ses études des générations de souris grises et blanches). Mais ses découvertes sensationnelles, mal diffusées, demeurent inaperçues jusqu'au tournant du siècle (années d'avant-guerre). Voronoff croit à l'évolution des espèces dont les mutations résultent de la combinaison entre caractères héréditaires et variations accidentelles. Cependant on n'en est pas encore aux chromosomes, génomes et ADN, les chercheurs balisant le patrimoine humain en pointant les empreintes génétiques. Mais tout en étant en plein dans le sujet, l'audace de Voronoff s'exerce un peu à la marge ; pas vraiment à contre-courant puisqu'il ne croit pas que les caractères des espèces soient immuables, mais il prêche d'exemples pour un transformisme dû à l'intervention de l'homme : c'est lui qui transforme par ses opérations. Chirurgien, il fait davantage que réparer ; il améliore, remonte le ressort et offre une seconde jeunesse, cela à l'échelle individuelle et non générationnelle. On ne peut pas, en effet, faire reculer le vieillissement de tout le genre humain en empêchant tous les singes de se reproduire. Sa solution n'est applicable que cas par cas et l'échantillon concerné demeure fort restreint. Il ne s'agit pas d'un remède universel ; la chirurgie aura toujours ses limites comparée à Pasteur éradiquant la rage en 1885, donc travaillant pour donner la santé à tous.

Cet élitisme de la thérapie posera évidemment des problèmes éthiques davantage que le fait de sacrifier l'ensemble d'une espèce animale au bien-être humain. Car cela, l'homme l'a toujours fait et l'opinion publique ne s'en est encore à cette époque jamais émue. Et si le scalpel de Voronoff rallonge la vie des riches plutôt que celle des pauvres, le docteur miracle est surtout vu en 1925 comme le chevalier blanc d'une technique de pointe très mode : la greffe a sauvé des vies, refait marcher, toucher et voir de grands handicapés de guerre et à présent la greffe modifie la loi naturelle (divine ?) du vieillissement et de la mort pour corriger quelques aspects les plus négatifs de la condition humaine. Le temps n'est pas encore à la contestation.

*

* *

En 1926, alors que la célébrité est à son apogée, mais aussi la polémique largement amorcée, *Le secret du Docteur Voronoff* d'Hector Ghilini explique bien comment s'articulent en trois étapes dans la recherche du chirurgien les expériences animales, les greffes d'homme à homme et celles du singe à l'homme. L'auteur ouvre en effet son chapitre X en écrivant « Voronoff rajeunissait des béliers en leur greffant des glandes de béliers. Pour appliquer son procédé à l'homme, il aurait dû logiquement lui greffer des organes humains ». De fait, c'est bien ce qu'il fait à Nice de 1910 à 1913 avec ses greffes thyroïdiennes de la mère à l'enfant. Mais l'obstacle à ses greffes de rajeunissement humain vient de deux raisons : tout d'abord l'opposition de la loi qu'expose savamment Ghilini. Nous y ajouterons le fait qu'il ne s'agit pas de n'importe quel animal mais d'organes de singe. Sur ce point l'auteur demeure dans la justification scientifique – ce sont les animaux les plus proches de l'homme donc compatibles (ce qui est, encore en 2017, faux) – sans aborder les questions éthiques, la charge symbolique et même d'autres problèmes scientifiques (relatifs à Darwin et l'évolution des espèces) que nous avons évoqués.

Mais revenons à la loi française qui interdit depuis longtemps la mutilation de l'homme, uniquement tolérée premièrement dans les cas où la vie du patient en dépend et deuxièmement avec l'accord de celui-ci. Les deux sont obligatoires. Nous simplifions un peu (le droit, lui, n'est pas simple et multiplie les amendements), mais l'esprit est bien là. Ainsi s'expliquent les mutilations de nombreux blessés de la guerre 14-18 ainsi que les greffes (essentiellement osseuses). Car si l'on peut couper une jambe, on peut aussi, « inversement » réparer en utilisant quelques morceaux d'os venus d'ailleurs (c'est-à-dire de cadavres ou d'animaux), l'urgence de la chirurgie au front ayant conduit progressivement, mais non sans mal et réticences, jusqu'à, disons, ces extrémités, et pas au-delà. Selon Hector Ghilini, à propos de la légalité ou l'illégalité de la greffe sexuelle, le docteur Boudin, à la fois docteur en médecine et docteur en droit a fait le point dans un article du *Concours Médical* du 8 juin 1924. Son texte pose brutalement le problème : « un homme aurait-il le droit de céder, à titre gratuit ou onéreux, un de ses testicules, pour le faire greffer à un candidat au rajeunissement ? ». Formuler ainsi la question est évidemment y répondre : non, bien sûr ! D'abord parce que l'article 316 du Code pénal punit le crime de castration complète ou partielle et le chirurgien pourrait être poursuivi pour cet acte délictueux. Bien sûr il y a les exceptions d'usage mais qui ne sauraient s'appliquer : greffer un testicule ne sauve pas la vie d'un patient atteint d'une maladie mortelle mais améliore seulement son confort de vie, ce qui ne saurait en payer le prix par la castration d'un autre homme, même consentant. Comment résoudre d'autre part la question d'une mort accidentelle pendant l'opération du donneur au receveur ou encore la transmission d'une maladie de l'un à l'autre ? Restait à définir les opérations de Voronoff comme de pures recherches scientifiques destinées à faire progresser la médecine. Le Docteur, qui aimait dire « la science est en avance sur le législateur », en était personnellement convaincu mais il aurait fallu en convaincre, non seulement le milieu médical ce qui était déjà loin d'être gagné, mais surtout un juge, cas par cas à chaque greffe. Cela n'était pratiquement pas envisageable. Certes Ghilini remarque qu'illégale en France, la mutilation humaine est possible en Grande-Bretagne… où par contre on ne peut mutiler aucun animal car la vivisection y est formellement réglementée. Il faudrait donc modifier les lois. Quant à prélever des organes sur un mort, il aurait fallu que celui-ci ait donné une autorisation préalable comme c'est encore la règle aujourd'hui (mais qui commence à être remise en question). Cependant, s'il semblerait que Voronoff se soit refusé à le faire, quelques médecins se seraient passés d'autorisation. Ghilini rapporte ainsi que le Docteur Prat, chirurgien de l'Hôpital Saint-Roch à Nice, aurait appliqué à deux reprises la méthode de son confrère qu'il avait plusieurs fois assisté, en se servant des glandes génitales d'un jeune homme sain mort d'accident. D'autre part l'*Intransigeant* signalait le 30 mars 1926 la greffe sur une fillette idiote de la glande thyroïde d'Henri Olivier, chef de la fameuse bande des Cagoules condamné à mort et exécuté. Aussitôt deux chirurgiens de Lille avaient prélevé l'organe après l'exécution et l'opération fut pratiquée selon la méthode Voronoff immédiatement. Mais deux exceptions peuvent passer tandis que la méthode Voronoff était prévue pour s'appliquer à beaucoup de monde. Or on pouvait être légitimement effrayé des conséquences sociales qui auraient pu découler de sa généralisation. De toute manière peu d'hommes jeunes auraient été prêts à se priver de leurs organes génitaux dans les classes aisées d'Europe occidentale. Mais pourquoi pas chez les populations indigentes, dans des milieux spécifiques où certaines personnes sont sous tutelle comme d'autres vivent sous étroites contraintes ? Et dans les colonies ?... Rappelons-nous, il y a à peine une vingtaine d'années, du scandale qui révéla de possibles trafics d'yeux sans doute prélevés sur des enfants en Afrique du Sud ? L'extrême misère, associée à d'ignobles individus pour en tirer profit, peut conduire aux pires horreurs.

La conclusion de Voronoff était donc logique : les greffes entre animaux marchent très bien ; celles d'homme à homme sont interdites. Restait à pratiquer celles entre l'animal et l'homme où un flou juridique et médical permettait toutes les audaces, d'autant plus que la proximité entre le singe et l'homme semblait assurer la réussite de l'opération et le succès de la thérapie.

Pendant que ces difficultés face à la loi incitaient toujours davantage Voronoff à préférer les greffons de singe à ceux des hommes, les progrès de la recherche dans le domaine de ce que l'on commence à appeler des hormones allaient globalement conforter ses analyses de ce qu'il nommait l'énergie vitale, on pourrait presque dire le souffle vital. Celui-ci proviendrait de la sécrétion des substances chimiques naturelles délivrées dans le sang par des organes de structures glandulaires : thyroïde, glandes surrénales, hypophyse, pancréas (qui fabrique l'insuline) ou glandes génitales (progestérone ou androstérone produite par le testicule). Les rôles de ces hormones apparaissent multiples et variés selon les glandes en question et leurs excès ou insuffisances provoquent des troubles graves, leur bon état assurant au contraire croissance, gestation, équilibre nerveux, instinct, psychisme… Leur fonction est désormais établie comme fondamentale dans tous les grands phénomènes de la vie chez tous les êtres vivants, des plantes aux hommes en passant par les animaux. Voronoff en est désormais certain car ces études chimiques vont dans le sens de ses observations cliniques ; les principales hormones sont pour lui celles fabriquées par les glandes génitales dont le dysfonctionnement progressif au cours des ans provoquerait le vieillissement.

À plusieurs reprises et dès ses premières greffes à l'homme, Voronoff se défendra contre les allégations – largement alimentées par les humoristes – selon lesquelles les greffes auraient pour but et pour résultat de réveiller les ardeurs amoureuses abolies par l'âge car, dit-il, la greffe d'une jeune glande rend l'énergie vitale aux cellules anémiées de tous nos organes mais ne ressuscite pas les cellules mortes. Lorsque la sécrétion d'une jeune glande greffée se répand dans le sang d'un homme âgé, toutes les cellules ressentent son effet mais ce sont les cellules du cerveau qui réagissent les premières, d'où amélioration de la mémoire, plus grande clarté dans les idées, plus de facilité dans le travail intellectuel. Reviennent ensuite l'énergie musculaire, la force physique en général, bien-être, amaigrissement, allure vive et parfois augmentation de la libido si les glandes génitales étaient simplement très affaiblies. Si elles sont pour ainsi dire mortes, on ne les fera pas revivre. D'ailleurs ajoute Voronoff, dans *La Conquête de la vie*, ouvrage de synthèse rédigé en 1928 avec un recul de huit ans de pratique, les statistiques montrent que sur mille personnes greffées, on n'en compte qu'une soixantaine qui aient demandé à la greffe uniquement ce renouveau amoureux. Et encore ce n'était point des vieillards mais des hommes relativement jeunes privés de cette fonction accidentellement à un moment de la vie où elle est habituellement parfaitement conservée. Donc acte : pourquoi suspecterions-nous le Docteur Voronoff de n'être qu'un fournisseur d'aphrodisiaques pour vieillards impuissants et pourtant libidineux ? Il semblerait que la caricature ait faussé la réalité. Mais n'est-ce pas le propre de la caricature ? Quant à la force de la légende, on sait que, quand elle est plus « belle » que la réalité, on doit imprimer la légende. Dès lors, lorsqu'on écrit l'histoire, il faut considérer les deux.

Revenons donc aux faits, après le triste Congrès de Chirurgie d'octobre 1919. Il n'empêche pas Voronoff de publier dès 1920 un ouvrage de vulgarisation, *Vivre*, exposant ses premiers travaux jugés encourageants et revendiquant sa technique de rajeunissement. Le Docteur réalise ses deux premières greffes de greffons prélevés sur des babouins à défaut de chimpanzés les 12 et 21 juin 1920. Les deux hommes sont un ingénieur et un prêtre âgés d'à peu près 45 ans qui avaient été castrés 20 ans auparavant pour cause de tuberculose. Ce sont deux échecs : les greffons se nécrosant au bout de six jours chez le premier et de trois mois chez le second, doivent être retirés. Le 4 novembre il recommence, avec un chimpanzé cette fois pour un fonctionnaire de 62 ans atteint de blennorragies chroniques, mais aussi de dépression, de pertes de mémoire comme de ses capacités sexuelles et intellectuelles. Le singe devenu eunuque est donné à une ménagerie. Après huit jours d'hospitalisation, l'homme doit attendre trois mois les premiers effets positifs de l'opération. Mais c'est un succès : la force musculaire revient puis la vivacité intellectuelle. Les chairs se raffermissent, les rides s'estompent, la trop haute tension artérielle revient à la normale… Une douzaine d'autres greffes sont effectuées en toute discrétion avec l'assistance du Docteur Didry dans une clinique de l'avenue Montaigne jusqu'en juin 1922. Il déplore trois rejets observés et peut-être un peu plus car des patients ne se sont plus représentés aux visites de contrôle, sans doute déçus par l'insuffisance des résultats obtenus. Mais Voronoff ne cesse d'améliorer sa technique, directement transposée de ses expérimentations sur les béliers. Il diminue en particulier, d'opération en opération, l'épaisseur des morceaux greffés afin qu'ils soient mieux tolérés par l'organisme humain sans pour autant nuire à leur pouvoir. En 1921, il publie *La glande génitale mâle et les glandes endocrines*, ouvrage pédagogique et fort bien écrit pendant que son épouse traduit *Vivre* qui sera édité aux États-Unis sous le titre *A Study of the means of restoring vital energy and prolonging life*. On ne peut être plus précis !

Après le crétin niçois et le vieux bélier, Sir Arthur Évelyn Liardet devient la troisième vedette « avant/après » le 2 février 1921. Hector Ghilini, journaliste à l'*Illustration*, signe en hiver 1922 une rencontre dans un hôtel de l'avenue Kléber avec cet anglais décrépit par trente ans de vie aux Indes sous un climat déprimant, qui, à 75 ans était flasque, affaissé, obèse, tellement que le matin de l'opération de greffe génitale de chimpanzés, l'ascenseur de la clinique étant en panne, il n'avait pas pu gravir les escaliers menant au bloc opératoire et avait dû y être monté par deux infirmiers dans un fauteuil. 18 mois plus tard, ses cheveux avaient repoussé, ses rides disparues, il faisait du cheval et du vélo et avait retrouvé sa virilité sexuelle perdue depuis 12 ans. Il lisait à nouveau sans lunettes et son cerveau lent et obscur avait retrouvé sa vigueur. L'article de l'*Illustration* lui apporta une certaine notoriété et il accepta d'accompagner le Docteur Voronoff dans quelques conférences de presse et autres entretiens, souvent illustrés par les fameuses photos avant et après. Fin juillet 1923, Voronoff constatera en consultation que, deux ans et demi plus tard, Monsieur Liardet était toujours en pleine forme. Malheureusement, alcoolique invétéré toute sa vie, il se remettra à boire encore davantage après la greffe si bien qu'il décèdera d'une nouvelle crise de delirium tremens en septembre 1923. Il n'en restera pas moins l'un des exemples les plus frappants des résultats obtenus par « greffe Voronoff » sur un vieillard et Ghilini lui-même lui rendra hommage – avec les deux photos – dans son livre apologétique de 1926, *Le Secret du Docteur Voronoff.*

Mais à peu de temps de l'article de l'*Illustration*, Voronoff subit une seconde humiliation de la part de certains de ses pairs, trois ans après celle de 1919 concernant la greffe sur les vieux animaux et dans le même cénacle du (31ème) Congrès de Chirurgie à Paris. Le 5 octobre 1922, il va en effet faire sa communication. La curiosité est grande car tout a changé depuis la dernière fois où ses travaux n'avaient éveillé que mépris, des greffes de singe sur l'homme ayant eu lieu avec succès. Plus d'une centaine de médecins et encore plus de journalistes attendent ses propos, d'autant plus que le congrès est présidé par le Professeur Hartmann, chef de file de la vieille école anatomique, adversaire virulent des biologistes et endocrinologues des nouvelles générations de chercheurs. Un vif débat est à prévoir. Mais, lorsque Voronoff s'apprête à prendre la parole, Hartmann – à la stupéfaction générale – le pousse et l'interrompt dès ses premiers mots, l'empêchant de s'exprimer, car son travail avait été évoqué quelques jours à peine auparavant dans le *Chicago Tribune* alors que le règlement du congrès interdit précisément la divulgation des sujets avant leur exposé à la tribune. Cette argumentation procédurière est évidemment grotesque car quelques lignes dans un journal ne sauraient être mises en balance avec un exposé scientifique s'appuyant sur trois ans de travaux. Mais Hartmann a bien préparé son coup et tient le micro malgré les protestations de la salle. D'abord abasourdi, Voronoff bafouille, hésite puis se calme. Il range ses papiers et annonce qu'il fera sa communication le surlendemain à son laboratoire du parc des Princes. Le chahut est à son comble et en partant Voronoff constate avec fierté que près de la moitié des auditeurs de l'amphithéâtre sort derrière lui. Le congrès se poursuivra devant un hémicycle à demi vide ! Le guet-apens se referme sur la minorité des conspirateurs de la doxa qui redoutait le retentissement de la découverte de Voronoff susceptible de lui apporter une gloire internationale.

Le lendemain Voronoff démissionne de l'Association Française de Chirurgie et, le 7 octobre, la foule qui se presse au parc des Princes lave l'injure du même endroit déserté trois ans plus tôt. Voronoff a gagné. L'exposé est sobre, persuasif, preuves à l'appui : un film décrit une opération dans tous ses détails et des photos fixent chaque acte chirurgical ; les animaux greffés sont présentés ; un autre film montre Sir Liardet avant son opération et il est là pour répondre lui-même aux questions, ainsi que le Docteur Didry et les vétérinaires de Maison Alfort. L'opération communication est parfaite, le succès au rendez-vous et les comptes rendus de la presse élogieux. L'*Illustration* du 14 octobre termine son article particulièrement flatteur en signalant que, « chercheur et savant, le Docteur Voronoff tient à faire savoir qu'il ne fait pas de clientèle », ce qui ne sera vrai qu'en partie. Ses greffes ont dépassé le strict domaine professionnel et commencent à être portées à la connaissance du grand public avec les conséquences prévisibles : dérives, simplifications, caricatures… Aussi Voronoff prend-il ses distances. Néanmoins, toujours soucieux de faire connaître sa technique à ses collègues intéressés et donc susceptibles de l'employer eux-mêmes, assurant ainsi la diffusion de la découverte du savant, il demande à son confrère le chirurgien gynécologue Dartigues d'exposer l'année suivante au 32e Congrès en 1923 la thèse et les modalités cliniques d'application de la « greffe Voronoff ».

La vox populi n'a d'ailleurs pas seulement des inconvénients et Voronoff reçoit en effet des soutiens qu'il n'aurait pas pensé obtenir ou pouvoir solliciter. Ainsi, dans la sphère politique porteuse d'un discours nataliste, ces greffes rendant les vieux hommes fertiles paraissent souhaitables en ces années d'immédiate après-guerre où il faut « remplacer » le million et demi d'hommes tués en pleine jeunesse. La nécessité de se procurer les greffons de singe conduit d'autre part à demander son aide… à l'Église. En effet Voronoff s'aperçoit très vite qu'on ne saurait se contenter de n'importe quels singes. Seuls conviennent les grands singes africains : chimpanzé, cynocéphale, papion sphinx, babouin, gibbon, macaque, magot et hanadryas. Or les colonies françaises en abritaient et l'église y était partout présente. Voronoff écrit donc à un ecclésiastique éclairé, Monseigneur Leray, Supérieur Général de la Congrégation du Saint-Esprit, dirigeant l'ensemble des missions chrétiennes. Sa demande d'aide reçoit le meilleur accueil. D'après l'*Histoire des Sciences Médicales*, Monseigneur Leray lui répond qu'il l'aidera « dans son œuvre parce que je crois que l'Humanité peut en profiter » ; il lui précise en outre que le bon fonctionnement des glandes génitales chez un prêtre n'est pas rédhibitoire mais au contraire nécessaire afin que son serment d'abstinence et de célibat constitue un réel sacrifice consenti pour le service de Dieu. En conséquence un homme châtré ne saurait être ordonné prêtre ce que précise le Concile de 1640. En outre tout pape élu devait, pour être officiellement intronisé s'asseoir auparavant sur la *Sella Stercoraria* afin qu'un membre de la Curie, vérifie que *duos habet et bene pendentes*. Nous avons personnellement assisté à la télévision aux élections des derniers papes, mais cet épisode n'a jamais été montré par la RAI responsable de la mondovision. Il serait certainement intéressant de savoir s'il est encore d'usage d'exiger que le pape ait, selon les termes latins, deux bourses bien pendues pour pouvoir exercer sa fonction. Était-ce encore le cas au début des années 20 ou était-ce déjà abandonné bien que Monseigneur Leray ait jugé bon de s'y référer pour justifier son accord ? Il est dommage qu'en 2011 Nanni Moretti n'ait fait aucune allusion à la *Sella Stercoraria* dans sa savoureuse fable *Habemus Papam*. Cela aurait donné une raison de plus au Cardinal Melville (Michel Piccoli) pour refuser d'assumer la responsabilité papale que le Conclave lui impose et le détail se serait bien accordé avec le ton du récit. En fait de nombreux documents (écrits comme iconographiques), certes tous plus discutables les uns que les autres, prouveraient l'existence au Moyen Âge d'une telle chaise percée à l'Église Saint-Jean de Latran destinée à vérifier la masculinité du nouveau pape. Il faut dire que l'époque médiévale est aussi celle de la papesse Jeanne qui aurait été pape sous le nom de Jean VIII pendant un peu plus de 25 mois entre 855 et 858, sa légende s'étant imposée au XIIIe siècle chez certains religieux, d'où, peut-être, cette nécessité d'être bien sûr d'avoir élu un homme. Curieusement d'ailleurs, cette histoire de chaise percée se trouve essentiellement dans des textes anglais ; quant à l'existence de la papesse Jeanne, elle a depuis longtemps été réfutée par les historiens. Dès lors il est fort hasardeux de tenter l'amalgame en y ajoutant, de plus, une décision conciliaire huit siècles plus tard. Ce serait certes une question à poser à Odon Vallet, notre docte spécialiste français de la religion catholique.

Quoi qu'il en soit l'aide des missionnaires permet à Voronoff de faire capturer des singes africains, voire de les acheter à des chasseurs aventuriers alors qu'officiellement le gouvernement français interdisait leur chasse sur le territoire contrôlé par la France. L'évêque obtient en effet de l'État et des pouvoirs locaux de faire une entorse au règlement pour les animaux capturés au bénéfice des travaux de Voronoff, d'autant plus que se procurer ces animaux voués à la castration constituait une opération qui devait être menée selon de rigoureuses considérations (santé, alimentation, pedigree) : se procurer des singes sains et compatibles, les capturer ou acheter sans dommage puis les faire voyager à des milliers de kilomètres. De fait, cinq chimpanzés seront ramenés de Guinée par cet intermédiaire et parviendront en 1922 au Collège de France. Mais la demande étant importante, il faudra bientôt trouver d'autres solutions d'approvisionnement. Cette intervention favorable de l'Église de France aura également l'intérêt de désamorcer toute velléité des catholiques « intégristes » de l'époque de brandir les foudres de l'excommunication contre ceux qui pratiqueraient (comme praticiens ou patients) ces greffes risquant de soulever quelques réserves éthiques et donc religieuses : actes contre nature, rôle excessif accordé à la sexualité et l'assouvissement des désirs par des vieillards libidineux, avilissement de l'Homme par recours à l'animal…

Alors que le nombre des rajeunis se multiplie dans le monde entier, Serge Voronoff publie en 1924 *Quarante-trois greffes du singe à l'homme* (éd. Gaston Douin) rassemblant toutes ses observations personnelles, fiches cliniques précises, mais aussi commentaires. Elle nous paraît la meilleure de ses (nombreuses) publications parce que ce livre réunit les qualités d'un rapport scientifique rigoureux et d'un ouvrage adressé au grand public. Voronoff recense les greffes effectuées de mi-juin 1920 à mi-octobre 1923, dont sept sur des collègues médecins (Français, Anglais, Italien, Espagnol). Les 43 sont d'âges très variables, de 22 à 76 ans, mais en majorité entre 50 et 70 ans. Les motifs de l'intervention sont nombreux : castration (nécessitée par la tuberculose), infantilisme des organes génitaux, orchides ourliennes doubles, myopathie, insuffisances testiculaires, neurasthénie, artériosclérose, intoxications chroniques, vieillesse prématurée, affaiblissement généralisé… à savoir, dans plus de trois quarts des cas, des inconvénients dus au vieillissement. C'est pourquoi l'idée prévaut d'une opération de rajeunissement. Voronoff dénombre cinq échecs (cas où l'opéré n'a ressenti aucun mieux-être). Cela fait donc 90 % de résultats positifs, surtout physiques et mentaux, et, dans une moindre mesure, en ce qui concerne la virilité sexuelle. Les opérés étaient arrivés épuisés, constamment fatigués, psychologiquement atteints, comme « au bout du rouleau ». Ils repartent avec un second souffle de vigueur, de joie de vivre donnée par un élan vital basé sur le retour de la mémoire, de la force de travail, des qualités physiques et mentales correspondant à peu près à leur état à 40 ans. Les photos effectuées sont étonnantes : ils semblent avoir 20 ans de moins.

Après ce procès-verbal, Voronoff reprend dans son livre de 1924 les étapes de sa découverte. Tout commence en Tunisie par observation des eunuques, puis mise en évidence du rôle de la sécrétion interne des testicules ; choix des animaux pour l'expérimentation de greffes, conditions nécessaires à assurer la survie du greffon ; nombreux travaux sur les moutons, vieux béliers et boucs castrés. Difficultés pour passer à l'homme : l'autogreffe (homme à homme) n'avancerait à rien ; l'hétérogreffe (par exemple du chien sur l'homme) ne prend pas. D'où le choix d'une espèce animale très proche : la parenté biologique entre l'homme et les grands singes étant évidente, le greffon simiesque s'impose comme équivalent de celui qui serait prélevé d'un autre homme. Depuis la première greffe en 1920, les résultats sont remarquables par la constance du mieux-être physique et psychique, ce qui conduit à une amélioration de la vieillesse et à un prolongement de la vie du patient.

Toutes ces indications étant données comme indubitables (hélas par Voronoff lui-même et non par des observateurs médicaux indépendants), l'auteur passe au descriptif du procédé des deux frères Voronoff agissant généralement de concert. L'opération se déroule en même temps sur l'homme et le singe couchés sur deux tables distinctes dans la même salle. L'homme, selon son état de santé, est sous anesthésie locale ou générale et le singe toujours sous anesthésie générale car il faut le castrer, ce qui est une opération difficile. On fait entrer l'animal dans une cage cubique étroite (80 cm d'arête). Coincé dans cet espace il y est suffoqué par l'anesthésique insufflé. Il est ainsi sorti, attaché sur sa table d'opération et endormi complètement au chloroforme. Il est ensuite lavé très minutieusement comme l'avait été l'homme. Deux chirurgiens travaillent simultanément, l'un auprès du singe, l'autre de l'homme. Trois greffons testiculaires sont prélevés sur le singe que l'on greffe immédiatement sur ceux de l'homme en respectant un grand nombre de règles assurant que la nutrition des greffons ne soit interrompue que pendant l'instant du geste chirurgical : extraction chez le singe et positionnement à l'intérieur des deux vaginales de l'homme. Selon Voronoff, « le récepteur subit une opération absolument bénigne ». Certains peuvent demeurer quelques jours en clinique mais d'autres patients sortent le jour même ou le lendemain, rentrant sans dommage chez eux en chemin de fer ou en automobile. Les fils d'agrafe des points de suture sont retirés au bout de sept ou huit jours.

Tout cela veut paraître simple et naturel mais présente quelque chose de surréaliste. Sur les photographies on remarque un paravent entre les deux corps que l'on doit contourner pour passer les greffons de l'un à l'autre. Sinon, lorsque le patient n'est qu'en anesthésie locale, il verrait la castration de son collègue, donneur bien involontaire. Le caractère assez artisanal d'une salle d'opération en 1920 par rapport au bloc opératoire de nos jours accroît le déphasage de ces photographies. On pense davantage à Buster Keaton ou aux trois Stooges qu'à une S.F. *Hight Tech*. Entre les deux, reste place pour un film d'horreur de l'Universal début années 30.

Après les fiches d'observation des 43 interventions composant la seconde grande partie du volume sont rassemblés dans un troisième volet les textes de communications concernant les greffes à des congrès français et internationaux de chirurgie, physiologie, biologie ou pathologie. Chacun insiste sur le fait que « la greffe testiculaire fait sentir ses effets en améliorant à la fois les forces intellectuelles, physiques et génitales » : mémoire, aptitude et résistance au travail ; santé générale : amaigrissement de plusieurs kilos en deux mois, tension qui baisse de plus de 20 à 13/15 et renaissance génitale… Mais c'est cette dernière qui nourrira conversations, mots d'esprit, réparties théâtrales et couplets de chansons.

La grande découverte de Voronoff est que « les testicules ne sécrètent pas que le sperme. Ils fabriquent aussi des substances qui normalement activent le fonctionnement de la plupart de nos appareils et de nos organes notamment le cerveau, les muscles, les diverses glandes » (p.170). Ainsi sont revitalisées les déficiences testiculaires épuisées par maladie, vieillesse prématurée et sénilité précoce. Ces stimulants apportés par les greffons agissent sur des organes altérés, endormis (mais non complètement détruits). C'est le rajeunissement. Or, dans ce corpus d'un peu plus de trois ans, ces homéo-greffes (greffe prise à un être semblable, voisin) prennent très bien, non seulement sans phénomène de rejet, mais en demeurant actives, à savoir que les greffons vivent, certainement de nombreux mois, visiblement 2 ou 3 ans (nous ne sommes qu'en 1923), Voronoff pensant que ce sera bien plus longtemps. Pour le Docteur, le secret de la réussite est certainement dans sa méthode chirurgicale : prélever des greffons (et non un testicule entier qui serait rejeté) et dans les conditions optimales pour qu'ils continuent à vivre dans la tunique vaginale bien irriguée de sang et ayant une évacuation satisfaisante des toxines. Là, les greffons trouveraient les meilleures situations physiologiques indispensables à leur développement grâce à une température de trois à quatre degrés inférieurs au reste du corps. Les seules complications opératoires observées chez certains patients sont, rarement, une fièvre de quelques jours à 39° ; d'autres ont souffert d'un hématome scrotal ou du sphacèle du scrotum. Mais le greffon paraît toléré. En 1923 Voronoff parvint à convaincre un greffé de 62 ans de se voir extraire les greffons placés 15 mois auparavant pour prouver leur bonne vitalité histologique, ce qui sera le cas. Concluante, l'expérience ne sera pas renouvelée.

Les cas exemplaires se multiplient et se retrouvent dans les articles, études et ouvrages des uns et des autres : deux médecins de quatre-vingt-trois ans, un autre illustre collègue espagnol, un professeur de droit de soixante et onze ans, un architecte de soixante-seize ans, un industriel, mais aussi un vieillard de l'hospice de Douera en Algérie, des écrivains illustres qui ne produisaient plus rien (et dont Voronoff tait les noms), un fort des halles, un rentier, un professeur d'université auteur de lettres enthousiastes exposant tous les prodiges que ces gens réduits à une lamentable sénilité invalidante peuvent accomplir après la greffe. Il y aurait même un « inverti » ainsi qu'on les appelait alors qui, vivant mal son homosexualité jugée comme une infirmité, est greffé par Voronoff en novembre 1925. Il se marie et crée « un foyer » quelques mois plus tard (selon les termes mêmes de l'*Histoire des Sciences Médicales* qui ne nous semblent guère utiliser les mots de sa date de publication, 1996). Ce cas est sélectionné par Hector Ghilini dans un chapitre de son *Secret du Dr. Voronoff*, intitulé « Trois cas émouvants » citant des extraits édifiants d'une lettre (28 janvier 1926) du pauvre malade en train de guérir : « Des hommes, qu'avant l'intervention je me plaisais instinctivement à admirer pour leur beauté, leur apparence de force et de santé, me laissent de plus en plus indifférent et il m'est arrivé de m'étonner de l'admiration que je ressentais pour certaines personnes, sentiment que je considère aujourd'hui comme ayant été extrêmement exagéré. La lutte qui se livrait en moi-même constamment et qui sapait mon énergie, contre mon instinct sexuel anormal et mon aversion raisonnée pour les pratiques perverses, n'existe plus. Je me sens complètement maître de moi-même pour dérouter, à volonté, toute velléité de désir amoureux. En effet, je m'aperçois que je porte à la femme un intérêt de plus en plus marqué ». On voit ce que peuvent faire trois morceaux de testicules d'un bon gros chimpanzé. Mais s'il existe des singes homosexuels et qu'on prenne à l'un d'eux un greffon pour l'attribuer (parce qu'on n'a pas songé à vérifier son inclination sexuelle) à un vieil homme impuissant, ne risque-t-il pas de se retrouver ressentir des « désirs amoureux » inavouables, comme dirait notre ... « inverti » ? Le second cas émouvant est celui d'un jeune homme de 18 ans, atteint d'atrophie testiculaire double alors que son frère était sportif, vigoureux et bien bâti. Le troisième est celui d'un soldat complètement châtré en 1917 par un obus. Or il avait, comme l'écrit avec lyrisme Ghilini, « une jeune femme jolie, désirable, aimante, pour laquelle il ne pourrait plus jamais être un homme ». Malgré la difficulté du cas, le Docteur Dartigues pratiqua en 1925 sur le mutilé une greffe un peu différente de celles dont il était coutumier : « Il prit entière la glande génitale d'un grand anthropoïde. Puis, dans la peau de la région scrotale, veuve de ses organes, il creusa une manière de nid dont il scarifia l'intérieur, ensuite il coupa en deux la glande simiesque et l'enferma. Trois mois après, il revit revenir chez lui cet opéré, mais transfiguré. Son visage rayonnait. La collaboration vivante d'un tout petit germe de singe, inhérent à sa chair, littéralement incorporé à lui, avait fait le miracle ». Qu'en termes mystiques (miracle de la transfiguration, corps glorieux) ces jolies choses sont dites (le petit germe dans le nid).

Dartigues, justement, et Voronoff réaliseront des films sur leurs greffes pour les Congrès de Paris, Bruxelles et Séville (1924-1925) et en 1926 le Professeur Sicard dispense un cours sur ces greffes aux étudiants de la Faculté de Médecine. Quant à Voronoff, il fait venir spécialement de Russie un de ses frères pour l'opérer à Paris.

Dès le début des années 10, Serge Voronoff publia beaucoup pour exposer l'avancée de ses travaux. Ce furent d'abord des comptes rendus de congrès spécifiques. Puis, à la fin de la Grande Guerre, il agrandit son lectorat à tous les amateurs de recherche médicale (notamment aux éditions Gaston Doin). Au début des années 20, et pendant deux décennies, il s'adresse alors au grand public, commençant avec *Vivre* (1920, Grasset éditeur), étude des moyens de relever l'énergie vitale. Nous avons déjà cité (chapitre 2) ses deux plus grands succès *La Conquête de la vie* et *Les Sources de la vie* (tous deux chez Fasquelle) qui en sont, le premier au quinzième mille en

1927 et le second au dixième mille en 1933, mais il faut retenir aussi *L'Amour et la pensée chez les bêtes et les gens* (toujours chez Fasquelle, dixième mille en 1936) qui le voit sortir de sa spécialité chirurgicale des greffes pour devenir une sorte de philosophe des sciences, psychologue moraliste annonçant la vogue des sociologues, anthropologues et linguistes des années 70. Il est une voix écoutée du milieu intellectuel et culturel jusqu'à la seconde guerre mondiale.

7

« Depuis qu'ils existent, les hommes ont toujours poursuivi un grand rêve : reculer les limites de la vieillesse et de la mort !

Durant la longue suite des siècles, ce désir obsédant, né de la Peur, parut chimérique.

Or, voici qu'il se réalise aujourd'hui. Un homme, bravant le ridicule, l'outrage, la calomnie, s'est penché sur le problème émouvant de la vieillesse et l'a résolu. La solution qu'il a imaginée est simple : de même que les paysans entent, c'est-à-dire greffent, un arbre pour le rendre plus vigoureux et pour améliorer son fruit, de même, Serge Voronoff a greffé les hommes pour les rajeunir.

Et il a réussi. Des centaines d'exemples *vivants* en font foi.

Nulle aventure ne saurait passionner davantage les humains la plupart appelés à vieillir, tous à mourir. C'est cette histoire merveilleuse que je veux vous compter ici.

Essayer de rapprocher l'homme de l'éternité, si peu que cela soit, si infime qu'apparaissent la vie humaine et son prolongement, n'est-ce pas faire œuvre miraculeuse, presque divine ?

Et aux vieillards, à qui il ne reste que leurs larmes pour pleurer l'inaccessible printemps, redonner la puissance et la vie de quoi il semblait qu'ils se fussent éloignés à jamais, voilà qui mérite des sommes de reconnaissance éperdue. Pour les vieux, il y avait jusqu'ici une impossibilité majeure : supprimer les infirmités de l'âge, rajeunir. Cette impossibilité n'est plus. »

C'est ainsi que débute le *Secret du Dr Voronoff* d'Hector Ghilini (Paris, Eugène Fasquelle éd., 1926), petit ouvrage auquel nous avons déjà fait référence car son ton dithyrambique témoigne de l'esprit avec lequel ses thuriféraires accueillent et commentent le travail du Docteur humaniste et bienfaiteur de l'humanité. De fait la seconde moitié des années 20 marque le sommet de sa carrière et de la reconnaissance de Serge Voronoff alors savant, notable, riche, mondain et cultivé. En tant que scientifique, il occupe en effet une situation prestigieuse car il est non seulement médecin, mais clinicien, chirurgien et chercheur (greffes, génétique). Amateur d'art, il fréquente musiciens, poètes et hommes de lettres. En outre cet homme du monde se partage entre la meilleure société parisienne et la gentry de la French Riviera, vivant dans les palaces et roulant en limousines Rolls-Royce. Il aurait fourni un sujet idéal pour les tabloïds et constituait effectivement un personnage récurrent des chroniques mondaines. Mais ce n'est pas un jet setter du style Massimo Garcia des années 2000 car ses activités sont phénoménales : il est partout, publie des ouvrages fort bien reçus par le public et recommandés par des professeurs à leurs étudiants, on se presse aux conférences qu'il tient aux quatre coins du monde et, en 1925, initie des greffes de revitalisation à des milliers de kilomètres de la France ; Max Thorek, qu'il avait connu à New York en 1919 l'invite à Chicago où il opère devant 400 spectateurs ! Des médecins endocrinologues écrivent des études soutenant ses travaux ; il forme des équipes pratiquant ses méthodes dans de nombreuses capitales et recevra maintes décorations d'État en Espagne, Italie, Grande-Bretagne… Il donne beaucoup de sa personne et se dépense sans compter, est fêté dans des manifestations pittoresques, examine patients et animaux ; il parle, est reçu, félicité, effectuant une tournée officielle triomphale dans nos colonies africaines où il préconise la greffe des vieux taureaux reproducteurs que ces pays chauds devaient faire venir à prix d'or de la métropole. Voronoff apporte la solution : prolonger leur vie et leur puissance sexuelle grâce à ses opérations. Chaque voyage le voit amorcer de grandes choses, instaurer, installer, instruire. Tout démarre mais, une fois lui reparti, rien ne suivra vraiment. En Égypte, il était resté 15 ans. À présent il est le docteur consultant qui passe sans contrôler les chantiers qu'il initie avec brio. Il a le diagnostic sûr, indique la voie puis reprend le train pour poursuivre plus loin, ailleurs, encore, autrement, toujours. C'est un mouvement perpétuel, on se l'arrache, il promet de revenir, le fait parfois mais ne rencontre plus les mêmes personnes, défriche des terrains neufs, est pris par de nouvelles perspectives, de grandioses plans de santé humaine comme de prophylaxie animale. Présent sur tous les fronts, il n'approfondit plus ; il survole en donnant une image de puissance irrépressible. Avec lui la médecine est un sport de combat plutôt qu'une recherche de haut niveau. Ses frères Georges puis Alexandre se chargent de la communication en France comme à l'étranger : préparation des tournées, entretiens, contrôle des traductions. Les greffes Voronoff sont désormais une marque déposée qu'il s'agit de valoriser, de diffuser, certains diront de rentabiliser. Si l'on ne prend pas le verbe dans sa stricte signification financière, il y a du vrai. Mais Voronoff cherche un profit symbolique et non matériel. Il veut la reconnaissance, court pour la gloire et non l'argent car ses deux premières épouses l'ont laissé dans l'opulence qui lui permet d'être désintéressé. Certes certains paieront très cher pour se faire greffer, mais beaucoup le seront gratuitement pour des leçons devant des spécialistes ou des étudiants, pour témoigner, servir d'exemples, de preuves ou d'expérimentations.

Voronoff propose de mourir en bonne santé et le plus tard possible : excellente accroche publicitaire pour des travaux du plus grand sérieux. À la base une découverte fruit d'observations sur plusieurs années, effectuées, collationnées, classées, comparées sur des centaines d'hommes et d'animaux. Voronoff établit de façon indubitable (c'est son intime conviction) que les testicules humains vieillissent plus rapidement que les autres organes. Or, malheureusement, les hormones qu'ils produisent et qui se diffusent dans tout le corps sont obligatoires pour maintenir la vitalité de l'ensemble de l'organisme. Voronoff greffe donc des morceaux de glandes d'un singe vigoureux et en excellente santé qui fourniront aux testicules défaillants de l'homme âgé l'énergie nécessaire à lutter contre l'envahissement du corps par les cellules conjonctives responsables de la sénilité. C'est clair, simple, et il suffit de s'appliquer à le faire avec le plus de soin possible. Il s'agit de rendre aux vieillards la jeunesse des tissus (la peau, la chair, les muscles), du cerveau et des sentiments. Après les ajustements des premières années, son but est désormais de diffuser généreusement sa découverte au plus grand nombre par les communications, les rapports et autres moyens, y compris, ce qui est très nouveau, l'image. Il fait des photos précises des opérations, des instruments, des gestes destinées à ses confrères. Ces documents circulent effectivement et il y aura aussi, d'abord pour les Congrès de Paris (1924), Bruxelles et Séville (1925), des films pédagogiques qu'il retournera à plusieurs reprises pour les rendre plus complets, plus explicites et les actualiser. Il n'est pas un inventeur déposant des brevets pour se garantir des revenus. Il veut sincèrement que chirurgiens et patients profitent de ses découvertes pour aider l'humanité à lutter contre les effets désastreux du vieillissement. Les traductions de ses textes et livres lui paraissent essentielles à la propagation universelle de sa thérapie et il les fait par exemple publier aux Indes en Hindi – au lieu de l'Anglais – pour sortir des élites professionnelles et s'adresser directement aux cliniciens de terrain. Ne faisant pas du commerce, il ne recourt pas aux procédés publicitaires, et ne cache jamais dans ses écrits les difficultés et les échecs. Ce n'est pas à tous les coups que l'on gagne, mais il cite les statistiques, les proportions, les pourcentages qui témoignent de la réussite globale de ces travaux. L'édition 1925 du Grand Larousse médical lui rend justice en lui consacrant deux pages avec photos. Mais devant le rejet des potentats de l'académie, il laisse depuis 1924 ses collaborateurs et disciples débattre à sa place et le défendre devant ces institutions tenues par quelques opposants irréductibles. En fait, il revendique volontiers d'appartenir aux chercheurs du Collège de France qui l'ont accueilli plutôt qu'aux professeurs de la Faculté qui, d'après lui, veillent sur un savoir établi au lieu de se préoccuper de l'élargissement des connaissances.

Le rajeunissement masculin conduit Voronoff à essayer de répondre aux sollicitations des femmes qui, elles aussi, voulaient bénéficier de traitement du même genre permettant de pallier les infirmités d'une vieillesse qu'elles redoutent autant que les hommes. Avant de passer aux femmes, Voronoff décide donc, selon ses habitudes de recherche, de travailler d'abord chez les animaux femelles. En fait, il greffe pour commencer des testicules mâles sur de vieilles brebis dès les années 10 mais si ces dernières retrouvent force et vigueur, elles acquièrent aussi des caractères physiques plutôt mâles. Dès lors, faire la même chose chez des femmes ménopausées aurait abouti au développement de signes de virilité incongrus (voix grave, moustache et barbe, pilosité importante) qui ne correspondaient évidemment pas à ce que recherchaient les femmes de la soixantaine qui s'adressaient à lui pour retrouver leur silhouette et leur visage d'antan. Il poursuit néanmoins ses expériences sur les ovins et remplace alors les greffons de testicules par des greffons d'ovaires. Les brebis ainsi opérées mettent à nouveau bat. On était sur la bonne voie, mais toujours prudent et hésitant de passer à la femme, Voronoff tente préalablement l'opération inverse et greffe un fragment d'ovaire de femme (prélevé chez qui ? Aucun document ni déclaration ne le précise) sur Nora, une vieille guenon de laboratoire depuis longtemps stérile, qui voit revenir ses règles. Malgré cette réussite encourageante, Voronoff se pose des questions : est-ce que doter d'ovaires de jeunes guenons des femmes de 50 ou 60 ans n'allait-il pas aboutir à une fécondation, voire à une naissance ? Et dans ce cas quelle serait la nature exacte du fœtus puis du « bébé » ? On frémit face à de telles manipulations autour de la procréation. Aussi Voronoff imagine-t-il de prélever des greffons non d'un ovaire mais d'autres glandes productrices elles aussi d'hormones (par exemple la thyroïde), mais les effets ne sont pas concluants. Ou alors, prendre bien des greffons d'ovaires guenons mais les greffer ailleurs que directement sur ceux de la femme. Là, c'est plutôt la lourdeur de l'opération qui fait reculer Voronoff. De toute manière c'est bien au niveau des ovaires que cela se passe car on constate, dans le cas d'ablation des ovaires nécessitée par raison médicale (tuberculose…), la même apparition des dérèglements physiques et psychiques conduisant à une sénilité précoce de la patiente que chez les hommes atteints de troubles graves des testicules. La détérioration est plus lente chez la femme que chez l'homme, mais aussi inéluctable. Cette lenteur pose d'ailleurs problème, mais peut-être est-ce parce que l'énergie de la femme ne dépend pas exclusivement des sucs ovariens qui sont probablement l'élément décisif mais pas unique. Dès lors le rajeunissement risque de n'être pas aussi spectaculaire que chez l'homme. Il est curieux qu'à ce point de ses observations et de son raisonnement, le célèbre adage « dans le doute, abstiens-toi » ne l'ait pas emporté et que Voronoff ne se soit résolu qu'à une suspension provisoire de ses expériences sans y renoncer tout à fait.

Quoi qu'il en soit Voronoff se lance avec le Docteur Dartigues dans sa première greffe ovarienne en 1923 ou 1924. L'hésitation peut se lire dans l'imprécision des dates : 29 novembre 1923 chez Ghilini, 10 juin 1924 dans l'*Histoire des Sciences Médicales*, sur une femme de 68 ans chez Ghilini ou de 64 ans dans l'*Histoire des Sciences*. Est-ce la même opération sur une unique patiente ou deux greffes sur deux femmes ? Dans les deux à trois années suivantes en tout cas il y en a beaucoup d'autres et les désormais inévitables clichés « avant après » privilégieront pour l'histoire Mme C.K. de 68 ans greffée en juin 1924. Les résultats paraissent encore meilleurs et plus durables que chez les hommes. L'âge des femmes est compris entre cinquante et soixante-treize ans selon Voronoff lui-même et de 45-50 ans d'après l'*Histoire des Sciences* qui conclut à une prescription mieux appropriée pour des femmes relativement encore jeunes. Les effets les plus appréciables sont des pertes de poids très conséquentes (10/15 kilos en trois mois), un nouvel éclat du regard, une allégresse du visage, bref le retour du fameux élan vital. Voronoff recherche alors le meilleur endroit pour poser le greffon de guenon. Ses expériences sur des brebis depuis

1911 indiquaient que les greffes à l'endroit même où sont logés les ovaires permettaient parfois la reprise de l'ovulation. Mais ce n'est pas le but : Voronoff ne cherche pas à rendre peut-être possible la mise enceinte des femmes de plus de 60 ans… On voit que la témérité de Voronoff dans les années 20 demeure à l'intérieur d'(auto)limites raisonnables, mais aujourd'hui les expériences médicales (italiennes) dans ce domaine ne s'embarrassent plus de telles préoccupations, laissant aux comités d'éthique le loisir de débattre. À l'époque de Voronoff, si tout devient possible par la science, la responsabilité morale et sociale du savant reste entière. Il décide donc de poser les greffons sur les grandes lèvres afin de ne pas nécessiter une chirurgie intra-abdominale lourde pour une intervention qui n'est en fait que de confort existentiel (redonner la vitalité à un organisme déprimé). Par contre le Docteur Dartigues préconisera fréquemment, aux hommes comme aux femmes, de doubles greffes – thyroïde et testicules ou ovaires – qui lui semblaient aptes à décupler les effets, les sécrétions des deux glandes agissant de concert pour lutter contre le vieillissement.

Reste pour nous à savoir quelle fut la raison décisive pour passer de la forte réticence vis-à-vis des greffes ovariennes à l'enthousiasme avec lequel Voronoff entreprend tout à coup de s'y mettre. Car la suite montre que, si les greffes testiculaires se poursuivront dans l'euphorie pendant une dizaine d'années (et plus encore avec davantage de circonspection), celles d'ovaires cesseront assez vite, emportées par les tourmentes de la contestation. Voronoff jurera jusqu'à sa mort avoir eu raison côté hommes mais ne parlera plus guère des femmes. En 1930 (*Des greffes des glandes endocrines*), le Docteur publie des statistiques générales sur plus de 500 greffes jugées bénéfiques durant trois à six ans (il ne dispose pas de davantage de recul), mais il avoue 86 rejets rapides. Il insiste par contre sur le fait que plus de 2000 greffes dans le monde sont déclarées positives. À ce moment, ce n'est peut-être plus déjà le miracle prédit en 1920, mais une thérapie valable tout à fait recommandable dans les cas de sénilité précoce accusée. Il est dommage que le grand public se soit surtout focalisé sur ce Viagra avant la lettre, alors que les résultats dans les fonctions strictement sexuelles aient été moins remarquables que dans le rajeunissement en général. Certains sont également déçus que son traitement ne repousse guère la mort. Voronoff n'a pourtant jamais cessé d'insister : la greffe n'est pas un aphrodisiaque et la mort est inévitable. Par contre il assure des fins de vie beaucoup plus agréables ce qui, remarquons-le, constitue l'une des grandes préoccupations de nos jours. Voronoff pratique indiscutablement la médecine de façon moderne en se fixant des objets de recherche très en avance sur son temps.

Un problème matériel lié à sa réussite, à l'explosion exponentielle de la demande et à une volonté d'y répondre (création de cliniques spécialisées, formation de nouvelles équipes) réside dans la matière première : le greffon de testicules de grand singe à prélever sur la bête vivante et à transplanter aussitôt (pas de réserves possibles, ni de techniques de conservation sous quelque forme que ce soit). Voronoff s'en inquiète dès 1923 en faisant ses comptes : il a réalisé personnellement 52 greffes mais juge qu'il a été freiné par la difficulté d'obtenir des singes anthropoïdes qui sont rares et chers. Les débuts, en particulier, ont été très lents. En 1920 trois singes lui permirent de réaliser deux greffes chacun, donc six. 1921 : un seul, donc deux greffes ; six opérations en 1922. En 1923 les arrivages de Guinée fournissent trente-huit greffes dans les six premiers mois. Trois ans plus tard - en 1926 – il estime à 300 le nombre d'hommes greffés. Dès 1924 il est décidé à créer une ferme d'élevage en France car se procurer des singes et les faire venir d'Afrique est décidément trop aléatoire. Il prospecte dans la région parisienne, mais son goût le porte vers la Côte d'Azur qu'il a beaucoup appréciée avant-guerre, de 1910 à 1914 puis lors de sa convalescence en 1916. A Nice en particulier, vit une partie de l'année, son ami le poète Maurice Maeterlinck, dont il a fait la connaissance à Paris, et il a conservé d'autre part d'excellents rapports avec la communauté russe. Après avoir beaucoup prospecté la côte de Cannes à Menton, y compris l'arrière-pays, il jette son dévolu sur le château Grimaldi dans une toute petite localité au-dessus de Menton, juste de l'autre côté (à moins d'un kilomètre) de la frontière, c'est-à-dire en Italie : le village s'appelle Grimaldi. Le médecin et écrivain londonien James Henry Bennet qui avait rendu célèbre la région de Menton en vantant les bienfaits du climat méditerranéen pour le traitement des maladies pulmonaires dans son livre *Winter and Spring on the Shores of the Mediterranean*, vint s'y installer vers 1870 en acquérant un terrain dominant la mer et comportant une ancienne bâtisse à la tour carrée construite par la famille des Princes de Monaco les Grimaldi. À côté de ce vestige, Bennet fit édifier une grosse demeure en pierres apparentes surmontée d'une tourelle à l'italienne (comme celles s'édifiant alors à Bordighera, luxueuse localité toute proche) d'où la vue s'étendait sur des dizaines de kilomètres de côtes françaises et italiennes. Bennet acheta des terrains adjacents et la superficie du domaine atteignit bientôt 26 000 m^2 sur lesquels il fit planter de nombreuses espèces de végétaux exotiques bordant les vastes terrasses de marbre. Comme tous les riches résidents de la côte, il mena grande vie et la reine Victoria elle-même vint lui rendre visite lors de son séjour à Menton en 1882. Trois ans plus tard le château Grimaldi fut acheté par une Américaine de Philadelphie, Ella Waterman, fille d'un fortuné propriétaire de mines. Elle était la mère d'un peintre à l'allure androgyne Romaine Brooks qui connaîtra un grand succès dans l'entre-deux-guerres. Elle restaura luxueusement la demeure de Bennet, y ajoutant de grands salons, des chambres pour les invités, une salle à manger d'apparat au plafond de bois sculpté, le tout superbement meublé dans un lourd style néogothique, exhibant les sommes fabuleuses que ce décor avait coûtées. En 1904 le Kaiser Guillaume II faillit l'acheter puis renonça à résider si près, dix minutes à pied, du pays ennemi la France. Au début du XXe siècle, le château passa d'ailleurs entre plusieurs mains. Un temps racheté par le Docteur Appenzeller, propriétaire de l'Institut Médical Diététique de Gorbio (à côté de Menton), le bien est mis sous séquestre en 1915 en tant que propriété autrichienne et, lorsque Voronoff l'acquiert, il appartient à un Belge fortuné.

Il n'est pas inutile de connaître les antécédents de cette demeure qui séduit immédiatement Voronoff car il peut ainsi s'intégrer automatiquement à cette gentry internationale (mais essentiellement anglaise et américaine) fréquentée avec orgueil et plaisir lors de ses deux séjours précédents à Nice où il logeait sur la colline de Cimiez, déjà un beau quartier résidentiel huppé. Mais il était alors extérieur à ce monde, sans en faire encore partie intégrante. Cette fois oui car il peut à son tour inviter et rentrer dans ce milieu fortuné qui est en train de façonner l'image de marque d'une Côte d'Azur élitaire. Voronoff rejoint l'aristocratie de ce monde où l'argent coule à flots, entretenant fastueusement artistes et hommes de lettres, étalant des réussites éclatantes dans tous les domaines : le célèbre Docteur Voronoff est enfin à sa place, là où ses plus d'un mètre quatre-vingt-dix, ses allures de noblesse tsariste lui confèrent un statut un peu étrange et fascinant dont il joue en maître. Certes il n'oublie pas ce qu'il cherchait à installer : d'immenses cages sont érigées englobant arbres, roches et cavernes pour que les grands singes soient à l'aise, un véritable hôpital avec d'un côté les humains et de l'autre les animaux, tout cela à ses frais mais placé sous la dépendance directe du Collège de France. Le mécène, le savant et l'homme du monde font bon ménage et dès 1926 une centaine de singes sont pensionnaires, une maternité attendant les guenons pour qu'elles mettent bas le plus grand nombre de petits singes. L'élevage est d'ailleurs constamment à renouveler puisque le but est de castrer les mâles puis de s'en débarrasser. Les cirques qui passent sont au courant et viennent se servir. La salle d'opération travaille à plein. Olympien, Voronoff règne sur son empire de la « réjuvénation » et l'on peut imaginer son orgueil lorsqu'il reçoit en 1927 à Grimaldi une délégation des meilleurs médecins soviétiques pour leur faire visiter son laboratoire et sa « ferme » (on pense à celle de Marie-Antoinette !). Séduits, ils promettent d'édifier un ensemble semblable dès leur retour et d'y pratiquer sur une grande échelle la « Voronoffisation » à Moscou, ce qui semble fait en 1930. À partir de 1926, le Docteur réside chaque année l'hiver à Grimaldi (du 15 octobre au 1er mai) et l'été à Paris comme ses riches voisins entre New York et le Cap d'Antibes ou Londres et Monaco. La différence est que le château Grimaldi n'est pas une résidence de vacances mais fonctionne toute l'année en vivier de singes et en clinique où plusieurs médecins se relaient, ses frère George et Alexandre supervisant le tout. D'ailleurs Serge Voronoff opère de moins en moins lui-même à partir de 1926, sauf pour quelques cas exceptionnels comme pour un maharadjah qui le reçoit spécialement plusieurs semaines en 1929 aux Indes ou pour un des frères resté en URSS et qu'il fait venir en France en 1927 ; il fera partie du club très choisi des photographiés avant et après.

Localement, l'étranger et sa ferme-clinique sont accueillis avec curiosité par les habitants. Quelques voisins défiants se plaignent bien des nuisances sonores causées par les hurlements nocturnes de bientôt des dizaines de singes qui s'entendent plusieurs kilomètres à la ronde, mais il n'y a pas beaucoup d'habitations et donc peu de mécontents. Par contre, le dimanche, les Mentonnais viennent volontiers en famille les admirer, car ils sont parfaitement visibles depuis la route et font la joie des enfants.

De toute manière, les habitants de Grimaldi sont habitués à accueillir et observer des hôtes prestigieux aux mœurs curieuses occupant le château. Depuis plus de cinquante ans, il y a aussi d'étranges gratteurs de terre venant explorer les grottes qui s'enfoncent aux pieds de la falaise de plus de 100 m de hauteur qu'ils appellent Balzi Rossi. Ces Roches Rouges ont été découvertes vers 1860 par des paléontologues : une, puis une autre, et il y en a dans les années 20 déjà 5 ou 6 qui font l'objet de campagnes de fouilles intermittentes témoignant pour la première fois d'un habitat préhistorique sur la Côte. C'est une découverte scientifique d'envergure. D'autres suivront, au Lazaret à Nice (1879) puis, beaucoup plus tard, le Vallonnet à Roquebrune Cap Martin (1958) et à nouveau Nice (Terra Amata, 1966). Les grottes Rouges de Grimaldi sont donc les premières découvertes et étudiées dans le secteur ; elles restent encore, à l'heure actuelle, les plus riches de la région.

Ce sont aussi les moins anciennes puisque les traces d'habitat humain datent du paléolithique (moyen et supérieur, entre - 230 000 et – 5000 avant Jésus-Christ), c'est-à-dire, de l'Homo Sapiens. Mais on se demande encore, dans les années 20, s'il n'y a pas eu conjointement des Hommes de Neandertal, branche la plus ancienne qui disparaîtra peu à peu remplacée par celle de l'Homo Sapiens. Serge Voronoff ne peut pas avoir ignoré ces recherches, à quelques pas de son château, lui passionné par le Darwinisme et sa théorie des embranchements des espèces assurant l'évolution chez les races de singe et chez l'homme qui fondent sa croyance dans la possibilité des greffes entre les deux. D'autant plus que l'on commence à étudier alors dans les grottes plusieurs sépultures (squelettes accompagnés d'outils, d'armes et de parures) assez spectaculaires. Mais les plus étranges étaient de petites statuettes de 4 à 6 centimètres de hauteur représentant les formes opulentes de femmes aux seins volumineux et fesses disproportionnées qui pouvaient être dédiées à la fécondité ou, plus généralement, à une déesse mère protectrice. Il existe aujourd'hui une douzaine de ces « Vénus de Grimaldi » éparpillées chez des collectionneurs et même dans des musées en France ou à l'étranger car les premières avaient été trouvées et vendues à la faveur de fouilles clandestines vers 1883-1895. Ce trafic s'était étalé sur de longues années et il n'est pas impossible qu'on ait pu en proposer à un amateur potentiel comme le savant riche et cultivé Docteur Voronoff dont on ignorait exactement la teneur des insolites agissements.

Que de changements en moins d'une décennie : le héros de la chirurgie plastique des greffes régénératrices des gueules cassées de la grande guerre est devenu le greffeur de testicules de singes sur la Riviera richissime des « Années folles ». Il a fait admettre progressivement que prélever des éléments animaux ne brave pas vraiment un interdit moral alors qu'utiliser des morceaux de cadavres, extraire des petites parties d'organes chez des humains vivants ou même effectuer des transfusions sanguines est loin d'être entré dans les mœurs. On a fort justement souligné l'effroi de grands blessés en

14-18 à l'idée qu'on puisse prendre des os de camarades morts pour les sauver. D'ailleurs on craignait la transmission de maladies par le passage de microbes du mort au blessé. Il est vrai que les conditions d'hygiène dans lesquelles s'opéraient les transplantations ou transfusions étaient parfois effarantes (les opérations publiques) et que Voronoff lui-même avait peur que les virus se transmettent à l'occasion des stérilisations ou asepsies.

Parmi les participations curieuses de la greffe Voronoff à de grandes « causes nationales » ou sociales, signalons ses propositions de rendre plus actifs les vieillards des hospices, ce qui diminuerait d'autant la charge financière que constituent pour l'État ces institutions que l'on appelait encore à l'époque « de bienfaisance ». Le premier à se déclarer intéressé fut le préfet d'Alger. Voronoff supervise donc l'opération effectuée en 1924 par le Docteur Pietri sur un pensionnaire très amoindri de la maison de retraite algéroise et l'homme passe en quelques mois de l'état grabataire à celui de collaborateur bénévole des agents de surface ! Cette économie du salaire d'un employé fut très appréciée et, selon les publications de Voronoff, l'expérience fut renouvelée dans les hospices de San Francisco et en Italie à Turin et Alba où la greffe de testicules avait fait de nombreux adeptes.

Durant toutes les années 20, Voronoff poursuit également ses recherches dans le domaine vétérinaire en vue d'améliorer les races ovines. C'est encore l'Algérie, colonie française, et notamment Georges Nouvion, de la Société Algérienne d'Agriculture qui lui permettent de réaliser ses expériences sur de vastes fermes d'État à Talmit en plein désert où il se rend à plusieurs reprises. Là, dès octobre 1924, il travaille sur un troupeau de 3000 moutons et forme puis encadre des équipes locales de vétérinaires. Le bilan paraît intéressant : au bout de deux ans, les animaux greffés pèsent près d'un tiers de plus en viande et en laine. Il greffe également des étalons de grande valeur, des taureaux et des porcs. L'ensemble des résultats est présenté en 1927 à l'Académie des Sciences. L'exposition coloniale de 1931 à Paris montre ses béliers greffés. Néanmoins Voronoff est contesté par certains vétérinaires et il est difficile d'avoir aujourd'hui une idée précise de ces recherches car, dès les années 30, on a perdu la trace de ces sélections qu'il aurait fallu pouvoir suivre sur plusieurs générations. Le tournant de 1930 marque d'ailleurs la montée globale des remises en question de ces greffes. C'est aussi l'époque d'un regain violent d'antisémitisme. Mais celui-ci provoqua-t-il vraiment une influence sur la réception de ses travaux, vu que très peu de gens savent Voronoff d'origine juive ? Certes les racistes sont experts à « débusquer » leurs victimes… En fait la mauvaise foi de ses adversaires est grande car elle s'appuie généralement sur les échecs de praticiens peu scrupuleux ne suivant pas les recommandations opératoires de Voronoff ou utilisant d'autres spécimens de singes, voire carrément d'autres animaux, comme ceux qui greffaient des testicules de béliers par économie, ce qui provoqua chaque fois des échecs immédiats.

Certains aventuriers d'envergure accumulèrent d'ailleurs une véritable fortune. Ainsi aux États-Unis, une des plus grosses escroqueries médicales que connut le pays fut celle de John Romulus Brinkley. Il avait acheté un diplôme de médecine en vendant des ampoules d'eau colorée comme remède contre l'impuissance. Ayant pris connaissance des travaux de Voronoff, il se mit à greffer des glandes de boucs. Dénoncé par Mak Thorek, il fut interdit d'exercice en 1931 par le *Kansas Medical Board* et même arrêté. Mais à sa libération, il passa dans un autre État et reprit son commerce, adaptant les tarifs de ses opérations à la qualité des animaux utilisés. En quelques années, ces greffes passèrent de 750 $ USA à 10 200, pour suivre l'inflation disait-il ! Il devint milliardaire, ouvrant de nombreuses cliniques spécialisées, attirant les patients par de la publicité dans les plus grands journaux, puis diversifiant ses activités, beaucoup aidé par les Évangélistes, en créant des stations de radio. Il mourut en 1942 dans la plus grosse opulence sans avoir été à nouveau inquiété. Il serait même venu à Paris au Collège de France débaucher des étudiants de Voronoff et il aurait opéré des milliers de personnes pour leur rendre la virilité durant ses 25 ans de carrière.

Voronoff, lui, ne fut évidemment pas un charlatan. Son erreur fut de croire possible la greffe entre deux espèces vivantes différentes alors que l'on affirme de nos jours qu'une telle opération est vouée à l'échec, le système immunitaire du receveur produisant des anticorps qui provoquent le rejet. Cela n'avait pas été découvert et Voronoff ne pouvait pas le savoir. Mais comment a-t-il pu se laisser abuser ? D'abord parce qu'il était un Darwinien fervent. Il croyait donc à l'ancêtre commun ayant donné des branches qui se sont séparées au cours de l'évolution des espèces. Pour lui il était évident que la dernière séparation, au sommet du monde vivant, avait été celle du singe et de l'homme qui demeuraient très proches. Aussi Voronoff ne croyait-il pas aux greffes d'autres animaux trop inférieurs à l'homme.

Par contre il ressentait une véritable empathie avec les grands singes qui, ayant vécu dans la nature vierge sans contracter la moindre maladie, apportaient des organes frais et sains. Certes il y a toujours eu des cas de nécrose du greffon, que Voronoff, encouragé par ses réussites chez les béliers, boucs et brebis, a toujours attribués à des causes annexes (un incident opératoire, une faute d'hygiène, une injection préalable non détectée…). Béliers, boucs et brebis étaient tous des ovins comme noirs, blancs ou jaunes, arabes ou berbères sont tous des hommes, les chimpanzés, babouins ou gorilles tous des singes, mais le passage est impossible d'un groupe à l'autre. Proximités ou espèces voisines sont des qualificatifs flous mais pas scientifiques. Voronoff était persuadé que ça devait marcher. Or c'était impossible.

Comment expliquer alors les réussites spectaculaires – types « avant/après » - dont les « preuves » firent le tour du monde et l'objet des communications scientifiques ? Justement par le fait que si Voronoff avait tort… il avait presque raison car la proximité biologique entre l'homme et le singe (qui n'est pas l'identité) a pour conséquence que le phénomène de rejet est lent, d'autant plus que les testicules greffés ont une durée de vie plus longue que les autres glandes hormonales. Dès lors, sans prendre vraiment, la greffe peut tenir des semaines, des mois, voire quelques années (mais pas beaucoup). Or la victoire fut proclamée trop tôt : deux ans après la première greffe, une grande partie de l'opinion publique et un groupe relativement important de scientifiques proclamaient la découverte du siècle en se basant sur les cas les plus « réussis ». En 1930 la plupart des greffés étaient morts, mais Voronoff ne faisant plus l'actualité, personne ne prit l'initiative d'entreprendre de nouvelles statistiques et s'il avait suscité un engouement extraordinaire il n'eut pas droit à la bronca. Simplement, les critiques devinrent de plus en plus sérieuses dans les milieux spécialisés. Ailleurs on l'oublia. On était passé à autre chose. Ceux qui apportaient encore quelque crédit à la greffe continuaient leurs activités dans l'indifférence, un certain inintérêt. Il faudrait en outre inclure l'effet placebo : on y croyait et l'autosuggestion faisait le reste pour quelques semaines. Vu l'état des connaissances médicales dans les années 20, Voronoff demeure néanmoins un novateur. Toujours animé par les grands espoirs de la science – la vie, la mort – il contribue aussi, en praticien éclairé, à l'avancée de la recherche scientifique.

*

* *

Mais Louis Pasteur ou Claude Bernard n'avaient pas été raillés de leur vivant. Serge Voronoff, lui, le fut au moment même de ses découvertes, c'est-à-dire alors que l'on croyait qu'il avait vu juste, comme Pasteur ou Bernard. On pouvait par exemple, dans les années 20, boire un nouveau cocktail (gin, jus d'orange, grenadine, absinthe) appelé « glande de singe ». Voronoff reçut les grandes célébrités de son temps, faisant lui-même allusion dans ses écrits à la visite (non datée) du vainqueur de Verdun à Grimaldi, mais il constitue une des cibles favorites du *Canard enchaîné* de 1922 à 1928, « faisant partie du paysage humoristique français » (*Histoire des Sciences Médicales*). Les plaisanteries sont parfois au second degré comme lorsque le journal satirique préconise aux prêtres en 1933 de faire don à la science de leurs organes génitaux puisqu'ils ne s'en servent pas. Il n'est pas sûr que tous les lecteurs prennent alors cela pour de l'humour. La cérémonie de remise de la Légion d'Honneur en 1925 vaut à Voronoff bien des dessins satiriques où les petits singes font la fête au « bon docteur ». Si en 1923, 700 des plus grands chirurgiens du monde réunis au Congrès de Londres reconnaissent la réussite de son rajeunissement des hommes âgés, la presse s'intéresse davantage aux nouvelles concernant le monde des stars : en 1936, le *Time* relate que la chanteuse Lily Pons est allée voir les singes dans les cages du château Grimaldi où elle fut embrassée par le grand singe nommé Rastus, et dans le premier long métrage des Marx Brothers, *Cocoanuts* (*Noix de Coco*) réalisé en 1929 à Hollywood par le Français Robert Florey, la chanson d'Irving Berlin *Monkey-doodle-doo* contient la phrase « si tu es trop vieux pour danser, cherche-toi une glande de singe ». En France même où la mode était aux manteaux féminins en peau de singe au début des années 20, *Le Figaro* commente « les fourreurs l'emploient pour les dames et le Docteur Voronoff pour les messieurs, si bien que, dans toute cette affaire, les besoins de la science pure sont quelque peu oubliés » (3 juillet 1924). Les chansonniers se régalent sur les scènes de cabaret parisiennes et les glandes de singe font fureur dans les refrains grivois comme dans les conversations de bistrot en France et aux USA. Dans les brocantes, on trouva longtemps des cendriers en plâtre que l'on plaçait sur le zinc des comptoirs de café entre 1925 et 1935 où un singe protégeait ses parties intimes avec un pistolet. Autour est marqué : « Non Voronoff, tu ne m'auras pas ». Des cartes postales dessinées sur le sujet sont également en vente. On chante « le bilboquet de Voronoff » à Paris et une vedette de l'opérette marseillaise sort un disque où il donne des prix : « 30 000 francs pour avoir 30 ans aux USA, 50 000 pour en avoir 15 ». Un spectacle à La Cigale *Greffe générale* met en scène une consultation de Monsieur et Madame Mollasson chez le célèbre chirurgien. Cami signe une pièce *Le Désenglandé de la forêt vierge* qui renouvelle le vaudeville en faisant châtrer un explorateur par un grand singe chauve qui sera ensuite capturé et servira à greffer l'amant de sa femme qui se retrouvera enceinte d'un enfant finalement pas si adultérin que ça ! En 1924, une revue des Folies Bergères fait de Charles Maurras, de Georges Clémenceau et du chanteur Mayol des pensionnaires d'un Institut Voronoff... Aucune de ces trois célébrités ne fera d'ailleurs de procès. Quant à Willy, ex-mari de Colette, il s'enthousiasme publiquement des greffes Voronoff... et en bénéficia probablement pour satisfaire son épouse plus jeune de 15 ans.

Serge Voronoff ne paraît guère s'être ému de cette popularité, impertinente par rapport à son statut de savant et dans l'ensemble plutôt vulgaire. Certes elle le vengeait en quelque sorte des réactions de certaines instances médicales en affirmant la réalité et l'impact de son œuvre, mais en même temps creusait un peu plus le fossé entre cette reconnaissance médiatique et le jugement scientifique. Peut-être s'amusa-t-il de mettre les rieurs de son côté puisqu'il se laissa aller à accepter une publicité pour une boisson alcoolisée. Au-dessous de son portrait était écrit de sa main : « Demandez à la plante divine des Incas que Mariani a incorporée dans son vin, le stimulant de votre énergie défaillante, avant de l'emprunter aux jeunes chimpanzés ». Mais la presse grand public et le monde des spectacles préféraient la grosse farce et la caricature épaisse à cette auto-ironie. De toute façon sa hauteur distante le mettait à l'abri de l'expression directe des camaraderies de corps de garde sans pouvoir empêcher dans le pays de la gaudriole et du vaudeville les déferlements de rigolade dès qu'il s'agit de sexe ; on ne saurait y parler de greffe de testicules de singe à de vieux messieurs en s'attendant à ce que les auditeurs prennent le visage de Max Von Sydow dans les films d'Ingmar Bergman.

On ne peut guère accorder davantage une foi inébranlable aux rumeurs qui circulèrent sur les célébrités ayant pu se faire « Voronoffiser ». Certaines furent pourtant plus persistantes que d'autres, surtout dans le monde littéraire : Willy on l'a dit, Pierre Loti, Anatole France, Sacha Guitry, Marcel Achard, Paul Valéry, le poète

William Yeats, Bernard Shaw, le premier ministre turc, un prince indien et Charles Maurras deux fois… On sait aussi que le peintre américain « Western » Irving Bacon fut opéré à l'Hôtel Majestic. Mais on ne prête qu'aux riches, et il n'y eut jamais ni reconnaissance ni démenti, pas plus du côté de Voronoff que de ses supposés clients… souvent patients et amis d'ailleurs, ou clients et connaissances car on se côtoie beaucoup dans le grand monde sans forcément ressentir des sentiments profonds. Chacun laisse dire, puisque si l'on fréquente assidûment une certaine société, c'est aussi pour y être vu, mentionné dans les comptes rendus de presse et alors, qu'importe : il vaut mieux que l'on parle de vous, même (surtout !) avec des sous-entendus, plutôt que l'on vous ignore. Ceci dit, Voronoff aurait fait partie des quelques invités fréquentant au début de la guerre à Paris les récitals que Camille Saint-Saëns donne chez lui en toute intimité. D'autres parlent de Debussy ou de Ravel.

Bref Voronoff était en effet certainement mélomane et appréciait la meilleure musique contemporaine. De même, passant la saison d'hiver à Grimaldi, on l'a vu plusieurs fois à Menton où résidait l'écrivain espagnol Vicente Blasco-Ibanez (auteur des *Quatre cavaliers de l'Apocalypse*) jusqu'à sa mort en 1928 dans sa propriété de Fontana Rossa. Mais certaines sources parlent aussi d'amitié avec Thomas Mann rencontré la première fois chez la mère de l'auteur de *La mort à Venise* et *La montagne magique* (également *Docteur Faustus*, beaucoup plus tard), Julia Mann au Brésil lors d'un de ses voyages. Pourquoi pas ? Peut-être.

Voronoff s'installe à Grimaldi en même temps que le célèbre réalisateur américain Rex Ingram arrive aux Studios de la Victorine à Nice pour tourner *Mare Nostrum* (précisément d'après l'œuvre de Blasco-Ibanez) et s'y fixer pendant toute la seconde moitié des années 20. Si le Docteur avait probablement fréquenté en priorité la colonie russe lors de son premier séjour des années 10, il va la retrouver en 1925, toujours présente, mais va s'agréger davantage cette fois au milieu plus cosmopolite dominé par les Américains dans lequel avait commencé à le faire pénétrer sa seconde épouse Évelyn Bostwick décédée à moins de 50 ans en 1921. Grâce à elle, ses travaux et livres étaient, depuis, connus en Amérique et il fut aussitôt intégré au gotha de la Riviera.

Depuis l'année 2009, le site web « *Interstitial immortality* » (blog consultable en France sur Google) ouvert par Aaron Voronoff Trotter, descendant de Serge Voronoff quatrième génération (« *Dr Voronoff was my grand mother's uncle* » écrit-il pour se présenter) a mis en ligne une bonne dizaine d'extraits de notes, nouvelles ou articles datés entre 1923 et 1948 concernant Serge Voronoff publiés par le *Time*, célèbre magazine hebdomadaire américain créé en 1923. On a ainsi la preuve que les États-Unis sont au courant des travaux de Voronoff et d'événements de sa carrière comme de sa vie. Or si le *Time* informe, c'est que ceux qui le dirigent pensent ses lecteurs intéressés, demandeurs d'échos provenant de France les renseignant sur ce qui s'y passe aussi bien au niveau mondain que scientifique.

Ainsi en 1923 *Time Magazine* rend compte du Congrès International de Chirurgie de Londres où Voronoff a rencontré un franc succès avec son travail de « réjuvénation » de vieux hommes. L'article précise qu'un grand nombre de chirurgiens de plusieurs pays expérimentent déjà ces méthodes. En particulier, le Dr G. Frank Lydston, éminent spécialiste de Chicago décédé l'hiver précédent, avait été un pionnier des implantations de glandes.

En 1924, Voronoff qui avait été appelé « *The Monkey gland man* » en fin juillet par le *Time* reçoit la visite à Paris d'Armstrong Perry venu lui faire part des doutes exprimés par des physiciens avant et après la communication du *French Doctor* à l'Université de Colombia ainsi que des commentaires désinvoltes et mal informés de plusieurs critiques. Or Perry a trouvé Voronoff « *tall, slender, dark, magnetic* » (grand, mince, sombre et magnétique) et il rapporte avec intérêt ses propos, le Docteur lui faisant remarquer que l'assemblée de professeurs de Colombia ayant étudié et enseigné certaines choses depuis des années, il ne leur était pas facile de recevoir tout à coup des découvertes allant contre ce qu'ils savaient. Il était donc normal qu'ils ne puissent pas changer tout à coup d'opinion sur les greffes testiculaires.

La même année le *Time* informe ses lecteurs des greffes expérimentées sur 3000 ovins en Algérie afin d'améliorer le rendement en laine des générations futures, que le Docteur Voronoff avait expliquées à Liège, en Belgique.

En 1926, l'article est titré *Ape Child ?* (Enfant de singe ?). Il rapporte d'abord que la convention des physiologistes à Stockholm avait accueilli avec enthousiasme Voronoff, « *Famed gland-grafter* ». Quinze jours auparavant le Docteur avait greffé de nombreux béliers en Algérie. À ses hôtes suédois il révéla avoir greffé à une guenon nommée Nora les ovaires d'une femme. Puis, avec l'assistance du Dr Elie Ivanoff de Moscou, il y a fait pénétrer du sperme humain. Son bébé devrait naître en janvier et il devrait être, biologiquement, un enfant humain. À ce jour, Nora se porte bien.

Mais en 1927 l'article s'intitule *No Ape Child.* Il reprend ce que le magazine avait révélé l'année précédente, du remplacement des ovaires de Nora par ceux d'une femme et de la fécondation artificielle de la guenon par du sperme humain, rappelant que le bébé était attendu pour janvier, « *biologically human, but prenatally an ape* », et que l'expérience suscitait alors bien des spéculations. Or « *in august she was reported pregressing normaly* ». Depuis, pas de nouveau bulletin d'information !

Toujours en 1927, le *Time* réalisait un court entretien synthétique dans lequel Voronoff prédisait que les singes allaient parler et les hommes vivre jusqu'à 125 ans ! Il avait déjà greffé 1000 personnes. Il parle aussi du grand succès de ses greffes ovines qui augmentent de 16 pounds le poids des bêtes et prolongent leur vie de 6 ans. Il explique qu'il a désormais une ferme de singes à Menton pour répondre à la demande. Il utilise trois types de glandes : la thyroïde pour stimuler le cerveau, les surrénales pour aider le cœur et les testicules pour réanimer l'état général.

En 1929 *Time Magazine* titre *Ape Woman* pour signaler que trois ans auparavant a l'institut Français de Kindia, en Afrique Occidentale Française, des expériences auraient été menées malgré des réticences. De toutes manières, si elles ont effectivement eu lieu, les résultats sont restés secrets. *Time* rappelle alors qu'à la même période Voronoff avait implanté des ovaires de femmes et fécondé Nora la guenon. Un bébé aurait apparemment été conçu mais il n'était pas né.

En 1932 le magazine revenait sur la greffe d'ovaires de guenon pendant l'été 1925 sur une femme, Clara Zetkin qui, quoique âgée seulement de 68 ans fut appelée par les Allemands la « grand-mère de la révolution » Voronoff. Le succès de l'opération fut complet.

En 1936 – *Bull Strong – The Time* relate qu'en quittant le lieu de la manifestation, le Roi Carol de Roumanie et son épouse Magda Lupescu aux cheveux rouges firent un voyage sentimental au château de banlieue où ils avaient vécu en exil pendant quatre ans. Prenant le train bleu pour Nice, ils dansèrent dans les rues de la ville. Puis, le jour suivant, leurs Majestés se rendirent à la demeure du fameux Dr Serge Voronoff « *Monkey-gland rejuvenator* ».

En 1938 le ton change. Le billet intitulé – *Experimental Masculinity* – explique que le Docteur Reinach, trouvant les greffes de glandes inutiles, obtient de bien meilleurs résultats avec une opération plus bénigne prévenant la dégradation des hormones mâles responsables de la virilité masculine. Mais l'avance décisive en ce qui concerne le maintien de la virilité des hommes âgés se serait faite en deux étapes : d'abord quand le Docteur allemand Adolphe Butenandt, après avoir recueilli 62 gallons et demi d'urine (un gallon égale quatre litres et demi) en extrait deux millionièmes d'une once d'hormone sexuelle mâle appelée « androstérone » ; ensuite lorsque le Suisse Léopold Ruzicka produit une substance similaire, la « testostérone » à partir de la graisse d'un mouton à laine.

Dernier extrait, enfin, de *Time Magazine*, la note *Odds and Ends* en 1948. Un fait divers en effet. Gertrude Voronoff aux yeux en amandes, cousine de Magda Lupescu Hohenzollern et épouse du Dr Serge Voronoff, 82 ans, spécialiste des glandes de singe, a eu bien de la chance. En effet, une femme au foyer du Bronx avait une broche en forme de fleur qu'elle croyait bon marché. Après l'avoir portée deux ans, elle découvrit par hasard que le bijou était en réalité composé de 194 diamants, 21 rubis et 56 topazes et devait coûter 5000 $. Elle le porta alors à la police qui se souvint que cette broche avait été déclarée perdue en 1943 par Mme Voronoff qui câbla promptement de Monaco pour la réclamer. « *No comments* ».

Rien d'exhaustif, probablement, dans ces extraits de presse, d'abord fort positifs en 1923-1925. Puis la rumeur insiste sur certaines expérimentations « discutables » : Ape Child ? No Ape Child, Ape Woman, mais la célébrité de « The Monkey Gland Man » est encore intacte (1926-1936). Ce n'est qu'à la toute fin des années 30 que le vent tourne : ses greffes voient leur efficacité contestée et l'on fait grand cas de la fortune extraordinaire des Voronoff. Néanmoins il reste une grande personnalité pour les Américains.

*

* *

Quand Serge Voronoff regagne la Côte d'Azur en 1925, beaucoup de choses ont changé depuis son dernier séjour dix ans plus tôt en 1916. Certes le tourisme a repris lentement à partir de 1920, mais il a changé de nature : la clientèle traditionnelle des vieilles fortunes d'Europe Centrale n'est plus ; elle a été emportée par les débâcles de la grande guerre et les révolutions qui les ont accompagnées. Or les grands palaces de la Côte, ruinés par les réquisitions des services militaires de santé, font faillite ou sont vendus par appartements à l'image du Régina à Cimiez où descendait la Reine Victoria. Nice est alors appelée « la petite Italie » car les Italiens sont devenus les étrangers les plus nombreux (ils forment 20 % de la population totale en 1936), mais ce sont de petites gens, ouvriers, maçons, employés d'hôtels et non clients de palaces ! En 1928 Nice est reliée à l'Italie par la ligne ferroviaire Nice-Coni. La ville compte 170 000 habitants ; elle en aura plus de 250 000 en 1939. En simplifiant, on peut dire que l'image a changé et devient le sable (ou les galets), c'est-à-dire la mer, le soleil estival et les Américains. Au tournant 1930 la mutation – radicale – est effective : en 1926 s'est ouvert le Palais vénitien, nouveau casino sur la promenade des Anglais qui devient en 1929 le Palais de la Méditerranée financé par le milliardaire américain Franck Jay Gould qui, derrière la monumentale façade Arts-Déco, abrite les salles de jeux les plus fréquentées de la Côte. Les souvenirs de la grande guerre ne sont plus à l'ordre du jour depuis qu'en 1928 a été enfin inauguré le Monument aux Morts, certes énorme mais qui avait demandé 10 ans pour se faire (projet accepté en 1918, première pierre en 1924) car le financement municipal a eu du mal à suivre. Dorénavant Nice sera dirigée pour plusieurs décennies par Jean Médecin, gestionnaire avisé qui suivra les nécessités de l'économie. En août 1931, les grands hôtels de Nice, Cannes et Monte-Carlo se réunissent pour décider qu'ils ne fermeraient plus l'été, la page est tournée.

Il y a toujours une importante colonie russe, mais là encore, rien n'est plus comme avant. Les « revenants de la Sainte Russie » (selon l'expression de Paul Augier dans *Quand les grands ducs valsaient à Nice*, éd. Fayard, 1981), à savoir les apparentés aux résidents de jadis qui n'avaient été ni morts à la guerre ni exécutés pendant la Révolution, sont revenus pauvres avec un grand flux de réfugiés ruinés par la nationalisation de leurs biens, la chute de leur monnaie et les emprunts russes qui ne valent plus rien. Mais ils n'ont jamais été aussi nombreux. En 1918,156 Russes arrivent à Nice, 1932 en 1910 et 3000 en 1924. En 1914 la colonie russe compte 3000 personnes, en 1930 5300. Beaucoup de misère dorée, mais Serge Voronoff, lui, est riche. Dans le même temps, le cinéma russe s'installe aux Studios de la Victorine. Probablement parce que Nice est la seconde ville de France accueillant une importante population d'émigrés groupés dans le quartier de l'Église russe, et aussi parce qu'elle possède des studios au soleil, de nombreux films de la société Ermolieff-Albatros, fondée par des producteurs ayant quitté Moscou et d'abord installés à

Montreuil, viennent filmer leurs extérieurs sur la Côte avec leur vedette Ivan Mosjoukine et de grands réalisateurs « russes blancs » ayant fui les Rouges. Bientôt ils occupent également les studios, Alexandre Volkof réalisant de somptueuses superproductions, notamment, en 1928, le merveilleux *Shéhérazade* aux décors magnifiques : toute une ville construite à l'air libre sur les terrains du studio pour y mettre en scène jusqu'à 1500 figurants à la fois. Tout respire le luxe et la beauté baroque soulignés par l'esthétisme d'une mise en scène au service du faste plus que de la dramaturgie. Volkof et son architecte-décorateur Lochakoff ne recherchent pas le réalisme. Ils surchargent, écrasent les perspectives, accusent les courbes et gonflent les volumes pour recréer un Orient onirique, féerique et fantastique parcouru par des personnages plutôt faméliques parce qu'ils ont été recrutés parmi les Russes qui se pressent pour figurer avec des costumes de rêve scintillant sous des prouesses d'éclairage. *Shéhérazade* et l'Église orthodoxe témoignent d'un passé flamboyant qui fait rêver, mais ce n'est plus la réalité quotidienne de la colonie russe.

Certainement, Serge Voronoff renoue-t-il des liens avec ses anciens compatriotes connus en 1910-1914. Mais ce n'est plus le milieu qu'il lui faut fréquenter pour poursuivre son ascension sociale et sa reconnaissance professionnelle. Aussi se tourne-t-il tout naturellement vers les Américains, le Nouveau Monde que lui avait fait découvrir sa seconde épouse et qui avait généreusement accueilli ses travaux grâce à elle. Parmi les plus célèbres résidents de la Côte que va côtoyer Serge Voronoff on doit citer les Clews, les Murphy et les Ingram. Tous deux issus des deux plus fameuses familles de banquiers de Wall Street, Mari et Henry Clews (que nous avons cités dès notre premier chapitre à propos du mausolée dans leur jardin) consacrèrent pendant quinze ans tout leur temps, leur argent et leurs forces à restaurer, aménager, décorer et meubler leur château de La Napoule. Le couple vivait de ses rentes. Lui s'adonnait à la sculpture. Elle organisait les fêtes les plus brillantes et les bals masqués les plus fantastiques de la Côte.

Mari et Henry dépensent toute leur énergie et leur immense fortune à créer des spectacles d'une originalité folle pour le divertissement de leurs invités, imaginant et exécutant dans les moindres détails gestes, costumes, décors, accessoires, mouvements, durée, rythme et sculpture de l'espace, coulée de la narration ou effets spectaculaires, donnant ainsi naissance à un univers exclusivement esthétique, poétique, irréel. Henry jouant plus précisément le metteur en scène des mille et une idées de son épouse, le parallélisme s'impose avec Rex Ingram créant au même moment de toutes pièces un monde cinématographique à la Victorine. Les deux démarches se répondent, y compris dans la démesure, la grandeur, mais aussi la vanité, voire le mauvais goût et les ratages plus d'une fois au rendez-vous. Quant aux sculptures d'Henry c'est tout le visuel grotesque, monstrueux, fantasmagorique des films d'Ingram, comme cette salle à manger de La Napoule aux arches, colonnes, chapiteaux ornés de créatures étranges, foule de personnages aux trognes étonnantes, représentation démoniaque, richesse d'imagination. Les Clews eurent d'ailleurs en Miss Mae Norris une émule douée. Autre riche Américaine, elle avait racheté le château de Gourdon, fief prestigieux du Comte de Villeneuve Bargemon. Elle passa près de vingt ans à restaurer avec un respect total de la vérité historique la forteresse du Moyen Âge dominant les Gorges du Loup près de Grasse. Elle-même peintre amateur, amoureuse du pays, de ses paysages, de sa culture et de ses traditions, elle mourut ruinée en 1938.

Quelles que soient leurs activités professionnelles, nombre de ces riches Américains se targuaient de pratiquer en violon d'Ingres musique ou arts plastiques. La danseuse Isadora Duncan participait à ces fêtes car elle vécut sur la Côte toutes les dernières années de sa vie jusqu'à sa mort accidentelle en 1927, étranglée par son écharpe prise dans la roue d'une voiture de sport qu'elle essayait sur la Promenade des Anglais. C'est aussi la période de l'extraordinaire ascension immobilière et sociale de Frank Jay Gould sur la Côte, emblématique de la splendeur triomphante du lancement des années américaines. Lorsque Gould débarque, Juan-les-Pins ne compte en effet qu'une poignée de villas et un vieux casino en vente. En deux ans à peine, Gould rouvre l'établissement avec une énorme publicité, rachète les terrains environnants, y construit des hôtels, puis investit une énorme fortune dans la construction du Palais de la Méditerranée à Nice. Inauguré en 1928, il se dresse aussitôt près du Ruhl (baptisé alors Palm Beach afin de plaire aux Américains). Pour l'*Indépendance Day* ou à l'occasion des escales de croisières des fastueux transatlantiques new-yorkais, les deux établissements rivalisent de manifestations grandioses. Il semblerait que le crash de Wall Street n'ait jamais pu ternir ces expositions d'opulence. De fait Frank Jay et son épouse Florence Gould sont choisis par le jeune maire de Nice, Jean Médecin, comme parrain et marraine de la nouvelle Promenade des Anglais rénovée, inaugurée au Palais vénitien (nom d'origine du Palais de la Méditerranée) le 26 janvier 1930 devant les mille invités du restaurant aux éclairages féeriques. Deux ou trois ans avant, nul doute que ce rôle aurait été tenu par Rex Ingram et Alice Terry. Mais le cinéma muet était mort alors que les Gould organisaient dès le mois suivant un gala en l'honneur d'hôtes de passage prestigieux : Adolphe Menjou, star hollywoodienne, et William Tilden (Big Bill) champion de tennis reçus par leur compatriote, la cantatrice Grace Moore résidant à Cannes. Bien que ces *garden-parties* et réceptions, relayées par la presse qui maintenait les Gould au sommet de leur gloire, n'empêchassent pas la gestion du Palais d'être déficitaire, Frank Jay rachetait l'Hôtel Majestic au bas de Cimiez et Florence Gould multipliait les galas de charité toujours richement dotés par le couple (ainsi un tableau d'Utrillo). Ils voulaient également concurrencer Saint Moritz en édifiant le Chalet du Mont Mounier à Beuil. Seule ombre au tableau, l'incendie qui dévaste le Palais de la Méditerranée en janvier 1934, ce qui permet à la Société des Bains de Mer de la Principauté de Monaco de devenir le plus grand établissement de jeu de la Côte.

Ces grandes fortunes américaines se matérialisent dans le paysage par de belles demeures qui constitueront longtemps l'image de marque de la Riviera française, s'ajoutant à celles édifiées dans des styles divers depuis le milieu du XIXe siècle par les Anglais. De vastes jardins paysagés leur font des écrins de verdure. On se presse au début des années 20 aux concerts de harpe donnés par une Américaine devenue princesse serbe dans sa villa Fiorentina à Cannes où elle élève des paons dans ses jardins à la française. Au Château de l'Horizon (œuvre de l'architecte américain Barry Diercks à Golfe-Juan en bordure de mer), l'actrice du théâtre new-yorkais Maxime Elliot invite Johnny Weissmuller et Douglas Fairbanks (dans les années 50 y vivront Ali Kahn et son épouse Rita Hayworth). L'Automobile Club de Nice est aux mains de riches Américains et Paris Singer, depuis son château fort à mâchicoulis de Saint-Jean-Cap-Ferrat, organise des compétitions aéronautiques. Partout la spéculation immobilière est orchestrée par ces industriels et financiers d'outre Atlantique recyclés – pour occuper leurs loisirs – en négociants avisés qui achètent, louent, agrandissent, revendent villas, casinos, palaces ou golfs. La plus splendide réalisation est alors sans doute le Château d'Azur (inspiré d'Azey le Rideau) édifié en 1925 sur la colline de Gairaut par le richissime Virgil Neal fabriquant des produits de beauté Tokalon.

En 1922, André Sella, propriétaire de l'Hôtel du Cap à Antibes, est le premier à conserver son établissement ouvert l'été (tous les autres fermant au début du printemps et n'ouvrant qu'au début de l'automne). Il avait tenté le coup à la demande d'un petit groupe d'Américains qui fréquentaient les lieux : Cole Porter (le compositeur d'opérettes) qui habitait en famille au Château de la Garoupe, la cantatrice Mary Garden, Harpo Marx joueur invétéré au casino de Monte-Carlo, et un couple de jeunes et richissimes artistes, Sara et Gerald Murphy (lui peintre reconnu) qui faisait construire une somptueuse maison, la villa *América*, dans un parc planté d'essences exotiques (notamment Eucalyptus) par des paysagistes, eux aussi américains. Dans leurs jardins et salons se croisaient en 1925 Pablo Picasso, le poète Archibald Mac Leish, Ernest Hemingway, John Dos Passos ou Rudolph Valentino. Les Murphy avaient ainsi en particulier autour d'eux les plus brillants jeunes talents de la littérature américaine : Robert Benchley, Dorothy Parker, Philip Barry, Donald-Ogden Stewart et surtout Zelda et Scott Fitzgerald. Ce dernier fera revivre tout ce petit monde de façon romancée dans les premiers chapitres de *Tendre est la nuit*, dans ces années 20 où ils étaient heureux sur une plage antiboise. Mais les deux enfants des Murphy mourront en 1935 et 1937. Sara et Gerald quitteront alors la villa América et ne revinrent plus jamais. Scott Fitzgerald écrira plus tard ironiquement à son ami de l'université de Princeton John Peal Bishop, écrivain américain : *« il n'y avait personne à Antibes, cette année-là (à savoir l'été 1925) sauf moi, Zelda, les Valentino, les Murphy, Mistinguette, Rex Ingram, Dos Passos, Alice Terry, les MacLeish, Charlie Brackett, Maud Kahn, Esther Murphy, Marguerite Namara, F. Philips Oppenheim, Mannes le violoniste, Floyd Bell, Max et Crystal Eastman, Orlando l'ancien président du Conseil, Étienne de Beaumont, bref, exactement l'endroit où l'on peut vivre en sauvage et fuir le monde »* (lettre citée dans *F. Scott Fitzgerald, une certaine grandeur épique* de Matthew Bruccoli, éd. La Table Ronde, 1994, et reprise dans *Les Années Fitzgerald, la Côte d'Azur 1920-1930* de Xavier Girard, éd. Assouline, 2002). Ces sources, et d'autres, confirment que se sont ainsi croisés de nombreuses fois les couples célèbres Gerald et Sara Murphy, Francis Scott et Zelda Fitzgerald ainsi que Rex Ingram et Alice Terry à la villa *América* ou autres hauts lieux des *cocktail-parties* des *roaring twenties*. Serge Voronoff y est certainement passé et a rencontré un grand nombre de ces gens.

Or en 1926, Rex Ingram réalise à la Victorine *Le Magicien.* Certes il s'agit d'une adaptation d'un livre de Somerset Maugham inspiré de la vie d'un mage, Aleister Crowley, qui avait défrayé la chronique à scandales en Italie et en Grande-Bretagne. Mais on ne saurait penser que le cinéaste ignore alors le fameux Docteur Voronoff quand il demande à Paul Wegener célèbre réalisateur de l'Expressionnisme, d'interpréter Crowley dans un décor de tour évoquant celle des Grimaldi comme les intérieurs gothiques du château attenant pour composer un personnage proche du Dr Frankenstein, celui de la pièce britannique ou des courts films muets des années 10, car James Whale ne tournera son chef d'œuvre qu'en 1931. Ces histoires d'hypnose, de greffes, de mutations psychiques et physiques constituent un sous-genre du fantastique avec lequel les films d'Ingram entretiennent souvent de secrètes correspondances. Dans *Le Magicien*, cette veine stylistique et thématique enrichit une œuvre (un peu marginale il est vrai) du célèbre écrivain anglais (propriétaire de *La Mauresque*, une des plus belles villas du Cap-Ferrat) par un inquiétant personnage de la Riviera (Voronoff ?) La scène du rêve orgiaque de Crowley choque d'ailleurs quelque peu le milieu mondain que gênait déjà l'homosexualité de Maugham.

C'est probablement vers 1935 que Voronoff se marie une troisième fois avec une jeune Viennoise de 21 ans, Gertrude (Gertry) Schmitz. Il a près de 50 ans de plus qu'elle puisqu'il approche les 70 ans. Ses écrits se diversifient. À côté des études techniques spécifiquement médicales (*La greffe testiculaire du singe à l'homme*, 1930 ; *Résultats de la greffe de la glande thyroïde*, 1937 ; *Greffes des glandes endocrines*, 1939), deux autres tentent de développer une vision du monde, une éthique de la vie et un regard de philosophe. Ce sont *Les sources de la vie* en 1933 et *L'amour et la pensée chez les bêtes et chez les gens*, 1936, où il se découvre très soucieux de la vie des animaux, déplorant les vivisections hélas obligatoires aux progrès de la médecine humaine… mais les cages de Grimaldi sont toujours pleines et une seconde singerie est installée à Nogent-sur-Oise pour alimenter les trois cliniques Voronoff spécialisées à Neuilly. Une certaine nostalgie pimentée de quelques frissons imprégna donc sans doute la conférence de Jean-Louis Fischer, embryologiste, le samedi 13 octobre 2012 à la mairie : « quand l'ombre de l'homme en noir planait sur Nogent-sur-Oise : Serge Voronoff à l'origine des xénogreffes ».

*

* *

A plusieurs reprises Serge Voronoff a insisté sur l'intérêt qu'il a toujours porté à l'œuvre de Maurice Maeterlinck comme sur l'estime qu'il avait pour l'homme et la réelle amitié qui les aurait liés. Le rapprochement de leurs principaux lieux de vie – Nice et Paris – durant trois décennies a certainement contribué à favoriser les affinités de ces deux fortes personnalités strictement contemporaines : le poète 1862-1949, le médecin 1866-1951. Les histoires littéraires classent le Belge Maeterlinck dans le courant de la poésie symboliste. En fait il devient célèbre en tant qu'auteur dramatique (*Pelléas et Mélissandre*, 1892 ; *L'Oiseau bleu*, 1909) et écrivain *(La Vie des abeilles*, 1901 ; *La Vie des fourmis*, 1930), cultivant le balancement entre, sur scène, une inspiration spiritualiste hantée de forces obscures et d'états d'âme mystérieux et, dans ses livres, son observation de la nature d'un point de vue d'entomologiste chaleureux. Les préoccupations métaphysiques et le dialogue avec la mort l'emporteront à la fin de sa vie. Depuis 1907, Maeterlinck a toujours partagé son existence entre, l'été à Paris et à l'abbaye de Saint Wandrille qu'il avait achetée et l'hiver dans le Midi. Ce fut d'abord Grasse au tout début du siècle puis Nice en 1914 où il s'installe en pleine gloire à près de 50 ans avec sa compagne et interprète Georgette Leblanc. Il achète dans le quartier des Baumettes un pavillon d'inspiration orientale, la villa Ibrahim (non loin de celle où habitait le peintre Jules Cheret). Il la rebaptise « Les Abeilles », supprime quelques turqueries décoratives et passera pendant près de vingt ans de longs séjours dans le calme et la beauté d'un luxuriant jardin. Il y mène néanmoins une vie mondaine animée, écrit beaucoup – il reçoit alors le prix Nobel – et connaît une vie amoureuse agitée à partir du moment où il rencontre Renée Dahon, jeune figurante niçoise de 18 ans. Le ménage à trois durera sept ans – avec de nombreuses tromperies de chacun ! - avant que la jeunesse l'emporte : Renée sera le second grand amour de son existence. On ne sait si Voronoff a rencontré Maeterlinck entre 1910 et 1914, mais il est sûr qu'il commence à le fréquenter dès son retour à Paris en 1915.

Lorsque, au milieu des années 20, le Docteur cherche à installer une ferme de singes, c'est sur les conseils de Maeterlinck qu'il circonscrit vite ses recherches à la Côte d'Azur que le poète adore. Voronoff a vendu en 1922 la villa Torre di Cimella de Nice et ce sera donc le château de Grimaldi. Quant à Maeterlinck, ayant changé d'épouse, il veut aussi une autre maison. Après de longues recherches, il achète finalement en 1930 sur l'insistance de Renée, le château *Castellamare* qu'un aventurier faisait construire depuis des années au Cap de Nice pour y ouvrir le plus grand Casino d'Europe. Mais, ruiné après l'édification du gros œuvre, il doit vendre. C'est un ensemble colossal luxueux, théâtral, avec colonnes et plafonds à caissons. En fait, il représente l'apogée du goût médiocre des salles de jeux de l'époque. Mais Renée aime cette folie architecturale à laquelle elle donne le nom d'*Orlamonde* (qu'elle a trouvé dans *Ariane et Barbe Bleue* de son époux). Ils ne cesseront pas, toute la décennie 30, de finir la décoration, d'entreprendre de nombreuses transformations et de meubler l'ensemble de façon fastueuse. Dès 1933 les dîners et fêtes d'*Orlamonde* s'inscrivent dans le calendrier très chargé des réceptions de la *gentry*. Très vite les Maeterlinck font la connaissance des Gould, qui leur présentent Chaplin et Saint-Exupéry. Le petit théâtre aménagé dans la demeure sert à des représentations « privées » de pièces de Maeterlinck interprétées par son épouse auxquelles se presse tout ce que la Côte rassemble d'artistes, de célébrités, de financiers et de mécènes argentés. Voronoff est du nombre, et sans doute aussi de réunions plus intimes. Maeterlinck poursuit son œuvre, recevant maintes distinctions honorifiques. Il est même fait Comte par le roi des Belges. Certes la majesté d'*Orlamonde* a l'aspect un peu lourd et inquiétant d'un mausolée. Le poète le sent et ses créations sont de plus en plus sombres. Néanmoins, quand il mourra à *Orlamonde* en 1949, la dalle de béton de la terrasse couverte où cyprès et colonnes se combinent au bassin central en surplombant la mer de 30 mètres n'est toujours pas achevée et pendant plusieurs dizaines d'années, les extrémités des ferrailles rouillées se dressent en attente de toiture, visibles depuis la route de la basse corniche comme celles des cages à Grimaldi. Les choses survivent toujours aux hommes et tissent parfois d'étranges correspondances qui en disent beaucoup, comme les « vanités » des grands peintres du XVIIe siècle. Trois cents ans plus tard, ce ne sont plus crânes, sabliers, bougies, fleurs ou fruits, mais les carcasses d'orgueilleuses constructions dont ne restent que quelques morceaux de matériaux du temps, eux aussi condamnés d'ailleurs à disparaître, car dans les deux cas les démolisseurs-promoteurs s'empareront du paysage pour l'offrir à d'autres entrepreneurs.

8

Le rapide florilège recensant la présence des « greffes Voronoff » hors de la sphère médicale que nous allons esquisser dans les médias et les spectacles constitue en somme une sorte de baromètre de la notoriété à une époque où n'existaient pas de sondage, enquêtes d'opinions ou hit-parade de popularité des personnalités préférées des Français. Les exemples retenus demeurent purement anecdotiques et ne font que reprendre des cas, rassemblés par des chercheurs et curieux ratissant large pour ramener dans leurs filets quelques détails savoureux. Certains nous ont interpellés davantage parce qu'il s'agit d'incursions dans la sphère culturelle (littérature, cinéma), donc destinés à s'inscrire plus que d'autres dans la durée. D'où notre désir d'aller y voir de près en examinant les œuvres en question. Elles ne sont hélas pas toutes disponibles. Ainsi Jean Réal termine son chapitre sur les femmes en signalant *Nora la guenon devenue femme*, roman de Félicien Champsaur, l'histoire qualifiée de « nauséabonde » d'un animal greffé éditée en 1929 avec « une illustration en frontispice décrivant le singe sous les traits de Joséphine Baker ». Mais à l'heure actuelle le livre est indisponible en prêt « inter bibliothèque », c'est-à-dire qu'il n'existe dans aucune bibliothèque de France. Le pilon est (fort justement ?) passé par là. Il semblerait qu'il serait néanmoins possible (ah Internet !) de l'acquérir pour près de cent euros, mais ni son sujet ni la personnalité de Champsaur (écrivain journaliste connu comme l'auteur en 1888 de *Lulu*, roman clownesque qui aurait inspiré *La boîte de pandore* de Frank Wedekind) n'ont pu nous décider à faire la dépense. Il y a bien assez de publications racistes auxquelles sont faites des publicités inadmissibles sans aller ressortir de vieux écrits de ce genre. Par contre nous avons retenu un film et trois textes Français, Anglais et Soviétique qui prouvent, ceux-là avec talent, le renom international de Voronoff. Mikhaïl Boulgakov est un célèbre écrivain soviétique dissident auteur de romans fantastiques et/ou burlesques très satiriques au style à l'exact opposé du Réalisme Socialiste. Aussi s'est-il souvent heurté à de grandes difficultés pour publier ses meilleurs textes de son vivant, son étourdissant chef d'œuvre *Le maître et Marguerite* n'étant sorti que très postérieurement à sa mort survenue en 1940 ! Il a néanmoins mené de nombreuses activités de journaliste, d'homme de lettres (des nouvelles dans des revues) et de dramaturge en plus de romancier. *Cœur de chien* est une curiosité savoureuse écrite en 1925 pour la revue littéraire *Les Entrailles* qui ne la publiera pas car jugée contre révolutionnaire. Elle le sera par contre à l'étranger (en URSS seulement en 1987). On était pourtant dans une certaine liberté créatrice avant la dictature stalinienne. Ce court roman prend pour héros un vieux chien errant dans les rues de Moscou en piteux état. C'est lui le narrateur de la première moitié du livre ! Dès le chapitre d'ouverture, il vient d'être ébouillanté par de l'eau de vaisselle et ramené chez un riche « Professeur » qui l'a opéré. Il se réveille avec un grand pansement autour du corps et assiste à la consultation de son chirurgien : rien que des femmes mûres ! Il saisit en particulier le dialogue suivant :

« - Madame, je vous mettrai des ovaires de guenon, déclara-t-il, avec un regard sévère.

- De guenon, professeur, est-ce possible ?

- Oui, fut la réponse inexorable.

- Et quand aura lieu l'opération ? demanda la dame d'une voix faible. Elle avait blêmi.

- Lundi. Vous entrerez en clinique le matin. Mon assistant vous préparera.

- Oh, je ne veux pas de la clinique. Ne serait-ce pas possible chez vous, professeur ?

- Voyez-vous, chez moi je n'opère que dans les cas extrêmes. Ce sera très cher : 50 roubles.

- C'est d'accord, professeur ! »

Mais le chapitre prend aussitôt un autre tour : nous sommes au début des années 20 en URSS et les membres du comité d'administration prolétarienne d'immeuble font irruption chez le célèbre professeur Preobrajenski pour organiser la redistribution rationnelle des lieux, à savoir supprimer deux ou trois pièces au grand appartement du savant praticien, mais ils se font proprement jeter dehors ! On voit comment Boulgakov mêle violente critique sociale, farce grotesque et imagination bouffonne. Mais le Professeur, ses deux collaborateurs et les domestiques buveurs, bâfreurs et vautrés dans le luxe ne sont pas croqués avec moins d'âpreté. Le chien lui-même s'empiffre, engraisse et se maintient dans l'adoration aveugle de ses nouveaux maîtres. Mais un jour, lors d'une séquence cauchemardesque, le chien est traîné dans la salle d'opération : ses testicules sont coupés, son crâne ouvert et d'autres glandes génitales lui sont greffées puis une hypophyse étrangère introduite dans son cerveau ! Ce chapitre évoquera aux amateurs de films d'horreur les deux œuvres cultes des débuts de l'épouvante sadique aux États-Unis : *Two Thousand Maniacs* (Herschell G. Lewis, 1964) et *The Texas Chainsaw Massacre* (Tobe Hooper, 1974), interdits plusieurs années par la censure. Le premier décrit de façon atroce les exécutions, mutilations et vivisections perpétrées pendant la tuerie de six jeunes gens et jeunes filles dans un village du sud des USA (*Dix Mille Maniaques*), le second une effroyable poursuite d'un fou furieux assoiffé de sang et amateur de violence barbare (*Massacre à la tronçonneuse*). Mais Boulgakov conserve néanmoins un détachement clinique qui donne à ses descriptions un humour noir assez délectable.

La seconde partie du livre devient le Journal du Docteur Bormental, un des deux assistants du Professeur Preobrajenski. Il commence par la description de l'opération du chien et précise que testicules et hypophyse greffés proviennent d'un homme de 28 ans mort à peine 4 heures auparavant le 22 décembre 1924. Il note : « observations : l'expérience de Preobrajenski avec transplantations combinées de l'hypophyse et du testicule a pour but d'élucider la question de la greffe de l'hypophyse, et à plus long terme de son influence sur le rajeunissement de l'organisme chez l'homme ».

L'opération a transformé le chien en homme : il a perdu les poils, se tient sur ses pattes de derrière, grossit, grandit et bientôt rit, fume, boit, parle de manière vulgaire, d'abord des mots sans suite puis bientôt cohérents ; on l'habille : « un homoncule a été créé sans le secours des cornues de Faust », l'hypophyse humaine étant responsable de tout. Cet intrus fait bientôt scandale dans l'immeuble et dans la ville de Moscou. Il lui faut des papiers d'identité pour être reconnu citoyen mais il se conduit en goujat, assassinant les chats, saccageant et inondant l'appartement par ses méfaits. Surtout, embrigadé par le chef d'immeuble, il devient un communiste convaincu foncièrement antibourgeois, car tel devait être le voyou mort duquel avaient été prélevés testicules et hypophyse.

Complètement déstabilisés par les catastrophes déclenchées par le prolétaire mal embouché qu'était devenu le chien Boulle, les cliniciens finissent par décider d'assassiner la créature. Filip Filippovitch, le plus titré des assistants, déplore d'avoir été entraîné dans cette folle expérience : « ce qui est intéressant, c'est l'eugénique, l'amélioration de l'espèce humaine. Et je suis tombé sur le problème du rajeunissement ».

Finalement, les savants « fous » décident de réopérer l'homme chien en retirant les greffons humains et Boulle redevient à la dernière page la pauvre bête recueillie et soignée de sa blessure du début. L'intrigue est étrange, loufoque mais finalement plus inquiétante que comique. Il s'agit indiscutablement d'une « opération Voronoff » à l'envers, puisque des organes humains sont greffés à la bête et non ceux de l'animal à l'homme. Mais cela fait partie de la tradition de la fable qui prend volontiers un animal comme « personnage ». Chez Boulgakov le meilleur ami de l'homme, le chien, remplace l'animal qui lui ressemble le plus, le singe. Les ressemblances de cette fiction moscovite avec la réalité parisienne et niçoise des expériences du Docteur Voronoff en cette année 1925 où il s'installe à Grimaldi sont troublantes, s'inscrivant contre l'interdit de vouloir contredire les lois naturelles de la création pour n'arriver qu'à une monstruosité : « voilà ce qui arrive quand un chercheur, au lieu de suivre pas à pas la nature, fait violence aux choses et tente de soulever un coin du voile » (F. Filippovitch). Boulgakov date l'opération de 1924, les greffes sont effectivement celles que Voronoff utilise spécifiquement – hypophyse et testicules – dans le même but de rajeunissement et la réussite de l'opération provient essentiellement, chez Preobrajenski comme chez Voronoff, du très peu de temps que les greffons passent entre leur prélèvement et leur intrusion dans le nouvel organisme vivant. On voit combien, dans ces années 20, les nouvelles circulent vite en Europe. Il est vrai que Voronoff est d'origine russe et qu'il a conservé des relations avec sa famille au pays. De plus, à Nice avant la grande guerre et de nouveau sur la Côte à partir de 1925, il peut compter sur la très importante colonie russe qu'il fréquente pour répercuter en URSS des nouvelles d'un des plus célèbres émigrés en France. Mais cette circulation provient aussi de l'intérêt d'un domaine spécifique des recherches médicales qui suscite des débats de plus en plus vifs dans l'opinion publique internationale. Or Boulgakov a été médecin dans sa jeunesse puis journaliste, donc doublement bien placé pour être particulièrement intéressé par le « cas » Voronoff.

Les mêmes causes provoquant souvent les mêmes effets, nous remarquerons que notre second écrivain, le Britannique Sir Arthur

Conan Doyle (1859-1930), avait lui aussi fait des études de médecine et ne cessa jamais vraiment d'exercer (par intermittence), même quand il put vivre de ses nouvelles (cinquante-six en tout) et quatre romans (dont le ténébreux *Chien des Baskervilles*) mettant en scène le vite fameux Sherlock Holmes, détective privé, enquêtant toujours en duo avec son ami le Docteur Watson (encore un médecin !). Auteur également de romans historiques, de pièces de théâtre et du *Monde perdu* chef d'œuvre du fantastique, de « Préhistoire fiction » pourrait-on dire, Conan Doyle excella dans les courtes intrigues d'un type assez neuf de « policier psychologique » qui ne reculaient pas devant les aberrations psychiques (mais aussi, plus rarement, biologiques) les plus extraordinaires de ses personnages.

The Creeping Man (*L'Homme qui grimpait*) fait partie des « Archives de Sherlock Holmes » dernier recueil de nouvelles où apparaît le célèbre dilettante. Elle a été écrite précisément en 1923 en pleins cycles annuels Sherlock Holmes (1921-1924) et concerne un certain Professeur Presbury, brillant savant britannique de 61 ans qui avait épousé une jeune fille de 20 ans. Une fois apaisés les commentaires de ses proches assez choqués, les choses semblaient devoir rentrer dans l'ordre quand son chien, jusqu'ici fort placide, se mit à la mordre férocement à plusieurs reprises. Inquiété par des sorties nocturnes du vieil homme marchant à quatre pattes et grimpant le long des murs en s'accrochant aux lierres et au rebord de balcons (il y avait en effet de quoi s'alarmer !), son jeune collaborateur fait appel à Sherlock Holmes. Passons sur les observations et déductions incroyablement subtiles et emberlificotées du détective pour exposer l'ultime dénouement de l'intrigue : pour pouvoir honorer sa jeune épouse, Presbury a eu recours à un mystérieux médecin tchèque qui lui envoyait tous les neuf jours une drogue élaborée à partir de « prélèvements » sur des singes anthropoïdes. Mais la drogue était probablement sur dosée, d'où ses effets « secondaires » indésirables ! Le docteur Watson, narrateur de cette enquête, écrit pour conclure qu'il se souvenait d'ailleurs d'avoir lu « un article de journal qui comptait l'histoire d'un savant obscur qui avait trouvé un moyens inconnu pour parvenir au secret de la régénérescence et de l'élixir de vie, /…/ étonnant sérum revigorant, proscrit par la Faculté parce qu'il refusait de révéler son origine. »

Puis le fidèle Watson laisse Holmes tirer, comme il se doit, la morale de l'anecdote : « notre impétueux professeur s'est mis dans la tête qu'il ne parviendrait à ses fins qu'en se muant en homme plus jeune. Quand on essaie de se hisser au-dessus de la nature, on court le risque de tomber plus bas. Le type humain supérieur peut retourner à l'animal s'il s'écarte de la route de sa destinée… » En considérant la fiole gardée dans sa main, il ajoute : « c'est un grand danger : un très grand danger pour l'humanité. Supposez, Watson, que le matérialiste, le sensuel, le mondain prolongent leurs existences inutiles. Que deviendrait le spirituel ? Nous aboutirions à la survivance du moins capable. Dans quel abîme d'iniquité plongerait notre pauvre humanité !… »

La philosophie de Sherlock Holmes est certes moins brillante que son sens de résoudre les énigmes ! Il est certain en tout cas qu'en 1923 ce « savant obscur » du récit ne l'est pas en réalité puisqu'il s'agit évidemment de Voronoff, mais rappelons, pour la chronologie de la médecine, que ses premières greffes du singe à l'homme ne datent que de juin 1920. Conan Doyle situant d'entrée son récit « un dimanche soir du début de septembre 1903 », le Professeur Presbury n'a donc pas pu subir de greffes testiculaires mais il a bénéficié des premiers traitements d'opothérapie utilisant des médicaments à base d'hormones sécrétées par des glandes endocrines animales, ici précisément de grands singes. Or, leurs effets étant fort limités en durée, on sait que Voronoff voulut passer de sucs et tissus morts transformés en poudre ou liquide aux glandes elles-mêmes prélevées vives et aussitôt greffées. Mais il s'agissait bien de la même « découverte » sensationnelle du rajeunissement sexuel.

Notre dernière publication est la plus tardive : *L'amiral* est une nouvelle de Blaise Cendrars (1887-1961) publiée dans le recueil « *D'Outremer à Indigo* », 1940. Vers la fin, son récit est daté par la phrase « Quinze ans se sont écoulés » et se déroule donc autour de 1925. Le texte est très caractéristique de l'image que l'histoire littéraire française donne de l'auteur : un écrivain baroudeur, parcourant le monde pour en ramener des histoires exotiques dans lesquelles il s'implique directement ; il en a été le protagoniste, le témoin ou c'est quelque chose qu'on lui a raconté, dont il a rencontré les personnages, recueilli les confessions, reconstitué la vie étonnante. Typique de la technique du nouvelliste, *L'amiral* met en scène Cendrars lui-même embarqué dans un beau transatlantique entre le Brésil et la France. Il quitte le port de Pernambuc (aujourd'hui Recife) sous les bons auspices d'un poème de Victor Hugo chantant ses « montagnes bleues » qui n'ont jamais existé. Est-ce manière de suggérer que tout écrivain travaille l'imaginaire davantage que le réel ?

Sans doute, surtout quand ce sont des poètes comme Hugo et Cendrars. *L'amiral* est le surnom du capitaine du navire qui va se prendre d'amitié pour Cendrars et lui fera ses confidences. Cela n'arrivera, comme toujours, qu'à l'extrême fin de la traversée et le lecteur plonge au préalable longuement dans un exotisme un peu languide qui tisse peu à peu une atmosphère de secret, entretenu par un style usant de façon hypnotique du vocabulaire d'un spécialiste de la faune, de la flore, des climats et des mœurs de ces contrées alors fort peu connues pour composer des poèmes au langage mallarméen retenant étrangement l'intérêt du lecteur. Ainsi délicieusement anesthésié, celui-ci se heurte brusquement, alors qu'il ne s'y attend presque plus, au procès-verbal sec, rapide et sans appel d'une histoire puissamment rocambolesque. Pour en goûter pleinement le sel, il aura dû auparavant ressentir par exemple la variété et la multiplicité de fragrances chaudes qui font tourner la tête quand on traverse les différentes zones de végétation, « le parfum entêtant des lis sauvages, le baume à la térébenthine des manguiers et des goyaves fendues et le suc caustique des cactus coupés qui vous donnent la migraine, et d'un million d'autres essences vertigineuses et résines qui travaillent les plantes exotiques ». Les passages de ce type sont nombreux.

L'aventure amoureuse du capitaine est dramatique : père de famille d'âge mûr, il est tombé éperdument amoureux d'une jeune Anglaise de vingt ans mariée à un vieillard. Mais lors de leur première sortie en voiture à Pernambuc, ils sont victimes d'un effroyable accident d'automobile qui défigure affreusement Félicia pour toujours. Pendant plusieurs années, transformée en Fê-Lî, elle le sert en tant que boy particulier avant qu'il ne se décide à démissionner, à divorcer et à vivre avec Félicia, richissime à partir de la mort de son très vieil époux ; pourtant ils ne seront pas vraiment heureux. Ce final gris ne délivre pas de morale mais dégage une vision du monde assez pessimiste, celle d'un baroudeur qui a beaucoup exploré l'âme et le cœur humain.

Quant au Docteur Voronoff, il n'est cité que dans une seule phrase du capitaine, mais elle est cinglante : « Lui le mari, je le connaissais bien pour l'avoir eu souvent à bord. C'était le commandeur d'Israëli, le roi des chemins de fer en Argentine, un cadavre quinteux, un octogénaire qui, comme je devais l'apprendre par la suite, s'était fait Voronoffiser pour pouvoir coucher au moins une fois avec Félicia ». Ni Boulgakov ni Conan Doyle n'avaient désigné nommément Voronoff. Mais le poète et romancier (*L'Or*, 1925 ; *Rhum*, 1930…)

pense donc qu'en 1940 ses lecteurs potentiels n'ont besoin en France d'aucune note pour expliquer le néologisme « Voronoffiser ». Avait-il personnellement rencontré, croisé le docteur ? Il est intéressant de remarquer qu'en 1919-1922 Cendrars est essentiellement poète. Il a déjà publié pas mal de recueils qui le font connaître d'un petit cercle d'amateurs. Mais il s'intéresse beaucoup au cinéma et parvient à devenir assistant du grand Abel Gance à Nice quand le réalisateur tourne à l'embouchure du Var les morts de 14-18 qui se lèvent pour réclamer justice dans *J'accuse* (en 1919) puis toute la première moitié (« La symphonie noire ») de *La Roue* (1922) réalisée pendant plusieurs mois dans la gare ferroviaire de triage de Nice/Saint-Roch. Gance avait en effet quitté Paris où sévissait la grippe espagnole (1919-1920) pour y soustraire sa maîtresse très fragile des bronches. De fait elle semble se remettre au soleil de la Côte, si bien que le metteur en scène se lance dans l'immense projet de *La Roue* afin de demeurer le plus longtemps possible à Nice. Pendant ces quatre ans, Blaise Cendrars séjourne donc à plusieurs reprises lui aussi à Nice au moment où Voronoff – bien connu sur la Côte avant-guerre - opère et commence à défrayer la chronique avec ses greffes de singe. Il est donc à peu près certain qu'il en a entendu parler, ne serait-ce que dans la presse locale. Ainsi sensibilisé directement à cette prodigieuse découverte scientifique, il en suivra sans doute les développements ultérieurs et s'en souviendra vingt ans plus tard quand il s'attaquera à l'éternelle histoire du vieux barbon et de la jouvencelle qui, du vaudeville au mélodrame, renvoyait instinctivement beaucoup de gens à Voronoff... d'autant plus que la rumeur met souvent Cendrars dans les probables bénéficiaires de la greffe Voronoff !

*

* *

Ces trois auteurs connaissaient donc Voronoff et ses travaux. Le scénariste de *A Blind Bargain* aussi, mais le cas est plus complexe, la rumeur parlant d'un film dont le personnage principal aurait été directement inspiré par le Docteur Voronoff. Là aussi il fallait aller y voir de près afin de préciser ou d'infirmer les choses. Au terme d'une enquête fructueuse, les « oui mais », « ni ni » ou « pas exactement » le disputent aux « curieux », « étonnant » ou « stupéfiant ». *A Blind Bargain* est un film (produit par) Goldwyn Picture, *directed by* Wallace Worsley, *with* Lon Chaney, (d'après) Barry Pain selon les affiches les plus simples. Il a été réalisé en 1922 puisque la *preview* a eu lieu en novembre et la sortie nationale américaine le 10 décembre. L'ennui est que le film n'existe plus, comme de nombreux autres « nitrate » de l'époque dont il ne reste rien. Plus précisément, *A Blind Bargain* a été détruit en 1931 en même temps que *Le Magicien* de Rex Ingram (1926), deux pertes regrettables vu leur importance dans l'histoire des débuts du cinéma fantastique (*Horror Films*). Heureusement, en 1924, une « novelisation » du scénario a été publiée aux États-Unis et aussi en France, connaissant un succès certain des deux côtés de l'Atlantique. À partir de là, le chercheur américain Philip J. Riley travaille à reconstruire l'histoire du film. Le résultat est un superbe volume abondamment illustré publié en 1988 par Magic Image Filmbooks, Ackerman Archives, Atlantic City (New Jersey). Nous avons pu en étudier une photocopie complète procurée par Caroline Eades qui enseigne à l'université du Maryland.

A l'origine de *A Blind Bargain*, point de Serge Voronoff, mais un roman de Barry Pain, *Octave of Claudius* publié en 1897 (ed. Harper and Row aux USA et Holden and Hardingham Ltd en Angleterre). La même année 1897 étaient édités *Dracula* de Bram Stoker et *The Invisible Man* d'H.G. Wells, si bien que le livre de Barry Pain profita de cette concomitance pour être assimilé au renouveau du genre littéraire gothique qui se matérialisait à ce moment bien qu'il n'ait pas la même qualité que les deux autres. Barry Pain fut salué de son vivant comme le plus grand auteur de nouvelles bien qu'il ait été également journaliste et romancier. Ses œuvres sont satiriques (*Le Vieux Robinson Crusoé*, *Le Nouveau Gulliver*), traitent de sorcellerie (*L'Ombre des invisibles*) et surtout de surnaturel dans ses recueils de nouvelles (*Stories and Interludes*, *Three Fantasies* ou *Stories in the Dark*).

Octave of Claudius appartient à ce moment charnière où, sous l'influence du Sherlock Holmes d'Arthur Conan Doyle, la littérature fantastique transforme l'atmosphère maléfique gothique avec ses fantômes et ses spectres, soit en déductions scientifiques qui conduiront au genre policier, soit en personnages fous et obsessionnels qui donneront les récits d'épouvante. D'où son importance historique qui avait amené Samuel Goldwyn à en acquérir les droits d'adaptation. L' « Octave » du titre désigne la huitaine de jours qui restent à Claudius, le héros du roman, pour vivre pleinement avant qu'il ne doive rejoindre le laboratoire du Docteur Lamb avec qui il avait signé un accord promettant de se soumettre à une expérience mystérieuse destinée à changer radicalement le cours de son existence. C'est pourquoi allait-on donner au film le titre de *A Blind Bargain* que l'on pourrait traduire par *Une ténébreuse affaire*, sans rapport avec le roman d'Honoré de Balzac, mais parce qu'il s'agit bien d'un engagement maléfique que l'aveuglement (Blind) du protagoniste allait rendre fatal.

Philip J. Riley raconte *Octave of Claudius* avec force détails et l'on ne peut pas parler de résumé pour ce texte de 15 600 signes ! Il fallait bien cela pour comprendre les transformations que va subir cette histoire au cours de l'écriture du scénario par J.G. Hawks et de la réalisation de Wallace Worsley. Celui-ci fut un des grands cinéastes américains dont la carrière se situe à l'apogée du Muet (1920-1928). Son chef d'œuvre est *The Hunchback of Notre Dame* (1923), d'après *Notre Dame de Paris* de Victor Hugo dans lequel l'accent est mis davantage sur le bossu Quasimodo (interprété par Lon Chaney) que sur la bohémienne Esméralda, les décors et les séquences spectaculaires en faisant un grand succès public. *A Blind Bargain* est tourné un an avant dans une période très prolifique (dix longs métrages pour les seules années 1922-1923 !) Dans ces conditions ces films sont réalisés forcément selon la division traditionnelle des tâches dans les grands studios : un gros travail de conception en amont et de finition en aval aux deux extrémités de la chaîne de fabrication est assuré par le producteur ; entre les deux la scénarisation, les décors, la photographie, l'interprétation et le montage comptent généralement autant que la mise en scène.

Le cadre d'*Octave of Claudius* est celui du roman victorien : belles demeures urbaines et cottages à la campagne, grandes familles de riches notables mêlant les générations ; jeunes gens que l'on veut marier mais dont certains s'émancipent ; quelques drames (un bébé mort à la naissance, une brouille entre père et fils). Un soir où le Docteur Lamb se promène à Wimbledon, il trouve Claudius, un jeune homme tombé dans l'herbe de faiblesse. Ses habits de prix sont déchirés, il n'a pas mangé depuis plusieurs jours. Le Docteur le fait ramener chez lui par son domestique, le nourrit et l'héberge. Au réveil les deux hommes sympathisent. Le Docteur n'exerce plus mais se consacre à des recherches pour le bien de l'humanité ; d'autre part sa femme est en train de sombrer dans la folie et dans une religiosité fanatique. Quand elle revient de l'église, elle voit son mari sourire et cela l'inquiète étrangement.

Au dîner qui les réunit tous trois, le Docteur Lamb n'arrête pas de louer le sens de l'honneur de Claudius et son désir de rembourser sa dette morale à son bienfaiteur. Pourtant Claudius n'a rien dit de tel. Mais le Docteur qui n'aime plus son épouse s'arrange pour qu'elle tombe amoureuse de ce jeune et bel étranger en le parant de toutes les qualités.

Les confidences du Docteur ont mis Claudius en confiance et il se raconte à son tour : fils unique de Sir Constantine Sandell, il a été élève à Eton mais vient de se brouiller avec son père, très religieux et intéressé par le spiritisme, tombé sous la coupe d'une certaine Matilda Comby, prétendue médium qui a escroqué le vieux Sir. À l'évocation de Miss Comby, le Docteur et son épouse échangent un regard car l'intrigante n'est autre que la sœur de Madame Lamb ! Quand Sir Sandell veut marier Claudius à Matilda dans une union « bénie par les esprits », c'en est trop et Claudius s'enfuit. Mais son père le déshérite au profit de Miss Comby.

Resté seul dans la bibliothèque, le Docteur Lamb sourit de contentement. Il a quelque chose en tête et se dit qu'il peut terminer son projet avec lui ce soir ou demain au plus tard. En fait, il manigance de tenir Claudius en son pouvoir, parce qu'il a été bon en le recueillant chez lui alors qu'en retour Claudius n'aurait fait que rendre son épouse amoureuse de lui ! Comptant sur le sens de l'honneur du jeune homme, il va lui proposer de payer sa dette de reconnaissance en devenant le cobaye consentant d'une opération qu'il prépare depuis longtemps. Le but de ses recherches est d'améliorer l'évolution naturelle des êtres vivants pour que chacun parvienne au contrôle parfait de sa destinée, à la fois physique et psychologique. Il a longuement expérimenté sa technique avec les animaux et veut à présent passer à l'homme. Mais l'opération ne peut que conduire à la mort du patient. Y-aura-t-il ensuite résurrection sous forme d'un homme nouveau, ou Claudius sera-t-il un martyre de plus pour la science ? Complètement démoralisé par sa rupture familiale ainsi que des échecs dans ses velléités d'écrivain et malgré les efforts de Madame Lamb pour l'en dissuader, Claudius accepte « l'affaire » (the bargain) : Lamb lui donne 800 000 livres à dépenser à sa guise pendant huit jours (un Octave, selon la terminologie que l'église emploie pour ses saints) et il reviendra pour livrer son âme et son corps au Docteur.

Pendant la semaine, les rapports du Docteur Lamb et de sa femme se détériorent : l'homme la bat sauvagement et persécute sa jument favorite. À Londres Claudius fait connaissance d'Angela, une jeune fille de bonne famille qu'il aimerait épouser. Il écrit donc au Docteur pour qu'il lui rende sa parole, mais Lamb refuse catégoriquement et Claudius s'ouvre à sa fiancée du pacte qui le lie au Docteur. Inquiet, le père de la jeune fille engage alors un détective pour suivre Claudius et voir s'il est en danger.

Fidèle à ses engagements, Claudius revient chez le Docteur dont l'épouse est devenue folle furieuse ; elle dit entendre le Docteur aiguiser les couteaux pour tuer Claudius. Puis tous trois regagnent chacun leur chambre, l'opération devant avoir lieu le lendemain. Mais dans la nuit, Madame Lamb égorge son mari avec les couteaux préparés pour l'opération et met le feu à la maison. Seul Claudius en réchappe et va rejoindre Angéla. Le moins que l'on puisse dire est que le roman est mauvais. Cependant on comprend que Barry Pain a conçu un fantastique psychologique remplaçant la monstruosité physique par l'horreur intérieure. Pour être clair, il oppose même la folie furieuse (classique) de Madame Lamb à une folie plus insidieuse, démoniaque en esprit sous des dehors nobles, inventant en somme la figure du savant fou voué à un bel avenir. Mais l'auteur se perd en anecdotes secondaires inutiles, brassant les clichés les plus éculés. Quant aux mystérieuses expériences de mutations humaines, le lecteur n'en saura pas plus. On comprend mal comment Samuel Goldwyn a pu acheter les droits d'adaptation ! Il a peut-être subodoré qu'il y avait quelque chose à tirer de l'approfondissement du personnage du Docteur Lamb, autant au niveau de ses motivations que dans la matérialité de ses recherches. Pour ce faire le scénariste J.G. Hawks fut « aidé » par Lon Chaney et Serge Voronoff.

Dès qu'il commence à écrire l'adaptation, J.G. Hawks se souvient d'avoir été fasciné peu de temps auparavant par des articles, informations et transcriptions de propos publiés en Europe et aux États-Unis concernant le Docteur Serge Voronoff qui, en greffant chirurgicalement des glandes animales sur d'autres animaux et quelquefois sur des humains, pouvait corriger les défauts de naissance et prolonger la vie.

Pour préciser les choses, Philip J. Riley cite des extraits d'un article signé May Tevis appelé « *Human Grafting, The Brillant and Successful Experiments of Dr Serge Voronoff* » publié dans le numéro d'Avril 1920 de la revue *Scientific American Monthly*. Ce texte aurait fortement inspiré Hawks pour façonner le personnage cinématographique du Docteur Lamb, davantage que le roman de Pain où, nous l'avons signalé, Lamb restait flou, mal dessiné, alors qu'il aurait dû attacher le lecteur par la force de son caractère. May Tevis fait de ces avancées chirurgicales la seule conséquence positive de la monstruosité de la guerre : de brillants jeunes chirurgiens européens, dont notamment les Docteurs Voronoff et Carrel ont réalisé des miracles pour sauver par des greffes d'innombrables hommes blessés, handicapés et défigurés.

Puis Tevis repart dans l'immédiate avant-guerre pour parler des expériences de Voronoff sur des ovins, en particulier la naissance d'un agneau conçu par une brebis dont les organes de reproduction avaient été greffés à partir d'un autre mouton après que les siens aient été supprimés. Ayant ainsi démontré la validité de ses théories par l'expérimentation animale, le Docteur Voronoff s'attaqua alors à la greffe humaine. L'article relate donc le cas d'un enfant idiot, à cause de l'atrophie de sa glande thyroïde, dont il avait amélioré la condition en lui greffant celle d'un singe. *Scientific American Monthly* est fort bien informé : nous avons évoqué ces opérations dans le chapitre 5. L'étude décrit ensuite avec lyrisme une autre réussite de Voronoff faisant partie des interventions thyroïdiennes, soit mère-enfant, soit singe-jeune adulte, réalisées dans les mois et les années suivant celle du « crétin niçois » ayant fait l'objet d'un rapport à l'Académie de Médecine de Paris : « Encore plus remarquable est le cas de cette greffe d'une partie de la glande thyroïde d'une mère sur son enfant et ceci avec des résultats incroyables. Ce dernier, un jeune de 20 ans, ressemblait à un enfant de 10 ans, étant né sans glande thyroïde. Il restait petit, gros, avec un cou enfoncé dans les épaules et le visage d'un crétin ressemblant à un animal. Ce garçon, terne et apathique, capable seulement de prononcer quelques mots intelligibles et qui se cachait dans les coins comme un animal effrayé, présentait un contraste douloureux avec son frère - seulement âgé d'un an de plus – un gars vigoureux qui s'était battu courageusement au front. L'opération fut un succès et, au bout d'un an, un changement radical merveilleux s'est opéré dans ce jeune affligé de graves problèmes de santé dès qu'il avait commencé à grandir. Il gagna six centimètres en quelques mois ; la tête n'était plus enfoncée dans les épaules. L'air bouffi avait disparu. Ce qui était encore mieux, son esprit s'était éveillé et il était capable de parler distinctement. Aujourd'hui il gagne sa vie en travaillant dans une boulangerie. »

L'étude se poursuit en revenant au détail de greffes de peau et d'opérations consécutives à la guerre au cours desquelles Voronoff avait reconstitué des membres et fait disparaître d'horribles cicatrices. Le texte s'achève par des « propos » de Voronoff particulièrement emphatiques dans la forme, mais bien fidèles à l'esprit de ses travaux, dont le ton traduit surtout l'enthousiasme de May Tevis vis-à-vis de la suite à attendre d'une telle révolution chirurgicale ; les greffes, voilà l'avenir de la médecine :

« Les os seront greffés pour reconstruire les mâchoires et les cavités oculaires et rendre l'usage des bras et des jambes.

Les mâchoires seront greffées pour remplacer celles qui ont été détruites ; la peau sera greffée pour enlever la trace des cicatrices.

Les tendons seront greffés pour soulager les contractions des doigts.

Les nerfs seront greffés pour soigner la paralysie des membres et les dents et les cheveux seront greffés pour rétablir l'harmonie et la beauté de l'organisme.

Il sera possible d'emprunter les os des morts pour réparer ceux des vivants puisque la mort de l'individu par arrêt du cœur ou la circulation du sang ne cause pas la fin de la vie de tous les organes.

L'humanité dans son évolution ascendante a acquis de nouvelles forces créatrices, et nous deviendrons de plus en plus les maîtres de nos propres corps. »

Philip J. Riley croit néanmoins nécessaire de ponctuer d'un bémol ces passages édifiants en concluant : « un homme en avance sur son temps ? Peut-être, mais en 1920 la plupart des gens pensaient qu'il était fou et ne pouvaient/ le prendre au sérieux »... Singulière réserve, puisque *Scientific American Monthly* était justement une revue tout à fait sérieuse. Il indique, par contre, en ce qui concerne le film, « la combinaison du personnage de Barry Pain, le Docteur Lamb avec la vraie vie du Docteur Voronoff devait donner à Chaney la teneur de son personnage ». Effectivement le rôle va se construire à partir de ces trois sources : le livre, l'adaptation et l'interprétation, le scénariste J.G. Hawks et l'acteur Lon Chaney ayant tous deux déclaré s'être directement inspirés de Serge Voronoff pour écrire et incarner le Docteur Lamb du film de Wallace Worsley. Cette référence à Voronoff est sans doute pour eux un hommage, mais le Docteur lui-même ne l'aurait certainement pas considéré comme tel s'il avait vu le film.

A Blind Bargain est important dans la filmographie de « L'acteur aux mille visages ». Jusqu'en 1919, Lon Chaney n'est qu'une trogne patibulaire de second couteau dans un grand nombre de westerns. Mais à partir de cette date qui marque sa première collaboration avec

Tod Browning, *The Wicked Darling* (*Fleur sans tache*) ensuite suivi de neuf autres jusqu'à la fin du Muet, il interprète des personnages plus complexes et bientôt les premiers rôles. Dans *The Penalty* (1920) de Wallace Worsley, la composition du gangster cul-de-jatte est impressionnante. C'est pourquoi le réalisateur lui demande d'interpréter, à nouveau pour lui, le Docteur Lamb. Aussitôt Lon Chaney décide de ressembler physiquement au Docteur Voronoff et de jouer également le domestique handicapé victime d'une expérience ratée, comportant greffes des glandes et transfusion du sang de singes, qui l'ont transformé en un « ape man » monstrueux. Le fait que cet homme sacrifié aux délires scientistes de son maître ait, malgré ses transformations, « quelque chose » de son bourreau, n'est pas dramatiquement sans intérêt, surtout aux yeux de Madame Lamb forcée de vivre quotidiennement au côté des deux hommes qui entretiennent des rapports tendus. *A Blind Bargain* est le premier *Horror Film* de Lon Chaney, dont le masque tragique est aussi édifiant que ses performances de maquillage. Le film est bâti sur l'opposition, mais aussi la relativité, du bien et du mal. Le Docteur Lamb se révèle en effet bon dans la première séquence mais sa passion scientifique pervertit jusqu'à la monstruosité son esprit et son âme. Dès lors les aspects simiesques de la silhouette, de la démarche et des traits du visage du pauvre opéré deviennent pathétiques lorsque se croisent les yeux des deux personnages (mais du même acteur). À la puissance intimidante du maître répond ainsi la menace vengeresse du serviteur. La composition de Lon Chaney annonce ses plus grands succès à venir : *Notre Dame de Paris* (1923), à nouveau de Worsley où la laideur du corps de Quasimodo s'oppose à la beauté de son âme et *Le Fantôme de l'Opéra* (1925) de Rupert Julian dont les flamboiements de la couleur embrasent le décor. Dans ces deux films, Lon Chaney monopolise l'attention des spectateurs, occupant tout l'espace filmique d'un décor somptueux servant d'écrin à son talent.

C'est malheureusement cette complémentarité qui manque à *A Blind Bargain* et explique en partie son échec public, aussi bien dans sa version originale de 1922 que dans celle, sonorisée et raccourcie, de 1929. Certes il reste encore trop des clichés du livre, mais la structure dramatique a été fort justement resserrée autour de l'affrontement Lamb Robert, et plusieurs protagonistes ont été supprimés (les parents, le détective, la sœur de Madame Lamb escroquant le père de Claudius et autres diversions inutiles). La durée a été contractée, l'octave du titre du roman ayant même disparu. Les personnages secondaires ont été simplifiés (la fiancée de Claudius ne tombe plus malade, la femme de Lamb n'est plus folle...) pour donner au contraire une force plus frappante aux caractères de Claudius (devenu Robert), Lamb et le domestique. En outre les conflits sont davantage pertinents : c'est le domestique qui tue son maître et non l'épouse. Mais le maillon faible demeure Robert et la dramaturgie du film demeure trop théâtrale. On est toujours en intérieur bourgeois d'une neutralité affligeante et rien ne vient interrompre et dynamiser les scènes à deux ou trois (à la différence de *Notre Dame de Paris* ou *Le Fantôme de l'Opéra*). Sans doute Wallace Worsley a-t-il senti ce manque puisqu'il a ajouté une inénarrable séquence, « *a fashionably Charity Ball* » avec des jeunes filles dansant dans des bulles ainsi que quelques autres prises de vues colorées à la main. En fait aucune séquence ne pouvait contrebalancer l'idée de l'horreur des créatures retenues prisonnières dans la galerie souterraine. Mais les rares photos qui restent de ce passage qui aurait dû constituer le plus terrifiant du film ne sauraient vraiment nous convaincre que la réalisation ait été tout à fait à la hauteur du sujet. Il semblerait que *A Blind Bargain* n'ait pu plaire qu'aux spectateurs ayant fait abstraction de l'intrigue pour se concentrer exclusivement sur le bossu (*the humchback*), muet, nom dont le scénario désigne l'espèce d'homme singe, double inversé du Docteur Lamb, c'est-à-dire bon et laid au lieu de beau et mauvais. Lon Chaney saura s'en souvenir pour travailler cette identification-répulsion dans ses films suivants.

L'essentiel de l'ouvrage de Philip J. Riley réside dans les 60 pages constituant, texte, intertitres et images de *A Blind Bargain.* Le document a été établi à partir de l'adaptation de J.G. Hawks se présentant comme un découpage « scène à scène », en réalité même plan par plan. Ces descriptions précises sont illustrées de 120 photos de plateaux (« *stills* ») ; le film ayant disparu, il ne peut en effet s'agir de photogrammes. Mais confrontés à une continuité plus sèche du montage *cut* final, ces écrits de travail et ces photos de tournage précisément agencés donnent une vision satisfaisante de la réalité du film.

Intercalé entre les cartons proprement dits du générique et la présentation en images des protagonistes incarnés tous deux par Lon Chaney, un intertitre cite l'écrivain et philosophe fondateur de l'idéologie américaine : « La science connaît sa dette envers l'imaginaire, déclarait Emerson. Ceci est l'histoire d'un scientifique dont la forte imagination l'a conduit dans des pratiques et des voies étranges ». Le carton accompagnant le Docteur Anthony Lamb, homme impeccable et sévère, est présenté comme quelque document non identifiable : « … beaucoup de récentes recherches du monde scientifique. Si nous devions jauger la durée de la vie humaine à celle de certains animaux, nous trouverions que l'homme devrait vivre au moins 150 ans. Notre vœu serait aussi celui-ci, si possible ». Puis le plan d'un hall vide d'allure très sobre est traversé rapidement par une indistincte silhouette sautillante. Le plan rapproché d'une créature simiesque bossue, au visage très laid et semblant se déplacer à quatre pattes qui surveille à travers des rideaux le professeur à son bureau est désigné comme « une victime des expériences scientifiques précédentes du Docteur ». On revient alors au chirurgien qui réfléchit à sa découverte sans faire attention au bossu. Il saisit un volume des théories de Darwin puis sort son agenda. On voit ce qu'il écrit : « les scientifiques français prétendent qu'en greffant les glandes d'un singe anthropoïde sur le corps humain, ils ont renouvelé la jeunesse des vieillards. J'irai plus loin dans leur découverte. Je ne permettrai pas aux hommes de vieillir. Je conserverai la jeunesse éternellement ».

L'histoire peut commencer avec le Sergent Robert Sandell de l'AEF. Nous sommes dans l'après-guerre et il doit faire face à un nouveau défi car un éditeur lui renvoie son manuscrit sur le récit de ses missions tandis qu'un médecin quitte sa mère mourante. Le seul espoir est qu'elle puisse être opérée par un des meilleurs spécialistes. On le voit, dès le préambule (générique et présentation des « caractères ») la figure du Docteur Voronoff est convoquée : rigueur scientifique et inspiration imaginaire, espérance de vie de 150 ans, théories de Darwin, expérimentations humaines aléatoires, rajeunissement, lutte contre la vieillesse et greffes de glandes de singes anthropoïdes… rien n'y manque sinon que Voronoff n'ayant réalisé ses premières greffes de testicules qu'en 1921 (deux échecs en juin et premier succès en novembre), il ne s'agit encore que de thyroïdes et parathyroïdes. Mais le cinéma se contente du terme générique de glandes. On reconnaît bien là la prudente autocensure hollywoodienne, bien que le célèbre code Hays imposant ses règles morales à l'écran ne sera établi que beaucoup plus tard, en 1930. En fait, il ne s'agit pas de se référer nommément à Voronoff, mais d'évoquer en général « les scientifiques français ». Ainsi est écartée la tentation du biopic du savant français. Le Docteur Lamb n'est pas Voronoff mais un émule, un disciple enthousiasmé par sa découverte des effets de greffes de glandes et qui, dès lors, décide d'aller plus loin, de faire encore mieux.

Les causes et circonstances de la rencontre du savant fou et de son futur cobaye consentant se démarquent d'*Octave of Claudius*. Robert, comme Claudius, est toujours un fils de bonne famille ruiné, mais ce valeureux soldat de la Grande guerre a perdu son père et a un besoin urgent d'une grosse somme d'argent pour sauver sa mère. Il n'est donc pas pris de faiblesse et secouru par Lamb, puisqu'il attaque délibérément ce riche notable pour le voler. Mais c'est ce dernier qui prend le dessus, le maîtrise et le ramène chez lui, heureux de sa bonne fortune : en examinant le visage pâle de son assaillant, il vient de trouver en effet son cobaye idéal. D'ailleurs, c'est bien ce que comprennent immédiatement son épouse et le gnome repoussant qui lui sert de domestique et que le générique nous a déjà désigné comme une victime de ses épouvantables recherches. Le nœud dramatique est ainsi posé et, dès lors, les choses vont aller vite. Cette entrée en matière porte la marque d'un scénariste qui connaît son métier et a complètement modifié l'exposition brouillonne d'un mauvais livre. Hélas la suite ne sera pas toujours de cette qualité.

Le « *blind bargain* » est sans équivoque car le Docteur Lamb est un très grand chirurgien (on le verra même réussir une opération difficile entouré de l'admiration de ses élèves de la Faculté) : ce sera la guérison de la mère de Robert contre son existence à lui. La vieille dame sera sauvée gratuitement et, en échange, le fils se soumettra à une expérience liée aux mystérieuses recherches : « Votre vie pour celle de votre mère ». Le pacte est conclu sur la Bible malgré les regards suppliants de l'épouse et du bossu.

Certes Robert est travaillé par le doute (davantage que Claudius) mais il se réjouit, avec sa fiancée Angéla, de la réussite de l'opération de sa mère. Le Docteur Lamb est sûr qu'il ne se parjurera pas et il écrit dans ses carnets : « Jusque là je n'ai pas réussi parce que mes sujets n'étaient pas à la hauteur de mes expériences. Mais Robert Sandell est le spécimen parfait d'un jeune plein de santé. Avec lui je vais prouver au monde que je peux transférer à l'espèce humaine la force et la vitalité de l'animal le plus fort. Je vais doubler les années de vie de l'homme. Il n'y a pas de raison logique qu'il doive mourir à l'âge de... » le dernier mot est barré... Suspense.

Les choses se précipitent. Le Docteur Lamb va rechercher Robert à une grande fête de charité où Angéla exprime son trouble en constatant l'emprise que le savant a sur son fiancé. Robert est ramené à sa chambre chez Lamb. L'intervention aura lieu le lendemain. Mais dans la soirée, Madame Lamb engage Robert à s'enfuir : « voulez-vous devenir comme lui ? » lui dit-elle en montrant le bossu qui est en train d'ouvrir une porte dérobée dans un coin du bureau. À ce moment Lamb entre. Il comprend ce qui se passe et, imperturbable, renvoie son épouse et le domestique puis engage Robert à aller souhaiter bonne nuit à sa mère. Mais, revenu à sa chambre, Robert voit le muet lui tendre un mot signé de Madame Lamb : « Suivez-le ». Précédé par son étrange guide, il parcourt donc un passage obscur qui mène au laboratoire souterrain. Le jeune homme a peur mais le bossu lui fait signe, pointant son doigt tordu, de franchir avec lui une lourde porte de fer. Dès que la lumière est allumée, de terrifiants grognements se font entendre provenant d'un long corridor où, dans une rangée de cages, des créatures mi-singes mi-hommes, prennent conscience de la présence des visiteurs.

Pendant ce temps, incapable de trouver le sommeil, le Docteur Lamb se lève pour vérifier que Robert est bien en train de dormir. Voyant la chambre vide, puis la porte dérobée ouverte, il se précipite au sous-sol au moment où, sidéré, Robert découvre son destin, le bossu lui faisant comprendre par ses mimiques, l'horreur qui l'attend. Le Docteur ayant alors trahi sa présence, Robert le saisit aux épaules et lui hurle furieusement au visage « Démon, vous voulez que je devienne comme ça ! » Mais le Docteur ne se démonte pas et lui expose calmement la situation : le bossu a constitué son premier objet d'expérience. S'il avait été un bon sujet comme lui, Robert, l'opération aurait réussi. Même chose pour le second, un fou qu'il avait sauvé une heure avant sa mort et auquel il avait procuré la virilité d'un puissant animal. Avec eux il avait échoué mais réussirait avec lui : « Vous aurez la force de vingt hommes et vivrez 150 ans. Votre apparence physique ne sera pas affectée comme la leur. Vous serez fier de contribuer à cette réussite magnifique ». Comprenant enfin la folie de Lamb, Robert tente de reculer le passage à l'acte mais le Docteur veut l'opérer immédiatement. Réalisant qu'« être comme eux serait pire que la mort », Robert se rue sur le Docteur mais ce dernier est toujours le plus fort. Le jeune homme est prestement rendu inconscient et ligoté sur la table d'opération. Lamb sort alors d'un tiroir un pistolet, puis se dirige vers les cages pour se procurer la glande de singe qui sera greffée dans le corps de Robert (« *to procure the ape gland that is to be transferred to Robert's body* »).

Pensant qu'il va obéir comme d'habitude, il écarte le bossu, mais ce dernier, étouffé par toute la haine accumulée contre son maître, s'immobilise un court instant, puis grognant en direction du Docteur, il bondit brusquement sur le mécanisme de la cage qui cède et libère l'homme singe affolé (« *which releases the crazed beast man* »). Le cri sauvage de la bête réveille Madame Lamb et l'infirmière qui se précipitent dans la salle d'opération où elles commencent à ranimer Robert.

Sentant qu'il a perdu, Lamb essaye de s'échapper mais l'homme-bête lui assène un coup terrible. Néanmoins le Docteur tire quatre fois en pleine poitrine de la bête humaine qui chancelle sous les coups quelques secondes mais retrouve aussitôt sa vigueur pour sauter sur le Docteur avec la fureur d'un animal fou. Il lui brise la colonne vertébrale puis met en pièces le corps de Lamb. Cependant les balles font finalement leur effet et l'homme singe s'écroule à son tour, mort sur le Docteur écrasé, mort lui aussi, comme le constate le bossu qui décrit la scène aux deux femmes et à Robert. Madame Lamb peut tirer la philosophie de la scène : « c'était un grand homme, et même dans sa folie. Mais dans sa recherche du savoir, il a oublié son Dieu ».

Le happy end constitue l'épilogue « quand l'horreur a été oubliée » : Robert reçoit les droits d'auteur de son roman *Un sacrifice pour la science* avec un mot de l'éditeur : « Nous sommes tous très enthousiastes pour cette histoire que nous savons être le récit de vos véritables expériences ». Robert et Angéla s'embrassent.

Le lecteur n'aura pas manqué de remarquer que, au cours de la pénultième séquence qui devait constituer le sommet du film, nous nous sommes réfugiés par deux fois dans la citation du texte anglais original de Philip J. Riley pour souligner que le flou qui s'instaure dans la transcription en français de ces deux parties de phrase concernant les mots *ape*, *apeman* et *beast man*, n'est pas le fait de la traduction mais bien du commentaire des photos dans le livre. Emporté par la beauté des clichés qui révèlent un superbe travail de maquillage du *beast man*, épouvantable figure de cet être de cauchemar, le lecteur ne s'aperçoit pas forcément que quelque chose ne fonctionne pas. Lamb est descendu avec un pistolet pour tuer un singe (*ape*) et lui prélever ses glandes. Mais le bossu, désigné alors non plus par le mot *hunchback* comme dans tout le reste du découpage illustré mais par *apeman*, réussit à libérer un homme-singe, celui-ci étant appelé *beastman*. L'expression n'est pas innocente car elle semble vouloir passer au mode symbolique, comme bête humaine, titre du roman d'Émile Zola ou « La Bête » magnifique maquillage de Jean Marais dans *La Belle et La Bête* (1945) de Jean Cocteau, travaillé il est vrai du côté poétique et non pas horrifique. Mais l'expression tend à signifier quelque chose de plus qu'*apeman*. Avec une majuscule, *The Beast* n'est-elle pas en effet rien moins que « La Bête de l'Apocalypse » ? Dans le film, cette Bête parviendra à tuer le Démoniaque Docteur. Lamb vient d'être en effet qualifié de Démon par Robert et la plus réussie des affiches de *The Blind Bargain* dessine un noir démon cornu à la place de l'ombre du visage derrière le savant fou.

Mais outre ces détails linguistiques qui ne sont pas sans intérêt (les expériences de Voronoff n'ont-elles pas été qualifiées de sataniques ?), il y a plus grave. Il semble en effet qu'avec les documents écrits et les photos récupérés, l'auteur ne soit pas parvenu à donner un récit tout à fait cohérent. Il manque quelque chose, un mot peut-être ou des images plus pertinentes. Notre hypothèse est que des petites transformations du découpage ont eu lieu en cours de tournage, ce qui est habituel, mais que dans ce cas précis, les photos de plateau ne traduisent pas exactement la continuité filmique. D'évidence les protagonistes ne sont pas à la bonne place par rapport au descriptif qui en est fait et cette distorsion fausse le sens. Or nous sommes là au cœur de la problématique Voronoff : d'où vient la greffe ?

Qu'on en juge. Lamb prend son revolver, nous dit-on, pour aller chercher au sous-sol une glande de singe. Il y a donc des singes dans les souterrains. Mais juste auparavant, Robert ne les a pas vus et, à leur place, il a découvert les hommes singes victimes des opérations. Lamb le rejoint devant ces cages de « monstres ». Allait-il donc extraire les glandes de ces créatures pour les greffer à Robert ? C'est logiquement improbable. Pourtant il est étonnant que le scénario « oublie » tout à coup les singes pour dévier sur la spectaculaire révolte des hommes singes ? Curieux, mais sans doute juste, le réalisateur ayant sans doute réussi par sa mise en scène à ne pas insister sur ce meurtre vengeur, mais cela nous ne le saurons jamais. Les singes sont mis hors champ, quoiqu'ils doivent exister, sans quoi le récit ne tiendrait pas debout !

Or, rapportée à Voronoff, l'histoire de *A Blind Bargain* est proprement stupéfiante car on pourrait recevoir aujourd'hui le film comme une sorte de *biopic* du Docteur Serge Voronoff, tourné en drame puisque les greffes testiculaires simiesques du fameux *Monkey Gland Man* auraient mal tourné, pour répondre aux exigences scénaristiques du genre *Horror Film*. Or c'est chronologiquement faux. Quand en 1921 J.G. Hawks écrit son adaptation en s'inspirant de Voronoff, ce dernier n'a pas encore effectué sa première greffe de testicules de singe à l'homme. Il n'est encore que le champion des greffes osseuses et thyroïdiennes. Mais il n'a pas échappé au scénariste que le Docteur a essayé les thyroïdes de singe (pas toujours, mais quelquefois) pour les greffer aux enfants atteints de crétinisme. C'est à partir de ce qui n'est encore qu'un détail de praticien – et pas encore un élément fondamental du théoricien – que s'enflamme l'imagination de l'homme de cinéma. Greffe et singe, le cocktail est trouvé et se complète tout naturellement de l'image associée volontiers au singe : sa puissance sexuelle ! Dès lors il devient évident que les glandes en question sont forcément les testicules et, même si en l'état de la recherche scientifique, il ne pouvait s'agir que de thyroïde ou parathyroïde, il pense testicule et le public avec lui puisqu'il est ouvertement question de force sexuelle extraordinaire du second greffé ! C'est littéralement fabuleux : *A Blind Bargain* invente cinématographiquement ce que va être la découverte de Voronoff, il anticipe la vérité de l'histoire médicale. Mieux encore, il la réalise sans le savoir quelques mois avant (ou en même temps) que l'événement a lieu. Si bien que lorsque sort le film en 1922, la réalité a dépassé la fiction. Et dans le bon sens : Lamb échoue sur les écrans alors que Voronoff, lui, a réussi. C'est pourquoi la publicité du film appuie sur la prospective. Affiches, affichettes, posters, publicité dans les journaux, inserts, insertions, prospectus, accroches, images et slogans, dessins et illustrations déclinent sous diverses formes et formats le triptyque diable/homme/singe qui va caractériser deux ans après la réception grand public des découvertes de Voronoff. La campagne de communication du film vend la légende du Voronoff sulfureux avant la lettre aux États-Unis, tandis qu'en France celle des opérations du chirurgien – les avant/ après montrant les patients malades puis guéris – tente d'imposer l'image du Voronoff chercheur en sciences médicales, expérimentateur et savant pionnier.

Le scénario explique tout : Lamb connaissait les expériences des Français, c'est-à-dire de Voronoff, mais il a voulu gagner et réussir avant lui pour être le premier scientifique à récolter la gloire de la découverte. Son orgueil l'a perdu. Pourtant sa pratique rappelle beaucoup celle de Voronoff : les cages pour les singes, la rigueur dans la méthode même de transplantation, la nécessité de choisir un bon sujet et, élément essentiel de la méthode Voronoff : transplanter à vif, c'est-à-dire castrer le donneur et, dans le même mouvement, greffer le récepteur. Tout cela se trouve dans le film de fiction et sera dans les documentaires bien postérieurs de Voronoff, y compris la référence à Darwin, ce qui nous renvoie à l'épigraphe d' *A Blind Bargain* concernant la place importante que tient l'imaginaire dans la science. Darwin aurait souscrit à la sentence d'Emerson. Lamb et Voronoff aussi, mais ne faisons pas de Voronoff un imitateur de J.G. Hawks ! Ce n'est pas non plus pure coïncidence, mais plutôt matérialisation des logiques de l'imagination créatrice (des cinéastes) et de l'imagination scientifique (de Voronoff) s'exerçant à partir des mêmes éléments de base : les greffes, le potentiel vital des singes, le désir d'améliorer la vieillesse de l'homme. Finalement il n'est pas si étonnant d'inventer ou de trouver des choses semblables.

Si le docteur Voronoff a pu ainsi s'immiscer à quelques rares occasions dans la littérature, il n'est pas devenu de son vivant un véritable personnage du Roman Populaire, genre qui triomphait au début du XXème siècle, par exemple dans la collection des « Tallandier bleus ». Or, après la seconde guerre mondiale, quand sont créées en 1949 les éditions du Fleuve Noir qui allaient reprendre l'héritage de ce type de livres, il est déjà oublié. On peut pourtant imaginer une série tirant de ses expériences de nombreux volumes qui auraient développé sous les palmiers et le soleil de la Côte d'Azur les noires histoires de savants fous traditionnellement situées dans le gothique brumeux d'essence britannique. D'entrée, un triptyque horrifiant aurait, sous la couverture agressivement tape-à-l'œil chargée d'attirer sur les rayons des kiosques de gare des années 50-60 le voyageur en partance, proposé *La Révolte des singes, Le Pacte du Diable* et *Le Fils du gorille* en superposant de façon inquiétante les figures humaines et simiesques. Le premier aurait débuté une nuit sans lune où la camionnette transportant des singes monte vers le sinistre donjon des Grimaldi. Mais à mesure que le véhicule s'avance, les cris des congénères enfermés dans les cages de Voronoff deviennent des hurlements. Au premier éclair suivi de tonnerre, les singes du convoi sont saisis de convulsions, se battent, parviennent à se dégager de leurs chaînes et se précipitent contre les grilles qu'ébranlent de leur part les singes prisonniers. Bientôt, dans l'orage qui gronde, les bêtes libérées se précipitent sauvagement sur le chauffeur et son acolyte, tandis que des fenêtres s'éclairent au château. L'une d'elles s'entrouvre et des coups de feu éclatent. Le récit est amorcé.

Le Pacte du Diable pourrait s'inspirer du *Blint Bargain* de Wallace Worsley. La création d'un homme nouveau, sorte de Superman doté du « meilleur » du singe et de l'humain (les muscles du premier et l'esprit du second) ne peut pas s'établir sans rencontrer la problématique du Bien et du Mal. Le thème faustien serait au cœur du sujet, donc de l'anecdote. Quant au *Fils du gorille*, il pourrait revoir les thèmes classiques *H Picture* à l'aune de l'univers viscéral de Cronenberg : un jeune chercheur greffe sur lui-même les fameuses lamelles de testicules de singe puis met sciemment enceinte une jeune, belle et riche bourgeoise qui concevra de cette manière un bébé monstrueusement puissant. Or naissent en fait des jumeaux, un garçon et une fille. Lequel aura la force et quels seront les rapports entre les deux « créatures » ? Mais ces livres n'ont pas été et ne seront pas écrits : le hard et la peur ont désormais pris d'autres formes et Le Fleuve Noir n'est plus ce qu'il était.

9

Si les humoristes se sont moqués du Docteur Voronoff, ne serait-ce pas par réaction à l'odeur de soufre qui entourait plutôt le personnage dès les débuts de ses expériences « scandaleuses » ? Ses opérations paraissaient diaboliques, sataniques, démoniaques et ceci, sans insister pour autant sur la date de sa naissance : 1866, 66 le nombre du diable… ! Châtrer des singes pour guérir des hommes éveillait des images troubles de messes noires, de culte sectaire à tendance sexuelle décadente. Certes au début du XXe siècle le temps était passé des procès en sorcellerie mais pas tout à fait encore celui des savants fous aux essais monstrueux, la peur (ou la fascination) des grands primates (nous allons y revenir) se mêlant au mythe de Faust et à la créature du Dr Frankenstein. Voronoff ne représentait-il pas le versant noir des années scientifiques replongeant dans le primitivisme, le retour aux origines animales de l'homme ? Au cœur de cette interface folie-génie, connaissances-croyances, maléfices-progrès médicaux, n'y avait-il pas danger d'altérer l'essence profonde de l'être humain ? Et Dieu dans tout cela ? Allait-il permettre que l'homme touche aux règles naturelles de la vie, de la mort, de la procréation ? Jusqu'à quel point était-il légitime de chercher à redresser les imperfections, les handicaps, les infirmités dont l'homme pouvait être victime ? Gustave Flaubert avait posé la question avec le naturalisme classique qu'il maniait si bien : dans *Madame Bovary* le médiocre officier de santé Charles Bovary entreprend, sous la pression du pontifiant M. Omais le pharmacien, d'opérer le pauvre gamin au pied-bot. Or les conséquences sont désastreuses et ni Charles Bovary ni son patient n'auront de seconde chance ; le médecin portera au contraire toute sa vie le souvenir de cette opération ratée comme un terrible fardeau.

Rien de tel avec le Docteur Voronoff, personnage de cinéma, aux expérimentations inquiétantes théorisées avec brio par le conférencier homme du monde, tripatouilleur de génomes avant la lettre aux laudateurs au moins aussi actifs que ses détracteurs. D'ailleurs l'atmosphère un peu délétère, malsaine, voire sulfureuse que nous décrivons autour de lui fait partie de tout un non-dit, un ressenti non exprimé frontalement mais qui n'en pèse pas moins sur son vécu et surtout sur la réception réservée à son travail. Il n'est accusé de rien, considéré avec respect, mais à la dignité de son maintien répond une distance, une réserve, une certaine froideur. Les questions embarrassantes sont éludées et la superficialité des mondanités arrange tout le monde, le creux des propos échangés dans les réceptions convenant parfaitement à la situation. Il est invité, on se félicite même de sa présence, mais sans effusion excessive. On ne lui fait pas particulièrement fête tout en ayant plaisir à converser avec ce parfait gentleman fin connaisseur de musique et de littérature… Mais on n'en pense pas moins, examinant avec circonspection son entourage, jugeant ses connaissances dans le monde artistique et littéraire à l'aune d'une morale bourgeoise étriquée, s'interrogeant dans son dos sur la conduite de sa première épouse ou la fortune de la seconde, faisant bon accueil aux ragots de toutes sortes sur ses démêlés avec les institutions médicales. Il intrigue mais séduit, provoque des allusions à des activités peut-être coupables ; on aimerait être dans ses confidences mais il élude avec une politesse exquise, passe, glisse, lisse, irrite et la rumeur le précède puis le suit. Dans ce grand monde, il n'offre aucune prise. Le Docteur Voronoff représente le protagoniste typique du fantastique : bel homme, élégant, brillant dans la haute société, vivant dans une somptueuse demeure, riche et de bon goût. Mais derrière cette façade de bon aloi, il y a la face cachée d'activités douteuses, voire mauvaises ou affreuses. Le prince Dracula reçoit ainsi dans un beau château gothique, mais au fond de la crypte reposent les cercueils entrouverts des vampires ! Le Comte Zaroff est un pittoresque aventurier exposant ses trophées de chasse, mais en fait sa principale activité est la chasse à l'homme. Le Docteur Orloff est un honorable médecin de quartier riche, mais en sous-sol il défigure les jeunes filles enlevées pour prélever la peau de leur visage. Ou encore, dans les landes inhospitalières, le maître d'une demeure isolée se mue en loup-garou les nuits de pleine lune. On le voit, le schéma est toujours le même. Pour sa part, le Docteur Voronoff est donc un chirurgien en vogue aux conférences duquel se presse la gentry niçoise, parisienne et internationale. Mais dans ses cliniques, on châtre les grands singes qui peuplent les cages entourant son château aux formes lourdes flanqué d'une vieille tour moyenâgeuse, comme celle où officie le Dr Frankenstein les soirs d'orage qui lui procure les éclairs électriques (littéralement le feu de Dieu source de vie) nécessaires à animer sa créature composée de morceaux de cadavres cousus les uns aux autres !

Sans doute Voronoff n'a ni tout à fait la stature, ni d'ailleurs l'envergure du héros imaginé par Marie Shelley en 1818, peut-être parce qu'elle était non seulement une grande romancière mais aussi l'épouse d'un immense poète, la rencontre ayant produit des images fulgurantes que le cinéma n'eut plus qu'à reproduire au siècle suivant. Il aurait par contre pu être un personnage de la série du Dr Orloff qui déboule sur les écrans dans les années 60. Déjà, bien sûr, le nom : Orloff, Voronoff. Mais aussi le réalisateur espagnol Jésus Franco (qui sont ses véritables nom et prénom !). Dans le premier film de la série – *Gritos en la noche*, *L'horrible docteur Orloff*, 1961 -, le médecin veut redonner un beau visage à son épouse en prélevant des greffes, d'abord sur des cadavres et bientôt sur des filles vivantes. Franco se contente d'une psychologie sommaire, mais il insiste sur les vivisections affreuses, à la différence de Georges Franju qui, en 1959 tournait *Les yeux sans visage* sur un sujet analogue mais baigné dans un fantastique surréaliste qui poétise une banlieue nocturne déserte. Les traits, les yeux et la pâleur d'Edith Scob, sa silhouette aérienne, des chiens cobayes lâchés et qui lui dévoreront le visage, fondent une beauté de l'horreur à partir de greffes faciales, et non pas testiculaires. En 2011 Pedro Almodovar ira plus loin avec *La Piel que habito* où une reconstitution du corps entier, un changement de sexe et l'emploi novateur de la couleur transcenderont le genre vers une science-fiction très troublante. Par contre, la réussite de Jésus Franco tient au personnage du docteur fou des films d'épouvante. Grand, mince (et diabolique), campé par Howard Vernon qui trouve là son meilleur rôle, il est un possible Voronoff très crédible dans un type de série B européenne qui dérivera hélas vers l'érotisme puis le porno. Ce Docteur Orloff rencontrera en tout cas rapidement un tel succès, surtout en France, que certains films espagnols d'horreur seront distribués chez nous affublés de titres faisant intervenir Orloff alors qu'il n'en est rien en version originale ni dans le sujet du film et que Franco n'en est pas le réalisateur. Ainsi en 1966 *Solo un Ataud* de Santos Alcover sort en France sous le titre *Les Orgies du Docteur Orloff*. Cette propension à ne prêter qu'aux riches, c'est-à-dire à charger la barque, à mettre plus de fantastique là où il y en avait déjà, à ajouter du burlesque au comique comme de la pornographie à l'érotisme permet de comprendre le cas, le phénomène Voronoff. Lui aussi a été dépassé par son personnage ; indiscutablement il a cherché la notoriété, voulu faire carrière, a tout fait pour réussir et y est parvenu, mais au-delà de ce qu'il visait, car le caractère singulier de sa découverte a suscité, forcément, une réception particulière. Il se rêvait en grand patron dont l'action aurait dû améliorer l'existence humaine. La greffe devait être la panacée universelle : rajeunir, revivifier, remplacer. Mais en passant par le sexe et le singe, il empruntait des chemins scabreux qui dérangeaient. Sa potion magique avait un goût d'interdit et, alors que lui-même se plaçait sur le terrain d'une pratique matérialiste soignant des chairs et des organes, la légende va le charger d'on ne sait quelle aura mystérieuse, comme s'il émanait de sa personne des ondes dépassant ses actes pour toucher au plus profond de l'homme, le remuer, le changer. On le dota de pouvoir qu'il n'avait pas et ne revendiquait nullement. On l'imagina dans des rôles qui n'étaient pas les siens.

Si l'on s'élève au-dessus de la littérature populaire et des *Horror Pictures* de l'Universal avec leurs galeries de monstres et créatures de l'épouvante, on verra en Voronoff un personnage faustien selon une terminologie aussi floue que celle entourant le Docteur Frankenstein et le monstre de Frankenstein, le créateur et sa créature. De fait le mythe de Faust qui vend son âme au diable pour retrouver la jeunesse, ou à Méphistophélès, suppôt de Satan, pour acquérir la connaissance métaphysique, fonctionne lui aussi un peu dans les deux sens par le face-à-face des deux entités, qui ne représentent finalement rien de moins que l'homme et Dieu. Car en vendant aux vieux hommes la jeunesse, Voronoff serait plutôt Méphisto que Faust, donc davantage méphistophélique que faustien, mais qu'importe car le mythe est duel, l'un ne va pas sans l'autre et repose en somme sur le pacte que contractent les deux personnages.

On sait que Faust fut immortalisé par les œuvres de Goethe, le plus grand écrivain allemand avant l'Allemagne (il vécut moitié XVIIIe et moitié XIXe siècle alors que le pays est proclamé en 1870). Un des chefs du *Sturm und Drang* puis du romantisme (*Les souffrances du jeune Werther*, 1774), Goethe fut presque autant savant, économiste et politologue que poète et romancier, et il travailla à son Faust près de 60 ans (1773-1832), nourrissant l'œuvre de sa vie d'un personnage mythique forgé au cœur de l'humanisme du Saint Empire Romain Germanique (la « grande Allemagne ») du début du XVIe siècle et fixé par une pièce de Christopher Marlowe vers 1590. Faust apparaît alors dans un grand nombre de créations littéraires et théâtrales jusqu'à Goethe chez qui le combat entre Méphisto et Faust ne repose plus exclusivement sur la jeunesse, mais aussi le savoir, la religion, l'amour, la richesse, le pouvoir… Surtout, à partir de Goethe, cela devient un mythe valise dans lequel les auteurs mettent un peu ce qui les inspire le plus. Faust peut être positif ou négatif, s'érigeant contre la vieillesse inéluctable et pour l'intelligence universelle. C'est un savant génial ou un amoureux fervent, une victime ou un bourreau, un passionné ou un suborneur, un homme révolté ou vil et corrompu, un assoiffé d'argent et d'honneurs ou un bienfaiteur de l'humanité. De plus il n'y a pas vraiment de Faust sans musique : les lieder (Schubert, Wagner, Moussorgski), la symphonie (Listz) ou les partitions lyriques (Berlioz) et bien sûr l'opéra (Gounod) avec sa plénitude monumentale, sa démesure de bruit et de fureur, sa mise en scène aussi. S'il n'était pas de Goethe, Faust pourrait être shakespearien ! Avec Faust on touche à l'excès, au grandiose, au hors normes. Avec Voronoff également, y compris dans son décor de Grimaldi : la tour sinistre, la demeure aux lourdeurs gothiques et caves profondes, le cri effrayant des grands singes perçant la nuit.

Mais puisque son comportement quotidien ne pouvait encourir aucun blâme, on chercha dans ses proches, ses amitiés, ses fréquentations, ses clients. Or, on l'a vu, il appréciait la compagnie des écrivains et des artistes. Là, évidemment, dans ce monde où l'on ne vivait pas toujours comme les bonnes gens et la bourgeoisie de bon aloi, il y avait de quoi critiquer, dénigrer, trouver à redire et chercher des secrets ou des mystères. Ainsi Voronoff aurait opéré le poète irlandais William Butler Yeats (1865-1939) et les deux hommes se seraient vus régulièrement, ce qui n'était pas étonnant, car s'il avait été sénateur pendant les années 20, dans la décennie suivante où il parvint à vivre de sa plume, Yeats résida en effet sur la Côte d'Azur à Roquebrune-Cap-Martin (où il mourut), c'est-à-dire tout près de Grimaldi ! Mais, pour certains, Yeats eut le tort, justement, dans les années 30, de développer les tendances mystiques de sa poésie, et son œuvre décrit alors tout un monde surnaturel peuplé d'êtres de légendes et de puissances occultes.

Nous y voilà ! Voronoff n'aurait-il pas été Rose Croix ? Certains journalistes, type chroniqueurs mondains et échotiers friands de curiosités en tout genre, lui auraient taillé volontiers le costume d'un adepte de cette société de pensée ésotérique dont le but affiché est le perfectionnement de l'individu et de la société. Rien de répréhensible par conséquent pour cette association philosophique, humaniste, reconnue sans dérives sectaires. Mais c'est néanmoins un ordre ancien et mystique dont l'organisation initiatique est à vocation mondialiste. La doctrine rosicrucienne apparaît au XVIIe siècle en France mais prend ses sources lointaines dans les Écoles des Mystères de l'ancienne Égypte, puis dans les travaux du célèbre Paracelse, alchimiste et médecin du XVIe siècle. Un siècle plus tard, plusieurs manifestes fixent ce courant en un mouvement qui prend la forme d'une véritable société secrète à laquelle aurait alors adhéré Francis Bacon, philosophe et homme d'état anglais. Le culte Rose Croix qui fonde sa croyance sur l'étude des quatre éléments – terre, eau, air, feu – s'intéresse de très près à l'alchimie et ses membres se réunissent en loge où ils s'initient à l'éthique et à l'ontologie. À la fin du XIXe siècle, ils franchissent un pas décisif en matière de reconnaissance et de lisibilité en organisant à partir de 1892 le salon annuel de peinture de la Rose Croix qui diffuse sur le plan artistique la thématique inhérente à son ordre et notamment l'élévation de l'âme pour atteindre l'illumination de la lumière divine. Ainsi Rose Croix tente de se démarquer des *Illuminaten* et des Francs-Maçons avec lesquels l'opinion publique les confond. Un de leur lieu d'ancrage est le Cabaret du Chat Noir ouvert en 1881 boulevard Rochechouart puis transféré en 1885 rue Victor Massé. De nombreux poètes, humoristes et chansonniers le fréquentent et peut-être le jeune étudiant Serge Voronoff a pu y venir (avec des milliers d'autres qui n'étaient certes pas Rose Croix pour autant). Éric Satie y était pianiste et composait également la musique du salon de peinture dont Puvis de Chavannes exécutait les affiches.

Il est certain que Serge Voronoff, Hector Ghilini (journalistes à l'*Illustration* et l'*Intransigeant*) et Hippolyte Ebrard (penseur Rose Croix) étaient amis, Ghilini faisant la jonction entre les deux autres puisqu'il écrivit *Le secret du Docteur Voronoff* et la préface du roman d'Ebrard *La grande espérance.* Hors de Paris, ces Rose Croix se recevaient à « la Rose du Ciel », maison d'Hippolyte Ebrard à Marseille où vécut également un temps Paul Valéry quand il écrivait *Mon Faust* (et dont Voronoff fut l'ami). On y voyait aussi le peintre Champagne, artiste quasi « officiel » des Rose Croix (et qui nous renvoie à la première Madame Voronoff, comme on va le voir). « La Rose du Ciel » avait l'avantage d'être proche de l'Abbaye Saint-Victor, alpha et oméga des Rose Croix. Des regroupements et rapprochements peuvent donc conduire à une certaine accointance entre Voronoff et les Rose Croix.

Pour nous enfoncer peut-être imprudemment dans cette voie, notons que *Le Secret du Docteur Voronoff* paraît en 1926, l'année où Fulcanelli publie *Le Mystère des Cathédrales*. Étrange livre et étrange « auteur » qui poursuivra le filon avec *Les demeures philosophales* (1930). Personnage mythique (et pour cause !) Fulcanelli serait un alchimiste qui aurait découvert les secrets de la pierre philosophale, à savoir la transmutation du plomb en or, et le secret de la vie éternelle… de quoi vivre longtemps et heureux ! Ses prétendus livres sont présentés par Eugène Canseliet et auraient été écrits par un collectif comportant notamment Canseliet lui-même et le peintre Rose Croix Julien Champagne. Mais d'autres hypothèses sont possibles, dont l'une attribue le texte de Fulcanelli à un des trois fils de Ferdinand de Lesseps (Champagne, de Lesseps, voilà encore deux pistes conduisant à l'épouse Voronoff). Les deux livres de Fulcanelli sont fondamentaux dans l'histoire de l'alchimie parce qu'ils étudient des lieux de cultes et autres demeures – dont Notre Dame de Paris – ayant inscrit dans leurs structures architecturales et leurs sculptures des symboles alchimiques qui « parlent » aux initiés. Fulcanelli, qui cacherait son extrême vieillesse en Italie, et qui aurait, soulignons-le, réussi à repousser la mort, ce que Voronoff n'a pas pu faire mais a cherché par ses opérations à approcher, continue à susciter l'intérêt. Ses ouvrages ont en effet été réédités au début des années 2000 avec des illustrations de Champagne par les éditions Pauvert et il a suscité un livre en 2013 (*Le Mystère Fulcanelli*, d'Henri Loevenbrack, éd. Flammarion), ce qui est bien pour un homme qui, soit n'a jamais existé, soit aurait au moins entre 130 et 150 ans.

Tout ceci nous amène à reconsidérer la personnalité de Marguerite Louise Barbe dont Voronoff avait fait la connaissance dans les folles soirées parisiennes juste avant son départ pour la Tunisie. Il l'avait épousée en 1897 mais elle n'a jamais cohabité longtemps avec lui au Caire. Par contre elle s'installe avec lui à Nice à son retour d'Égypte mais le couple divorce en 1911. Leurs relations demeurent pourtant cordiales et elle revient à Nice pour le soigner quand il est en convalescence en 1916. Il semblerait que Marguerite Louise ait beaucoup fréquenté les nombreux enfants de Ferdinand de Lesseps qui faisaient la fête à Paris pendant la grande époque du tournant du siècle. Ils reçoivent et fréquentent des artistes modernes, surtout de tendance dadaïste et surréaliste, mais aussi beaucoup d'adeptes d'associations occultistes et alchimistes comme ceux du « Golden Dawn » fondé par Mac Gregor Mathers et du « Temple Ahathoor ». Marguerite Louise Barbe est une des plus passionnées du groupe. Probablement avec Serge Voronoff elle aurait côtoyé dans ces milieux Yeats que nous avons cité et Aleister Crowley, le fameux mage défrayant les chroniques européennes qui avait servi de modèle au roman de Somorset Maugham et au film de Rex Ingram *Le Magicien*. Certes le fait que les sources insistant sur ces relations inquiétantes signalent qu'elle connaissait aussi Fulcanelli doit nous rendre prudent, d'autant plus que ce sont les mêmes qui annoncent la mort de Louise Barbe en 1909 dans l'explosion d'un laboratoire d'alchimie alors que nous savons qu'elle joue encore un rôle déterminant dans la vie privée de Serge Voronoff jusqu'au moins 1916 ! Elle a sans doute en effet vécu encore bien longtemps puisque certains la signalent comme grande prêtresse du temple Ahathoor en 1925 ou en font l'amie d'une romancière et réalisatrice, Irène Hillel-Erlanger, qui lui aurait dédié son livre *Voyages in Kaléidoscope* publié en 1919. Donc acte, quel que soit le destin de Marguerite Barbe après être définitivement sortie de l'existence de Voronoff, il semble bien qu'elle ait fait partie, quand elle le fréquentait puis était son épouse, des milieux artistiques très mêlés où les alchimistes et penseurs ésotériques étaient nombreux. Jusqu'à quel point Serge Voronoff fut-il impliqué lui-même ? Peut-être pas autant qu'elle, mais il paraît peu probable qu'il ait pu rester totalement étranger à ses activités.

L'hypothèse la plus étonnante est que Louise Marguerite Barbe aurait pu poser comme modèle nue pour « Vessel of the Great Work » le puissant tableau d'une Vénus de Science-Fiction aux yeux magnétiques, surgissant toute droite d'un ailleurs lumineux pour regarder le genre humain ou lui montrer la voie à suivre. Le peintre Julien Champagne, mystérieux alter-ego de l'irréel Fulcanelli et donc un des maîtres incontestés des Rose Croix, aurait réalisé sa toile superbe en 1910, un peu avant que Marguerite Louise Barbe ne vienne rejoindre Voronoff de retour de Tunisie. Ce n'est qu'une hypothèse, mais d'autres témoignages citent la jeune femme, à plusieurs reprises désignée nommément comme Madame Serge Voronoff, en tant que très proche du mystérieux peintre Rose Croix. Dans cette histoire, on ne peut rien certifier, mais que la Marguerite du faustien Voronoff soit la Vessel mythique des Rose Croix serait assez stupéfiant, à vrai dire peut-être trop pour être vrai ! Mais l'important est que de telles choses aient pu être inventées car plus la rumeur est incroyable, plus elle a de chances de circuler et de s'enrichir à mesure qu'elle s'enfle de détails toujours plus invraisemblables. La preuve est que nous aussi apportons notre lot de coïncidences en rapprochant Marguerite Barbe de la Marguerite de *Faust,* l'opéra de Gounot, ce qui n'avait jamais été fait, à notre connaissance. Mais en poésie, les correspondances ne sont-elles pas l'essence d'un imaginaire plus vrai que les fruits du rationalisme ? Avec tant d'inconnues, de doutes, d'hypothèses séduisantes mais pratiquement invérifiables touchant aux personnes les plus proches de Serge Voronoff, comment s'étonner de cette aura entourant la personnalité du Docteur, de plus en plus insaisissable à mesure que l'on croit pouvoir approcher davantage sa psychologie et ses sentiments !

C'est pourquoi, une fois de plus, le cinéma viendra à notre secours pour éclairer le « cas » Voronoff. Pour tout cinéphile en effet Voronoff a quelque chose à voir avec le cinéma de David Cronenberg dont l'évolution même, en près de 50 ans et un peu plus d'une vingtaine de films, conduit du pur film d'horreur type Série B à l'horreur intérieure et au malsain, certes progressivement, mais surtout par un tournant décisif au changement de millénaire. Or, si la première époque correspond à une sorte de vivisection, de plongée dans le viscéral, le monstrueux, le cancérigène et le glandulaire, la seconde prend le recul de la socio-psychologie pour brosser un tableau de groupe en restant dans les apparences, ce que l'on peut voir, le comportemental. Mais ce sont les mêmes personnages. Seul le regard a changé : de l'intérieur on est passé à l'extérieur, de la chair à la parole, de la dissection au portrait. Dans les premiers films s'affiche la violence à l'état brut, dans les derniers l'allusif ; le plus, le moins. Or Voronoff pourrait appartenir aux deux périodes de la filmographie, passer de l'une à l'autre, et c'est de cette dualité qu'il tire sa force. D'ailleurs Serge Voronoff et David Cronenberg ont bien des points communs : non seulement les travaux de l'un et les créations du second, mais les personnalités des hommes eux-mêmes.

Très influencé par William Burroughs mais aussi par la Science-Fiction dans son ensemble, Cronenberg choisit de faire des études supérieures de sciences naturelles mais il abandonne aussitôt car il veut devenir écrivain. Pourtant il se jette très vite dans le cinéma, pour, dès ses premiers scénarios totalement irréalistes, aborder des élans d'énergies sexuelles, artistiques et créatrices refoulés puis s'exprimant avec une violence terrifiante dans les étouffantes années 50. Très vite il s'attache à l'indicible. Son entretien en 1990 dans l'ouvrage

L'Horreur intérieure : les films de David Cronenberg de Piers Handling et Pierre Véronneau (collection 7ème Art, éditions du Cerf) est fort troublant, Cronenberg déclarant avoir toujours considéré que son « existence, en tant que membre en vue de la communauté est, je ne sais pour quelle raison, en péril ». Il redouta donc longtemps que, le jour où la société découvrirait ce qu'il est réellement, ce qu'il ressent profondément, elle voudrait alors le détruire parce qu'il dérange trop, n'est pas assez comme tout le monde. Mise en face du « vrai » Cronenberg, la société déstabilisée ne pourrait pas le supporter. Or, inversement, elle en fit un des plus grands cinéastes du monde parce que la société bourgeoise, plutôt que rejeter, préfère assimiler au nom de l'exception culturelle. C'est sa façon à elle de se défendre en laissant sa place – mesurée – à la contestation afin de passer à autre chose et de retourner à ses affaires.

Voronoff se sentait-il de même dans les années 20, marginalisé parce que controversé dans le vertige mondain à Nice comme dans la communauté scientifique nationale de l'époque ? Le sentiment de l'illégitimité, de n'être pas à la place que la société lui réservait ne constituait-il pas son secret de dandy, coqueluche de gens à la recherche de frissons plus ou moins inavouables ? Voronoff introduisait les sécrétions glandulaires des testicules dans l'impeccable contexte aseptisé des désinfectants médicaux et des blouses blanches chargés de mettre hors champ et hors-jeu parasites et autres dangers. Ne menaçait-il pas par ses pratiques les fragiles défenses de l'organisme humain et par là du corps social ? Mais par retour ne pouvait-il pas alors se sentir de trop, penser avoir fait ce qu'il ne fallait pas, la découverte qui n'allait pas pouvoir être acceptée ?

Les expériences de Voronoff réveillent certainement le Ça de chacun, comme le scrute alors la psychanalyse naissante dans une société malade, bien qu'elle refuse d'en prendre conscience ; inconscient collectif et subconscient individuel se trouvent alors ébranlés dans leurs croyances. Certes le sperme est une substance complexe formée des produits de plusieurs organes dont les testicules, mais pas uniquement. N'empêche que les spermatozoïdes (qui assureront la fécondation de l'ovaire) sont précisément sécrétés par les testicules. Dès lors les greffons de testicules de grands singes ne violent-ils pas – avec l'inceste – l'un des deux tabous fondamentaux de la sexualité humaine, à savoir la zoophilie ? Une telle pratique ne questionne-t-elle pas directement la normalité à la fois physique et morale ? Certains sentent confusément une sorte de répulsion provenant de cette potentielle subversion : le fils de l'homme peut-il être, même dans une faible mesure, fils de singe ?

Dans la plupart des films de Cronenberg, on trouve un professeur-savant qui croit tout contrôler, à tort, et notamment le transfert génétique. Ainsi essaye-t-il de créer, dans *Vidéodrome* (1982) une « chair nouvelle » qui serait, d'après Cronenberg (dans l'entretien cité) « une transformation physique de la signification de l'être humain ». Pourrait donc se produire une accélération des mutations humaines (que ne saurait exclure le darwinisme), surtout sexuelles. Envisager de telles évolutions fait peur, paraît pour le moins dangereux. On voit où l'on s'engage mais on ne sait pas où cela va conduire. D'autant plus que la personnalité de Voronoff est intimidante. À la limite, on pourrait parler d'une certaine arrogance qui, venant de cet homme parvenu au sommet de sa réussite, déchaînera jaloux et médiocres : dans son milieu professionnel, ils essayeront de toutes leurs forces de le faire vaciller. Il s'agira d'obscurcir son aspect soigné de médecin à la mode, de parler d'esprit malade à propos de ces théories choquantes et même d'anormalité (n'osant pas le taxer d'immoralité) portant atteinte à l'establishment. C'est le risque de la complexité et de l'ambiguïté que les communicants d'aujourd'hui combattraient par plus de pédagogie, davantage d'explication, d'exposition et d'une relative banalisation.

« À travers toute mon œuvre se retrouve le thème de la transformation. Cela a à voir avec le thème de l'identité, de sa fragilité » dit Cronenberg en pensant prioritairement à *The Fly* (*La Mouche*, 1987) et *Dead Ringers* (*Faux-semblants*, 1989). Dans le premier film, le chercheur tente sur lui-même une expérience de téléportation au cours de laquelle une fusion s'opère entre l'organisme du savant et celui d'une mouche accidentellement introduite dans la cabine de la machine avec lui. Il s'aperçoit alors qu'il se transforme psychologiquement peu à peu en mouche et que finalement l'esprit de l'insecte va l'emporter sur l'homme. Il décide donc de se suicider. Mais il a mis sa maîtresse Veronica enceinte. Le film se termine donc sur le terrible suspense : accouchera-t-elle d'un monstre ?... On retrouve la question qui révulse les adversaires de greffes simiesques, même s'il ne s'agit que de fines lamelles de testicules : responsabilité du praticien ? Culpabilité du patient ? Et encore, la société protectrice des animaux ne venait pas à l'époque enflammer le débat ! Dans *Faux-semblants*, deux jumeaux gynécologues (joués tous deux par Jérémy Irons, tout en froideur séduisante et qui ferait un excellent interprète de Voronoff) travaillent ensemble et sont souvent pris l'un pour l'autre. On pense forcément à Serge et Georges Voronoff, d'autant plus que les rapports sont identiques, le second toujours un peu en retrait du premier. Chez Cronenberg leur belle entente se brise quand ils tombent amoureux de la même femme, une patiente atteinte de stérilité. Elle va les entraîner dans les plus folles opérations chirurgicales qui mèneront les trois à la dégradation, la déchéance et la mort. Quoi que travaillant davantage un fantastique intérieur qu'un cinéma à effets, *Faux-semblants* joue magistralement des gros plans d'instruments gynécologiques aux formes torturées de l'époque tels qu'ils devaient être lors des opérations testiculaires de Voronoff. Les manipulations génétiques conduiront à la folie meurtrière dans une atmosphère de plus en plus hallucinée. On croirait la réalisation du cauchemar d'un patient influençable rêvant dans sa chambre de la clinique de Grimaldi la nuit précédant son rajeunissement. Par là on approche l'imaginaire du « cas » Voronoff !

Les films suivants de Cronenberg vont dans le même sens : débordements les plus incontrôlés de la chair (*The Naked Lunch*, *Le Festin nu*, d'après W. Burroughs, 1991), jeux connectés directement à la moelle épinière vécus comme des rêves dans un futur proche placé sous la direction d'une structure biologique de type fœtal (*Existenz*, 1999) et remodelage du corps humain par la technique moderne d'un photographe médical fasciné par les accidents de la route (*Crash*,1996). L'adaptation du chef d'œuvre de J.G. Ballard conjugue la fusion humain/machine sous ses formes les plus perverses de déviations sexuelles à base de chairs blessées, entailles béantes et suppurantes : meurtrissures, opérations manquées, cicatrices proéminentes, prothèses invalidantes et improbables, handicaps de toutes formes décuplant pulsions et désirs honteux. On touche au secret, à l'inavouable que la manière de triturer les parties les plus intimes de l'homme et des animaux ne peut que générer, suggérer, hanter.

Les derniers films sont moins physiques, plus dialogués et psychologiques. Certes Cronenberg conserve un style, un ton et des sujets assez tordus pour imposer un regard très personnel à un film de gangsters (la mafia russe dans *Les Promesses de l'ombre*, 2007), à l'exploration de la part obscure d'un honnête père de famille (*A History of Violence*, 2005), au portrait d'un tueur psychopathe (*Spider*, 2002) ou à la chronique des rapports professionnels et sentimentaux de Jung, Freud et Sabina Spielrein (*A Dangerous Method*, 2011).

Même *Cosmopolis* (2012, paysage mental du héros pur produit d'un monde futur en pleine décadence, 2012) ou *Maps to The Stars* (2014, nouvelle mouture du sous-genre « Hollywood au miroir ») conservent des séquences anxiogènes, des situations mettant mal à l'aise, des personnages tourmentés, traqués, profondément troublés qui viennent brutalement perturber le récit, brouiller les repères, stresser... Alors s'insinue pour nous le personnage de Voronoff venant se superposer aux images du film parce que le genre humain est soudain menacé, que la raison est mise en échec par des impressions qui semblent remonter des entrailles. Dominant le cerveau et le cœur, sourd un mouvement vésiculaire, viscéral, intestinal. Les hormones expriment des sensations normalement refrénées. La vérité des glandes s'impose et ce retour non maîtrisable du refoulé ne manque pas d'être menaçant pour l'équilibre mental de l'être. Cronenberg comme le fut Voronoff est un marqueur d'alerte ; tous deux rappellent l'homme à sa dimension physique, le rapprochent de ses origines, d'une nature génésique qui a ses exigences et les fait entendre, généralement par la maladie, la vieillesse et la mort.

Et ce n'est pas toujours du cinéma. Voronoff lui aussi, professionnellement amené à se confronter à tous les maux qui affectent l'être humain, n'est sans doute pas assez sorti de son laboratoire et de sa clinique pour considérer le devenir social, idéologique et même politique de ses certitudes médicales. Les années 30 vont voir en effet certaines théories scientifiques détournées de leur but initial – la connaissance – pour être adaptées à des visées de pouvoir et d'une recherche d'un idéal humain à déterminer et à construire, donc à conditionner. Or la force de l'homme est sa diversité qu'il faut préserver et même favoriser loin d'un modèle à dupliquer. Nous l'avons vu, Voronoff est un darwinien pur, celui de la théorie de l'évolution des espèces végétale, animale et humaine par voie de sélection naturelle (la lutte pour la vie) qui fut contestée aussitôt par les partisans de la fixité des espèces et par la religion qui ne voulait pas voir les espèces générées par évolution puisqu'elles avaient été créées telles quelles par Dieu. Être darwinien fut donc, en son temps, tenir une position scientifique moderniste, voire révolutionnaire. Mais Voronoff n'a sans doute pas encore étudié de près la théorie de la mutation énoncée par Hugo De Vries pour la première fois en 1901, complétant les idées de Darwin par la découverte des chromosomes et fondant la génétique moderne. Il est alors au Caire où il découvre ce qui sera le sujet d'expérimentation de toute sa vie : la greffe.

Par contre, lorsqu'il retourne en France en 1910, alors que les deux jeunes sciences – la génétique et la biochimie – renouvellent complètement l'étude cellulaire, l'eugénisme est en train de prendre son autonomie par rapport au courant principal. Fondé par François Galton, c'est un ensemble de méthodes qui ne s'instituera jamais en véritable science mais qui s'affirme progressivement en courant de pensée à la fois scientifique et philosophique, une sorte de philosophie scientifique c'est-à-dire fournissant à une vision du monde pré pensée des bases (pseudo) scientifiques pour en asseoir l'autorité. Galton était un savant britannique, cousin de Charles Darwin dont il est d'abord un fervent défenseur et protagoniste avant de prendre pratiquement le contre-pied de l'évolution des espèces en diffusant sa théorie à la fin du XIXème et au début du XXème siècle. Galton récupère en effet la notion d'espèce, mais conteste l'idée de l'évolution naturelle. Certes il existe des espèces vivantes, mais la science peut ne pas laisser faire la nature et, au contraire, doit empêcher l'évolution ou la contrôler, l'aider à aller dans la « bonne » direction. La théorie eugéniste est perverse car tout est question de degré et d'ampleur. Quand un médecin soigne et guérit un patient malade ou quand Pasteur découvre le vaccin contre la rage qui protège l'ensemble de l'humanité contre ce fléau, on pourrait dire qu'il s'agit d'interventions destinées à entraver la sélection naturelle de l'espèce, cette fameuse lutte pour la vie qui régirait d'après Darwin le monde vivant. De même quand Voronoff donne à l'homme la possibilité d'être en bonne santé et de vivre plus longtemps, il va contre les idées de Darwin qu'il défendait pourtant. À plus forte raison, lorsqu'il parvient à créer des moutons plus gros et plus laineux pour favoriser l'usage que l'homme fait de l'élevage c'est peut-être la « bonne direction » du point de vue de l'homme mais probablement pas du mouton.

Or l'eugénisme, qui ne concerne que l'espèce humaine à l'intérieur de laquelle la théorie distingue de nombreuses races, est une doctrine d'intervention sur les composantes génétiques des peuples dans le but d'améliorer les caractères de la race ou d'en protéger la pureté. À la limite on peut aussi stériliser les sujets atteints de tares trop profondes pour éliminer une descendance non souhaitable. À ce moment on est passé de la génétique à l'idéologie. C'est le fondement du nazisme voulant établir la suprématie de la race arienne en choisissant la solution radicale de la disparition pure et simple de la race juive par l'extermination. Or Hitler arrive au pouvoir en 1933 et ses idées sont déjà connues depuis plusieurs années. En outre certains pays scandinaves seront également séduits par la stérilisation possible des populations dites « à risques » (les fous en particulier mais pas seulement). On comprend dès lors que, si le rajeunissement de certaines catégories sociales (les hommes, les riches, les vieux), a pu être présenté comme le rêve d'une humanité bienheureuse dans les années 20 et 30 qui voyaient se propager les idées eugénistes, il a commencé à poser des questions à la fin de la décennie puis, après les horreurs de la Shoah, a finalement été mis au rang des idées dangereuses parce que les opérations de Voronoff véhiculaient des relents d'eugénisme dont on avait vu les dérives épouvantables auxquelles cette doctrine avait pu conduire. Ce ne sera pas la seule raison de l'abandon des « greffes Voronoff » mais elle fait partie du rejet définitif de ses expériences. Certes le Docteur ne prêtera jamais allégeance à l'eugénisme mais cette idéologie inclura sans son avis ses travaux qui auraient pu s'en réclamer. Quelques déclarations mal maîtrisées ont peut-être pu prêter le flanc à cette fausse connivence, mais Voronoff sera surtout sali dans cette histoire par l'embourbement de trois de ses amis et soutiens de la première heure, Alexis Carrel le chercheur, Louis Dartigues le confrère praticien et Édouard Retterer le biologiste. Tous trois suivront sans réserve les thèses eugénistes les plus détestables même quand elles aboutiront aux ignominies de l'Allemagne. Dès lors, à l'heure des comptes après 1945, les manipulations de testicules et de virilité de Voronoff louées en leur temps par trois médecins assimilés ensuite aux terribles docteurs nazis souffriront de ce rapprochement et, comme elles s'étaient par force interrompues pendant la guerre, personne ne s'attachera à les reconsidérer. L'échec et l'oubli allaient devenir irrémédiables.

Après le discrédit complet causé à l'eugénisme par la participation active d'Alexis Carrel à l'idéologie et à l'exercice du pouvoir de Vichy, on assiste pourtant à nouveau aujourd'hui à une renaissance d'une partie de ses thèses dans le courant du « transhumanisme » forgé dans la fameuse *Silicone Valley* aux États-Unis, en particulier chez les chercheurs de Google. Eux aussi reprennent l'idée folle d'un possible énorme allongement de la vie (200 ans ; Voronoff n'était pas loin d'envisager une telle durée), voire même de l'immortalité par disparition de toutes les maladies. On retrouve alors la thèse de Voronoff et Carrel « démontrant » que la cellule est immortelle. Voronoff n'affirmait-il pas en effet que la pratique de l'autopsie pourrait montrer que tout décès résulterait de la collusion d'une série de maladies spécifiques et non du vieillissement général de l'organisme. Pour Voronoff la « mort naturelle de vieillesse » était un faux concept. Elle n'existe pas, la preuve étant que Carrel conserverait en laboratoire des cellules toujours vivantes d'êtres vivants plusieurs années après la mort des animaux sur lesquels elles avaient été prélevées. Mais le « transhumanisme » ajoute, parallèlement à cette constitution du futur surhomme les progrès rapides et gigantesques de l'intelligence artificielle élaborant un « robot » qui aura demain des capacités bien supérieures à celles du cerveau humain et prendra donc le dessus sur l'homme.

Dès lors, que restera-t-il à l'Homme s'il existe encore ? Quel sera le sanctuaire humain, son espace réservé ? Ce ne sera pas le génome puisque les savants savent déjà intervenir sur celui-ci, par exemple pour prévenir actuellement les maladies génétiques, mais peut être bientôt pour le transformer, l'améliorer diront-ils ? Alors ne restera-t-il plus qu'à s'en référer à l'éthique, espérer qu'il sera possible de préserver la conscience… selon le vieil adage affirmant que science sans conscience n'est que ruine de l'homme ? Beau mais faible espoir car on est là dans le domaine de la pensée que le biologique grignote de plus en plus. N'est-ce pas une utopie due à l'orgueil du philosophe face à l'arrogance du scientifique, un acte de foi de l'espace religieux alors que le sacré précipite présentement à nouveau l'humanité dans la pire barbarie ? Comment croire que le jour où l'on sera battu sur le plan de l'intelligence par la machine on aura su préserver la conscience c'est-à-dire la morale ?

Certes l'intelligence artificielle et la robotique n'étaient pas encore envisageables au milieu des années 20, mais le surhomme semblait déjà possible à Voronoff, sinon que quinze ans plus tard l'Homme allait plonger dans l'horreur nazie responsable du plus grand massacre humain de son histoire, occasionné par la fureur de l'homme dirigée contre lui-même, entreprise folle d'auto-destruction basée sur la disparition de pans entiers de l'humain pour donner le pouvoir non pas aux meilleurs des hommes mais au contraire aux plus ignobles.

Avec beaucoup d'humour qui ne saurait néanmoins masquer tout à fait une certaine crainte, Nicolas Carreau fait le point sur les avancées de la science en la matière dans « Préavis de greffe illimitée » (*Les Inrockuptibles,* 3 février 2016). Cela se passe évidemment du côté des expérimentations en Chine et surtout, plus près de nous, avec le neurochirurgien italien Sergio Canavero qui était déjà parvenu à souder la tête d'une souris sur le corps d'une autre. Il affirme avoir présentement réussi la même opération sur un singe par la fusion des moelles épinières du donneur et du receveur, l'étape suivante étant de tester la technique sur un humain. Ce serait pour 2017 et le receveur est prêt : un Russe d'une trentaine d'années atteint d'une maladie « rare » qui lui rabougrit inexorablement le corps.

On a déjà greffé des organes isolés puis des membres entiers, le cœur, alors pourquoi pas la tête ? Parce qu'elle commande à tout le reste ? Certes, mais l'idée de redonner au pauvre Russe un corps neuf à la place du sien qui se consume tragiquement ne troublera bientôt plus personne. Dans l'état actuel de la réflexion, l'inverse soulèverait par contre un questionnement d'une autre nature, car qui serait exactement l'humain dont la tête, écrabouillée dans un accident automobile, serait remplacée par celle, intacte, d'un autre accidenté dont le corps aurait été complètement écrasé ? Les recherches sur les genres et l'identité sexuelle (y compris les changements de sexe effectués chirurgicalement) trouvent là un prolongement pas facile à gérer ! En effet, dans le cas de notre Russe, chacun peut se mettre en paix relative avec sa conscience éthique en considérant que l'on greffe le corps d'un mort à un vivant (qui a conservé toute sa tête !) Mais dans notre hypothèse des deux accidentés, c'est exactement le contraire : on redonne vie à un mort (la tête ayant été détruite, la mort cérébrale a pu être établie de façon certaine) en lui greffant une tête vivante (ou considérée comme telle après quelques secondes d'électro-encéphalogramme plat). Alors, qui sort du bloc opératoire ? En cherchant les mots pour le dire, on en vient à décrire une sorte de résurrection. Mais de qui ? On a substitué les têtes, mais on pourrait dire aussi justement que ce sont les corps qui ont été échangés. En fait, à un certain moment, il y a eu bel et bien deux morts côte à côte et on n'a pu que faire renaître une seule vie résultant de la fusion des deux.

La question est de savoir si un homme de quarante ans au crâne écrasé peut revivre avec la tête d'une jeune femme (que l'on pourrait même imaginer enceinte), ou une jeune future mère peut-elle revivre avec la tête du pompier mort en service (peut-être en essayant de la sauver des flammes) ? Qui l'emporte du cœur ou du cerveau ? Les « humanistes » aimeraient pouvoir choisir le cerveau. Mais dans quel état avec un corps étranger ? Est-ce qu'il aura conservé des souvenirs et des sensations d'avant ? On peut tenter de trouver quelques éléments de réponses dans des œuvres de Science-Fiction, littéraires ou cinématographiques qui ne manquent ni de savants imprudents se retrouvant avec une tête de mouche ni de cerveaux greffés lors d'opérations fantastiques. C'est généralement le drame, bien que certains auteurs veuillent aussi nous faire rire quand l'homme est devenu femme ou réciproquement.

Mais si l'on croise réflexions éthiques et scientifiques, à savoir biologie et philosophie, les perspectives n'apparaissent ni claires ni positives. Voronoff avait plongé dans la génétique, on pourrait dire en totale inconscience (et innocence ?) d'une foi optimiste dans les possibilités de la science. Le problème, on le découvrira plus tard, est que la science produira aussi la bombe atomique. Mais ce qui intéressait Voronoff, est qu'il pouvait rendre leur virilité aux vieux impuissants et surtout reculer la dégénérescence de la vieillesse. Ainsi, une voie s'ouvrait pour améliorer la race humaine. D'autres s'y attelèrent, seront un temps désavoués avec horreur au mitan du XXème siècle. Mais l'idée reparaît aujourd'hui dans les milieux inattendus de la haute technologie.

10

L'association du sexe et du singe dans le miroir psychanalytique du cinéma fantastique a doté l'image de Voronoff d'un certain côté démoniaque. Le Docteur est au sommet de son succès dans la seconde moitié des années 20 : reconnaissance scientifique (les effets de la greffe ne se sont pas encore atténués) mais aussi philosophique car son meilleur livre, *La Conquête de la Vie* (1928) en a fait un penseur et un moraliste, nous dirions presque aujourd'hui un gourou, envisageant l'existence humaine de ses origines à une fin dont il repousse l'issue en maintenant le bonheur de vivre jusqu'au bout par la préservation de la santé et de l'énergie. Dès lors richesse et célébrité l'accompagnent dans un tourbillon débordant d'activités. Mais l'ascension est terminée, il n'ira pas plus haut. La soixantaine atteinte, il plane, domine, peut se retourner sur sa vie avec satisfaction, mais la roche tarpéienne n'est jamais très loin du Capitole, du moins dans notre Europe et les années trente amorceront un long processus de décélération. Son étoile va pâlir, accompagnant la lente désagrégation du vieux continent au cours des années 30 qui se terminera par l'apocalypse de 1939 à laquelle Voronoff échappera in extremis en s'embarquant pour le Nouveau Monde où ses idées ont pénétré et où il sera reçu en vedette de la réussite individuelle comme les aiment et les fêtent les Américains. Certes, entre temps, il aura monté dans la hiérarchie de la Légion d'honneur et se sera remarié avec une jouvencelle dont il pourrait être le grand-père. Quelques signes non négligeables de la réussite scintillent donc encore autour de son image altière qui ressemble de plus en plus à une publicité pour sa thérapie simiesque.

Mais le contexte n'est plus aussi favorable à sa veine insolente. L'antisémitisme rampant se renforce et se découvre, les scientifiques non convaincus par ses greffes n'ont pas désarmé et les avancées nouvelles de la médecine prennent d'autres voies que la chirurgie pour les pathologies « soignées » par la méthode Voronoff. Nous voudrions quant à nous ajouter de lentes modifications psychologiques et sociales accompagnant les méfaits de la crise économique de 1929 dont les premiers effets se font sentir en France avec retard, c'est-à-dire dans le premier tiers des années 30. L'opinion publique s'affirme comme un quatrième pouvoir au même titre que la presse dite, précisément, « d'opinion ». Et des opinions, il y en a désormais dans tous les domaines, arguments à l'appui (par exemple pour les questions politiques ou les idéologies) mais aussi, moins consciemment, à propos de sujets de société, de civilisation, ou en ce qui concerne les mœurs, la culture, les valeurs et le sens de toute chose.

C'est l'époque où la psychanalyse, née au tournant du XIXème et du XXème siècle, exactement en même temps que le cinéma, va s'atteler à une psychopathologie de la vie quotidienne. Entre Vienne et Londres, la pensée de Sigmund Freud se forge à partir de l'esprit européen, même si c'est contre ses principes, le clinicien exprimant ses deux axes majeurs de recherche dans *L'Interprétation des Rêves* (1900) et *Trois Essais de la Sexualité* (1905), à savoir l'inconscient et les sens, l'un comme les autres profondément affectés par un puissant sur-moi socio-moral. De longues années gêné par les querelles de chapelle sur le vieux continent, le freudisme s'implante d'abord dans certains milieux psychiatriques et artistiques américains et le boomerang revient d'où il était parti au début des années 30, notamment par les moyens du cinéma américain dont le Parlant accroît (paradoxalement, mais c'est une autre histoire) l'hégémonie. Or le cinéma est alors le principal divertissement des Français. Et parmi les plus grands succès figurent les films fantastiques américains qui explorent à l'envi l'inconscient, suscitent le malaise, font appel au rêve, à l'imaginaire et, par-dessus tout, aux fantasmes d'un refoulé collectif, qui vont toucher de plein fouet le spectateur dans les fauteuils de la salle de cinéma transformés en divans de la psychanalyse du pauvre. Soignants et soignés, cinéastes et spectateurs mixent de conserve art et médecine comme comportement de groupes et motivations individuelles. Or il est clair que toutes ces sensations et émotions désagréables, car mettant en mouvement des zones d'ombre tapies au fond de chacun, sont celles-là mêmes qu'avaient éveillées quelques années auparavant les expériences du Docteur Voronoff, qu'on y ait eu directement accès ou qu'on en ait à peine entendu parler, souvent sous couvert de grivoiseries ou même seulement d'allusions douteuses pour mettre les choses à distance (par l'ironie) et refuser de les nommer (le sur-moi de Freud). Mais c'est le fantastique qui exacerbe au maximum ces tendances, orchestrées avec subtilité quand l'usine à rêves prend le pas sur le reflet réaliste. Il est vrai que cinéma-miroir et symbolisme se combinent généralement – en proportions variables – pour aboutir à l'efficace communication cinématographique de l'âge d'or hollywoodien.

Jack l'éventreur n'est pas un mythe. Il a bel et bien assassiné à Londres un grand nombre de prostituées d'un coup de couteau dans le bas-ventre. Mais Bela Lugosi, génial interprète en 1931 du *Dracula* de Tod Browning, mourut fou, se croyant devenu vampire et plus précisément le Prince des Ténèbres lui-même. Entre ces deux faits indiscutables se développe la dialectique « psychanalyse et cinéma fantastique » en référence aux agressions-séductions de Dracula et des créatures mythiques de l'épouvante dévorées de désirs monstrueux impossibles à assouvir. Mais le fantastique n'est pas forcément irréel et c'est justement aux marges de l'imaginaire que se produisent les glissements du conscient à l'inconscient où la psychanalyse pointe ses découvertes les plus pertinentes.

De fait, la cohorte des maniaques et obsédés sexuels qui hantent les écrans, nécrophiles, étrangleurs ou éventreurs, disciples du Marquis de Sade, du Docteur Fu Manchu et du comte Zaroff, Jekyll, Hyde et loups-garous de tous poils, époques ou conditions, exhibitionnistes, voyeurs et violeurs de nuit sans lune fourniraient une clientèle choisie dans le salon d'attente des Docteurs Freud et Voronoff pour peu que s'y ajoutent leurs innombrables victimes expiatoires, vierges ou putains. Or, comme le montre l'admirable *Peeping Tom* (*Le Voyeur*, 1959) de Michael Powell, c'est le cinéma même qui est à l'œuvre dans ces monstrueuses névroses. A la fois but et moyen, instrument tour à tour initiatique et exutoire, plus forte que les rêves car assumée en état de vieille et de tension, la fascination cinématographique résulte d'une volonté du spectateur et non du sommeil de tous les sens. La salle de spectacle est alors assimilable à l'hôpital-bordel créé en 1962 par les décorateurs de John Huston pour visualiser certaines maladies mentales traitées par le célèbre professeur (*Freud, Passions Secrètes*).

Les grands créateurs du fantastique sont lucides quant aux connotations freudiennes des thèmes abordés et c'est consciemment qu'ils se servent des théories psychanalytiques, non seulement pour construire les personnages et déterminer leurs agissements, mais aussi pour provoquer des réactions du public par une mise en scène usant généreusement de l'arsenal symbolique. Voulant montrer dans *Horror of Dracula* (*Le Cauchemar de Dracula*, 1958) à la fois la répulsion et la passion, l'attirance qu'éprouvaient les victimes pour leur bourreau sans bien sûr gommer l'aspect sexuel, Terence Fisher conclut par exemple : « Je ne néglige pas le côté freudien. » (*Midi-Minuit Fantastique* n°7, septembre 1963).

Les films tirés d'Edgar Poë accusent généralement, pour leur part, la lecture psychanalytique des textes en faisant de l'inconscient le moteur principal des comportements et donc de l'action. Auteur dans les années 60 de huit adaptations du nouvelliste, Roger Corman remarque notamment : « Poë était l'un des premiers écrivains subjectifs, et aussi l'un des premiers à avoir percé le niveau de la conscience humaine. Le XIXème siècle a vu plusieurs artistes, plusieurs hommes comme Dostoïevski, s'attaquer à l'inconscient. Ce que Freud fit consciemment, Poë l'avait fait inconsciemment. » (*Positif*, n° 59, mars 1964).

Le fantastique permet la revanche du biologique sur le cartésianisme : au cinéma, le corps a ses raisons que la raison ignore mais qui n'en sont pas moins impératives. Le film adopte d'ailleurs fréquemment la classique structure du cauchemar : le personnage auquel s'identifie le spectateur est poursuivi par un monstre auquel il tente vainement d'échapper ; la créature horrible le retrouve toujours. Rêves et cinéma fonctionnent ainsi à partir de ressorts très proches, mais les chefs d'œuvre du 7ème art ajoutent une charge poétique qui dynamite littéralement l'anecdote. Si les modifications perpétuelles d'échelle dans *King-Kong* (une fois, le singe a sa patte remplie par la délicate héroïne hurlante, mais quelques plans plus loin il se saisit d'une rame de métro en entier) comme les erreurs de perspective ajoutent encore à l'impression onirique, le film se situe surtout du côté des espaces infinis de l'imaginaire libérés par cette formidable histoire œdipienne.

Dès lors tout spectateur est en terrain de connaissance s'il accepte de rentrer en lui-même et, pour Domenico Paolella, réalisateur de films de « cinéma bis », comme on disait volontiers dans les années 60 (et en particulier de nombreux péplums ou films mythologiques), l'idée est que les auteurs des films fantastiques plongent, à leur insu, dans le monde de l'inconscient collectif. Si le film réaliste est un miroir, c'est-à-dire s'attache exclusivement au visible, à l'apparence, à l'enveloppe, la vision d'un film fantastique joue par contre un rôle de révélateur : il oblige à reconnaître les pulsions internes d'un monde qui est en nous mais que nous refoulons sans le savoir. En le faisant remonter à la surface de la conscience, le film fantastique agit comme une véritable cure psychanalytique, mais en moins cher ! Le fauteuil de cinéma est plus accessible que le divan du psychanalyste et le transfert sur les stars de l'écran moins traumatisant que la fixation sur le praticien.

Aussi le courant fantastique est-il présent dès les origines du cinéma, d'abord avec Georges Méliès puis avec l'expressionnisme dans l'Allemagne pré-hitlérienne. La firme Universal fait ensuite triompher le genre aux États-Unis à l'orée des années 30 avant que la peur atomique ne livre les écrans à la Science-Fiction au lendemain de la Seconde Guerre mondiale.

Si le fantastique triomphe à Hollywood de 1931 à 1933, le *Dracula* de Browning et le *Frankenstein* de Whale ouvrant la porte à la longue galerie des monstres, ce renouveau est d'ailleurs contemporain des succès du thriller (*Scarface* d'Howard Hawks est de 1932) et de la série des Sternberg-Marlène (*L'Ange bleu*, 1930 ; *X27*, 1931 ; *Blonde Vénus*, 1932 ; *Shanghai Express*, 1933...). C'est donc un cinéma du diable, celui des instincts primaires de la peur, de l'érotisme et de la violence qui déferle sur les écrans. Face noire de la bonne conscience traduisant d'autres aspirations et des craintes vitales, ces trois courants sont très marqués par l'expressionnisme. Or l'influence germanique n'est évidemment pas seulement plastique et le freudisme s'implante ainsi par le biais du spectacle dans une Amérique non encore touchée par les théories du professeur viennois.

La place du fantastique dans le cinéma du début des années 30 ne manque pas d'ailleurs d'être profondément dérangeante. Alors que les major compagnies s'adaptent à la crise économique en promouvant le film social reflet de la dépression (populisme de John Ford ou *Notre Pain Quotidien* de King Vidor), les films d'horreur prennent le contre-pied du réalisme en jouant le rêve et le mythe. De plus, bien que le cinéma de genre lui-même se veuille en prise directe avec l'actualité (le film de gangsters montre la corruption comme conséquence de la crise, le comique met en scène nouveaux riches et nouveaux pauvres...), le film fantastique parle de diable et de sexe. Enfin, alors que le cinéma américain cherche à se ressourcer dans une idéologie proprement nationale, ces films constituent la vitrine orgueilleuse des influences étrangères. Ainsi matérialisent-ils parfaitement l'irruption incontrôlée de ce que le surmoi social refuse. Lâchés par une petite compagnie pirate ayant saisi une demande non formulée du public, les monstres saccagent les mesures dérisoires du gouvernement en dénonçant le marasme d'une humanité perdue. Alors que l'État cherche à panser les blessures d'une simple crise de régime et que les plus révolutionnaires parlent de crise de société, l'Universal suscite pour sa part une véritable crise de conscience.

Parmi ces images cinématographiques de l'épouvante, la plus forte est certainement celle de *King Kong*, le roi Kong, le singe géant. En fait le singe participe à l'histoire de l'humanité au moins depuis l'Antiquité où l'animal est perçu « comme l'image humaine déformée (Aristote, Pline y insistent) considérée, notamment avec le christianisme, comme une forme dégradée et inférieure ou inversée de l'être humain. Le christianisme ne pouvait manquer d'y voir une image du démon, et un symbole de la vanité : on a souvent représenté un singe ou une guenon devant un miroir. Il a été aussi pensé comme proche de l'« homme sauvage ». Sa sexualité démonstrative en a fait une incarnation de la lubricité, magnifiée lorsqu'il s'agissait des grands anthropoïdes. L'imaginaire a fait du gorille un ravisseur de femmes » (AR et TH, « Singe », *Dictionnaire Culturel en Langue Française* d'Alain Rey)... ce qui nous ramène à *King Kong* ! Mais le singe fascine ou provoque le rejet et il a fait partie de nombreux mythes à l'origine de plusieurs religions. Il réapparaît avec le darwinisme, perspective évolutionniste forgée dans le monde anglo-saxon dont la langue distingue les grands singes anthropoïdes (apes) des petits (monkeys), seuls les premiers offrant une certaine parenté avec l'homme. Cette distinction est évidemment importante : Voronoff ne pouvait utiliser que les anthropoïdes. Avec les petites espèces, la greffe ne prenait pas. Après Darwin d'ailleurs, on ne croit plus que l'homme descende du singe mais que l'homme et le singe sont l'aboutissement de deux lignées distinctes depuis très longtemps. Pourtant l'ancêtre commun lointain devait ressembler davantage aux singes qu'à l'homme. Quant à l'image du singe qu'a forgé l'homme, elle demeure contrastée : diabolisé au Moyen Âge, on reconnaît plutôt aujourd'hui ses qualités (intelligence, adresse et même malice) quoique sa laideur, son postérieur et ses parties génitales très visibles continuent à mettre mal à l'aise. A ces traits physiques et comportementaux s'ajoute l'accusation portée par certaines autorités d'avoir véhiculé le sida. Elle fut reprise par Hervé Guibert dans son livre *A l'ami qui ne m'a pas sauvé la vie* : « le sida, qui a transité par le sang des singes verts, est une maladie de sorciers, d'envoûteurs ».

De toute manière, le singe n'a jamais été le meilleur ami de l'homme. C'est le chien ou le cheval. Par contre le chimpanzé (et de manière plus générale le singe) est certainement l'animal qui ressemble le plus à l'homme. C'est de cette proximité, de cette compatibilité de nature que se réclamait Voronoff pour éviter le rejet des greffons. Mais c'est aussi un des animaux à l'activité sexuelle la plus développée, caractéristique de notoriété publique (avec le lapin). Et c'est bien pourquoi aussi (les mauvaises langues diront « surtout ») le Docteur avait choisi de greffer des morceaux de ses glandes sexuelles. Car la vieillesse de l'homme n'est pas due exclusivement à la diminution des sécrétions des glandes testiculaires. Y contribue aussi – pour demeurer dans les connaissances médicales de l'époque – l'affaiblissement de la production des autres hormones. Or Voronoff ne greffe pas des thyroïdes ou des hypophyses (il a essayé ; très vite les résultats furent jugés insuffisants), mais bien des glandes testiculaires ! Aussi la campagne de grivoiseries fut-elle toujours plus vive que les réclamations de ligues de vertus ou des bonnes mœurs. Car Voronoff évoluait dans la Bonne Société et les plus hautes instances scientifiques nationales où il était déjà de bon ton d'avoir les idées larges (surtout si c'était pour les bienfaits de la médecine, la santé publique, les progrès de la science). À l'époque les maisons closes avaient d'ailleurs pignon sur rue et certains les assimilaient volontiers à des cercles d'art et de culture, les expressions égrillardes, gaillardes ou graveleuses étant laissées aux classes les plus basses de la société.

On peut néanmoins être étonné de la facilité avec laquelle fut accueillie la réalisation de la première ferme en Europe de grands anthropoïdes africains. On trouva en effet toute naturelle la raison : s'assurer de disposer des singes nécessaires aux greffes. Certes, mais tout de même ! On commenta donc fort positivement le choix de Grimaldi, un lieu abrité par les montagnes des vents du Nord et doté d'une végétation d'origine tropicale à base de palmiers et de bananiers donnant des fruits. Durant l'hiver, les singes trouvent dans les cages intérieures un chauffage central maintenant une douce température. Mais quand ils le veulent, en tout temps, un dispositif ingénieux leur permet d'accéder aux cages extérieures à l'air libre. En 1928, le journaliste effectuant la visite annonce que d'ici un an les singes les plus robustes évolueront en liberté relative dans un vaste espace paysagé entouré de grillages. Ils pourront même s'accoupler et la ferme a déjà enregistré plusieurs naissances. À ce moment, cependant, Voronoff a encore besoin de faire venir des singes d'Afrique Occidentale et d'Abyssinie.

Il s'agit de chimpanzés. King Kong, lui, est un gorille impressionnant et le succès planétaire du film fut à la dimension du colosse et des mythes que véhicule une telle bête. Certes le film est hollywoodien et son analyse montre qu'il cherchait à atteindre un inconscient collectif typiquement américain. Néanmoins il fut distribué dans le monde entier et toucha donc tous les publics. En France notamment il demeura des semaines à l'affiche et fut repris régulièrement pendant des années ; les gens y allèrent prioritairement pour se faire peur mais aussi par attirance pour ce mâle monstrueux qui donnait le frisson. De nos jours encore le gorille fascine et des paléontologues – presque exclusivement des femmes ; en tout cas ce sont les femmes que privilégient les médias – consacrent leur vie à l'étude et à la fréquentation des grands singes africains traqués par les chasseurs qui les tuent et menacent la pérennité de l'espèce. Serge Voronoff est-il allé voir *King Kong* alors que ses cliniques ne désemplissaient pas ? La simultanéité des deux événements – cinématographique et chirurgicale, à Hollywood et à Grimaldi – mais connaissant chacun un retentissement très large à l'intérieur de leur sphère spécifique, nous interroge. A-t-elle interpellé le Docteur et les travaux du Français étaient-ils connus des réalisateurs de *King Kong* ? Ceux-ci pouvaient très bien en effet lire le *Time* et avoir vu en son temps *The Blind Bargain* de Wallace Worsley. C'était même plus que probable car ce fut une grosse production dix ans plus tôt, alors que Shoedsack n'avait pas encore tourné son premier long métrage (en 1925) mais où il était déjà opérateur à la Keystone, donc dans le cinéma. Comment en effet imaginer une telle histoire de singes sans avoir vu *The Blind Bargain* ? La puissance sexuelle prêtée aux grands singes par l'opinion publique a amené le chirurgien à imaginer ses greffes et le cinéaste à inventer King Kong. Le singe a inspiré le savant comme l'artiste et les résultats ont été probants. Quant aux patients du Docteur Voronoff, greffés, en instance de l'être ou se demandant s'ils allaient le faire, sont-ils allés voir *King Kong* ? Il est sûr qu'au moins quelques-uns d'entre eux l'on vu, comme la plupart des Français. En ont-ils parlé à Voronoff ce qui l'aurait amené à y aller s'il ne s'y était pas rendu de lui-même ? Nous, aujourd'hui, restons au cœur du triangle Voronoff Schoedsack King Kong. Retournons donc au film, avec d'autant plus d'intérêt qu'un des tout premiers livres que nous ayons écrits sur le cinéma fut *Le Cinéma Fantastique* (éd. Seghers, 1971) qui arborait sur la couverture une photo de King Kong, gigantesque puisque dépassant tous les gratte-ciel de New York, la gueule grande ouverte et tenant dans sa main Fay Wray à peu près nue.

King Kong d'Ernest B. Shoedsack et Merian C. Cooper constitue en 1933 une création originale du 7ème art et non l'adaptation d'un roman comme, entre autres, *Dracula* (Bram Stoker), *Frankenstein* (Mary Shelley) ou le *Dr Jekyll* (Robert Stevenson). Il n'en reste pas moins que les cinéastes ont subi des influences et qu'elles sont justement révélatrices. Ainsi l'idée du grand singe se trouve déjà chez Jonathan Swift. « Le voyage à Brobdingnag » des *Voyages de Gulliver* met en effet en scène un gorille géant qui passe la tête à la porte de la boîte aménagée en habitation pour Gulliver. L'ayant attrapé en introduisant sa patte, il monte jusqu'au faîte du plus haut bâtiment en tenant toujours le voyageur comme une vulgaire poupée. On voit là l'embryon de deux scènes fondamentales du film et l'on sait l'interprétation psychanalytique à laquelle le roman de Swift a donné lieu. La structure générale du récit reprend d'autre part celle du *Monde Perdu* de Conan Doyle : des explorateurs découvrent une région inconnue peuplée d'animaux préhistoriques. Ils capturent un ptérodactyle vivant et l'exhibent en spectacle à leur retour. Mais le monstre s'échappe dans la ville... Il suffit cette fois de remplacer le ptérodactyle par l'énorme gorille.

Quant au lieu où se déroule la première partie de *King Kong*, il a été dessiné par Willis O'Brien d'après le célèbre tableau d'Arnold Böcklin « *L'île des morts* » réalisé en 1880. La « *skull island* » (l'île en forme de crâne) du film s'inspire donc très directement de ce classique de la peinture fantastique. Or Swift, Doyle ou Böcklin constituent les types mêmes des auteurs d'œuvres lues ou vues par les enfants américains, puis oubliées mais hantant ensuite les rêves les plus inconscients pour se retrouver dans les productions de l'individu devenu plus tard adulte et créateur. De manière analogue *King Kong* est un film nocturne conçu par introspection onirique. Dès lors il touche le spectateur au cœur et même au ventre, siège inavouable de toute passion.

Pour Ado Kyrou, grand maître du surréalisme et du fantastique, « King Kong est l'insolite représentant de la cohorte de monstres qui depuis Caligari portent entre leurs bras la jeune fille romantique. Le vieux dragon des contes de fées a perdu sa naïveté, il a gagné en force et en complexité, il a pris le pas sur le preux chevalier qui a mission de le combattre ; en se rapprochant de l'homme, il s'est épanoui et dans la cornue cinématographique il a perfectionné son mythe en l'assimilant au rêve et à la vie ». La formule est belle parce qu'elle précipite un peu tous les aspects de l'œuvre ; sa filiation cinématographique (l'expressionnisme), mais aussi son rapport aux contes merveilleux (le dragon), l'inversion – ou du moins le brouillage – des représentations traditionnelles du Mal et du Bien (le chevalier), soulignant des relations complexes au rêve, aux mythes et à la vie. Issue du réalisme (le film débute dans les quartiers portuaires rendus misérables par la crise de 29), la matière psychanalytique est donc transcendée par le biais de l'aventure exotique (le voyage à Skull Island).

Au-delà de l'anecdote, *King Kong* se présente comme un rêve structuré en images souvent irrationnelles auquel peut s'appliquer la double lecture d'un récit dont la force latente est infiniment plus riche que le contenu manifeste. *King Kong* résulte d'une (psych)analyse collective dans la mesure où il représente le cauchemar de l'Amérique de la dépression. Le film exorcise les peurs du pays entier. Mais si Shoedsack et Cooper sont des « voyants » (c'est-à-dire des poètes) des psychoses de leur temps, *King Kong* accède au mythe parce que le film transmet cette vision par une histoire rocambolesque et emblématique.

Or, ce symbolisme est à la fois d'essence sexuelle et sociale, la symbiose de la technique (truquages très réussis) et de la poésie (envoûtantes compositions plastiques entre Gustave Doré et le douanier Rousseau) fournissant le liant nécessaire à réunir la jungle verte (l'île du début) et celle de béton (New York à la fin). *King Kong* constitue la modernisation du mythe éternel de *La belle et la bête.* Mais au lieu de lui donner la joliesse que retiendra en 1946 l'adaptation de Jean Cocteau, les auteurs ont réalisé une version « hard » sinon dans l'image du moins dans l'esprit. N'oublions pas d'ailleurs que lorsqu'il entreprend *King Kong*, Shoedsack vient juste de réaliser l'année précédente *The Most Dangerous Game* (*Les chasses du Comte Zaroff*) décrivant un personnage sadien de chasseur d'hommes qui traque les naufragés dans son île solitaire. On retrouve le thème du monstre retiré dans un espace borné par l'immensité marine, mais pour Jean Loth *King Kong* représente avant tout « l'image géante du désir le plus monstrueux et le plus pur que nous ait apporté le cinéma (…) Fay Wray, cheveux dénoués, robe flottante et lacérée, fuyait devant l'insistance du singe géant à l'amour si tenace et aux proportions si redoutables. Pourtant, telle est la force de l'amour, si elle ne succombait pas – il y a des impossibilités techniques -, elle gardait une certaine reconnaissance à la bête, capable pour elle d'écraser les villages, d'ébranler New York, de tuer tout ce qui était obstacle à son besoin » (Jean Loth, *Cinéma* n°20).

Au début il y a une faute bénigne : l'héroïne en chômage a volé une pomme. Le cinéaste explorateur l'a alors sauvée de l'arrestation mais va lui faire payer chèrement ce geste en l'offrant comme appât pour capturer le singe. Le film devient à partir de là une histoire de Dieu et de sexe, ce qui est bien dans la logique d'un récit psychanalytique : le singe Kong est une divinité, mais le sacrifice annuel est d'ordre purement sexuel puisque ses fidèles indigènes doivent offrir une vierge pour apaiser le courroux de ce sur-mâle. Ayant été mis en place en 1930, le code Hays de censure joue le rôle psychanalytique du Surmoi castrateur. Il interdit en effet clairement la zoophilie (amour entre l'humain et l'animal) comme la miscégénation (relations sexuelles entre race blanche – la fille – et noire – le singe). Le récit recourt donc au mythe et au rêve sous la forme d'allégories finalement fort complexes bien qu'elles se présentent sous des dehors assez simplistes, voire même naïfs.

En fait, le noir et l'érotisme constituent les éléments les plus occultés par la société et la morale américaines. Ils font peur parce que l'Amérique a vis-à-vis d'eux mauvaise conscience et qu'elle craint par-dessus tout le surgissement du refoulé. Certes Kong est un animal et non un homme noir. Mais son impact érotique n'en est que plus extraordinaire : le singe géant noir et en rut constitue donc l'image de l'horreur, celle du retour à la barbarie des origines dont la civilisation croyait avoir à jamais triomphé. Or cette revanche des forces primitives est due au comportement malsain de la société blanche qui, violant les lois naturelles, déclenche le cataclysme.

C'est en effet en trahissant la loi de l'offrande (puisqu'il capture Kong) que l'explorateur a rompu l'équilibre entre société indigène et nature, provoquant la catastrophe. Si l'on décrypte le symbolisme, disons que c'est en forçant les lois de la concurrence que les grands monopoles capitalistes ont rompu l'équilibre du marché, provoquant la crise. Or la rupture de la barrière derrière laquelle était maintenu Kong accroît la tension sexuelle entre la fille agressivement offerte et le monstre frustré, ce qui conduit à la révolte du singe. En clair, la crise économique déclenchée en 1929 accroît les tensions entre une minorité de possédants toujours plus riches et la majorité des pauvres, rejetés dans l'extrême misère, ce qui conduit à la révolte des noirs formant les classes les plus défavorisées. Dès lors la bête grimpe en haut de l'Empire State Building, symbole de l'Amérique, pour défier la société blanche qui voit ses valeurs s'effondrer et ne sait littéralement plus à quel saint se vouer. Remarquons le côté franchement visionnaire de cette séquence : l'Empire State venait à peine d'être terminé en 1931 que les auteurs l'utilisaient déjà comme image de l'Amérique… Mais sans doute *King Kong* a justement contribué lui-même grandement à faire de cet immeuble un symbole !

Notons qu'aux États-Unis, le succès fabuleux de *King Kong* en 1933 a permis à l'explorateur R. Stuart Murray d'exciter curiosité et imaginaire en obtenant les moyens d'organiser une mission de recherche de la mythique Cité Blanche du Dieu Singe qui aurait été découverte par le conquistador Herman Cortès en 1526 puis oubliée, perdue, recherchée, peut-être aperçue depuis au Honduras par des aventuriers plus ou moins crédibles ayant essayé de pénétrer la jungle inextricable. Fantasmes, mystère et légende indienne continuaient à évoquer un singe monstrueux qui aurait enlevé trois femmes dont il aurait eu trois enfants moitié singes moitié humains. Mais Stuart Murray ne trouva rien, alimentant seulement le récit de quelques traces et hypothèses nouvelles. Les années 2000 ont néanmoins remis l'histoire en circulation à la suite de quelques photos aériennes de reconnaissance semblant avoir repéré les traces de la cité disparue.

Pour rassurer l'Américain moyen, le cinéma produisait heureusement au même moment l'antidote exact de *King Kong* : réalisé en 1932 par W.S. Van Dyke, *Tarzan and the Ape Man* (*Tarzan, l'homme singe*) est la neuvième adaptation du personnage imaginé en 1914 par Edgar Rice Burroughs qui publia vingt-deux romans jusqu'en 1947, fournissant les sujets de près de quarante longs métrages depuis la transposition du premier livre dès 1918. Mais le film de Van Dyke présentait l'intérêt de revenir au premier roman (*Tarzan of the Apes*) avec un interprète de valeur (Johnny Weissmuller) et surtout les gigantesques moyens de la superproduction. C'était aussi le premier Tarzan parlant et toutes ces caractéristiques faisaient de l'œuvre une sorte de nouvelle tête de série. Fort bien photographié et toujours poétique, *Tarzan, l'homme singe* représente donc le véritable tirage en positif blanc du sulfureux *King Kong* noir. Lui aussi créature primitive poussant son fameux cri en guise de langage, il vit heureux au milieu des animaux, se méfiant instinctivement de tout représentant du genre humain. Au lieu du déferlement de la nature hostile, c'est le paradis terrestre : Tarzan flirte avec Jane dans une végétation de rêve et un zoo domestique où ne manque même par un gros orang-outang.

Mais cette fois ce cousin de King Kong ferait plutôt figure de gros nounours. Le film chante avec lyrisme la réconciliation homme/nature/animaux et le talent du réalisateur fait passer avec douceur le côté aimablement moralisateur : l'humanité doit vivre en bonne intelligence avec les autres organismes vivants de la planète, sans quoi, ce sera l'horreur de *King Kong*.

Les opus suivants seront de plus en plus aseptisés, bientôt stupides et d'un racisme odieux. Tous démarrent avec une expédition de colonisateurs blancs (comme *King Kong*) et présentent deux groupes de noirs, les porteurs et les sauvages, qui partagent les mêmes superstitions et l'adoration d'idoles. Au centre de la jungle, un domaine réservé dont personne n'ose s'approcher constitue l'empire de Tarzan, vivant en haut d'un arbre avec ses singes qui le servent (alors que Kong était la divinité royale), notamment Cheeta la fidèle guenon.

Sans doute le personnage littéraire était-il moins boy-scout que celui du cinéma. Mais dans la jungle plastique des plateaux hollywoodiens, Tarzan blanc incarne le Dieu-loi qui veille paternellement sur les noirs, grands enfants batailleurs qu'il « protège » de tout contact avec la civilisation (par exemple l'introduction des fusils) et dont il juge avec sagesse les différends.

Quant aux lianes et aux trapèzes végétaux au bout desquels il se balance, elles n'évoquent guère le mythe d'Icare car jamais Tarzan ne cherche le ciel au-dessus des arbres. Par contre, côté sexe, relisons *Introduction à la psychanalyse* où Freud évoque les rêves dans lesquels le vol joue un rôle si important pour symboliser le phénomène de l'érection. Jusqu'à l'arrivée de Jane, ces envolées d'acrobate constituent donc un succédané à l'inexistence de ses activités sexuelles. De tout temps les exercices sportifs n'ont-ils pas été conseillés aux jeunes gens travaillés par un tempérament trop vigoureux ? Avec Tarzan, il est difficile de conserver le sérieux de l'analyse car ces petits mystères dérisoires n'ont rien à voir avec la force dégagée par la seule évocation de Kong.

Le singe, la nature et l'homme entretiennent des rapports complexes. Sortir le premier de son milieu naturel pour l'asservir à l'homme en le transformant en objet de spectacle conduit à la catastrophe car l'animal est du côté de la nature face à l'humanité qui constitue un danger pour les deux. Or Voronoff veut se servir du singe en opérant sur lui la pire des blessures, la castration. En somme Voronoff vole au singe ce que l'humanité lui envie, sa (réelle ?

prétendue ? La réponse est aux scientifiques) puissance sexuelle, pour accroître celle, défaillante, de l'homme. De fait, la sexualité constitue souvent l'enjeu des fables cinématographiques où l'homme et l'animal voient leur identité et même leur essence mise à mal. Dix ans après *King Kong, La Féline* (*Cat People*, 1942) de Jacques Tourneur marque un tournant décisif dans le fantastique en comptant sur la litote – qui fait appel à l'imaginaire du spectateur – plutôt que sur les effets spéciaux et la vision directe des monstres de l'épouvante d'avant-guerre. La femme panthère (Simone Simon) ne sera jamais montrée sous sa forme animale sinon, une fois, son ombre sur le mur de la piscine. Stylistiquement Tourneur joue sur l'angoisse, la suggestion, le hors-champ, les éclairages pour traduire l'ambivalence de la peur de l'animalité qui n'exclut pas l'envoûtement que sa résurgence depuis les tréfonds de l'inconscient exerce sur l'homme. Or il apparaîtra que la frustration sexuelle fournit la clé de la psychologie de cette jeune femme qui rode près des cages des félins dans un zoo parce qu'elle se croit victime de la malédiction d'une secte de femmes-panthères au Moyen Âge. Racontée, l'intrigue est faible, mais le film provoque des sensations et émotions irrationnelles qui touchent au-delà de la stricte signification du récit.

Les contes des films de Marco Ferreri installent pour leur part des situations absurdes qui conservent de larges pans non décryptables particulièrement oppressants : ainsi *Ciao Maschio* (1978). Le titre français *Rêve de singe* est déjà à double sens ; s'agit-il d'un homme qui rêve de singe ou de filmer le rêve que fait un singe ? Le singe, en tous cas, est déjà mort quand le film débute dans un New York en déliquescence envahi de rats. La caméra découvre le corps d'un grand singe style King Kong et une guenon bébé bien vivante qui, elle, participera un temps au destin d'un « couple » improbable semblant être les survivants d'une fin du monde qui les aurait oubliés. Mais la guenon mourra dévorée par les rats et l'homme périra brûlé vif. Seuls la jeune femme et son tout petit enfant, nus, survivront au bord de l'eau, suggérant une Nouvelle Naissance dans un monde sans hommes ni singes car le bébé est une petite fille. On sent bien que le singe joue un rôle capital dans l'histoire, mais lequel ?

Dans, *Max mon amour* (1986), Nagisa Oshima, détourne à sa façon le triangle bourgeois – le mari, la femme, l'amant – puisque ce dernier, Max, est un singe. On a reconnu à juste titre dans ce film plaisant l'esprit du scénariste Jean-Claude Carrière qui avait été celui des derniers films de Luis Bunuel (*Le charme discret de la bourgeoisie*,

1972 ; *Le fantôme de la liberté*, 1974 ; *Cet obscur objet du désir*, 1977). En effet, mais cet absurde de bon aloi peut être pris avec un peu moins de légèreté si l'on note que *Max mon amour* vient après *L'empire des sens* (1976) et *L'empire de la passion* (1978), chefs-d'œuvre – quintessence ou transcendance ? - de la représentation de l'érotisme au cinéma dans lesquels le cinéaste exaltait, en pleine vague internationale du « porno », une sorte de « culture sexuelle » de l'art japonais : sexe, mort, extase, désir, jouissance suprême, rituel de l'amour physique, cruauté, luxe et luxure, histoire de stupre et de sang... N'y manquait plus, en somme, que le tabou de la zoophilie, sujet de *Max mon amour* où la transgression est montrée sans ambages mais sur le ton de l'humour. Le schéma du vaudeville (tournant en chemin à la comédie dramatique) rabat dans le cinéma de genre le thème surréaliste du désir. En fait un récit exogamique de ce type existerait dans la tradition littéraire japonaise, mais sa transposition contemporaine à Paris donne à ce singe très humain une allure à peine déplacée. Il n'en reste pas moins qu'introduire un singe à sa table n'est jamais innocent ! *Max mon amour* présente en somme une amusante alternative à la thérapie Voronoff : pour remédier à l'impuissance masculine et répondre à l'exigence féminine, mieux vaut s'adresser directement à un singe que de greffer de fines lamelles de ses testicules à l'homme déficient. Mais c'est peut-être là une solution féministe qui n'était pas du tout envisageable dans la société machiste des années 20.

11

En 1935, la découverte de la testostérone, si elle ne modifie pas immédiatement la situation professionnelle, le statut de savant et la reconnaissance sociale du Docteur Voronoff, porte néanmoins un coup très dur à sa thérapie chirurgicale qui allait être progressivement abandonnée. L'aventure entrait dans sa phase terminale. Rappelons les faits. Les deux testicules (glandes génitales mâles produisant les spermatozoïdes et l'hormone appelée testostérone) sont entourés d'une gaine séreuse, la vaginale, et d'une membrane résistante, l'albuginée. Ils sont logés dans un sac, le scrotum. Quand Voronoff met au point son système de greffes, l'hormone mâle testostérone n'est pas encore découverte. Le coup de génie du Docteur est d'en avoir supposé l'existence et d'avoir fait une totale confiance à son intime conviction au point de concevoir un traitement chirurgical entièrement basé sur l'existence réelle de cette hormone inconnue. Selon lui, puisque les autres glandes de notre organisme produisaient des hormones, il n'y avait aucune raison que les glandes génitales n'en sécrètent pas. Or, toujours d'après ses « observations » de quelque chose que personne encore n'était parvenu à isoler, il pensa que la sécrétion et son tarissement provoquaient toutes les caractéristiques du vieillissement (perte de virilité mais aussi de la mémoire, affaissement du corps, fatigue musculaire et cérébrale, traits ramollis, dépression...). Pour y remédier, il fallait, soit réussir à faire reprendre la sécrétion, soit la remplacer. La solution trouvée par Voronoff n'était pas tout à fait claire. La greffe de testicules entiers de singe étant inenvisageable, il prélevait de fines lamelles qu'il greffait sur la face interne de la vaginale dans le sac scrotum. Ainsi protégés au maximum, ces greffons pouvaient demeurer vivants, c'est-à-dire actifs : ils sécrétaient donc des hormones de singe jeunes, vigoureuses et en quantité suffisante pour compenser la diminution de celle des testicules de l'homme. Aux deux hypothèses de base – existence d'une hormone testiculaire et tarissement responsable de la vieillesse – s'ajoutait donc une incertitude opératoire – la greffe allait-elle prendre ou l'organisme humain allait-il la rejeter ? - et une inconnue : les effets attendus allaient-ils se produire (remplacement de l'hormone homme par l'hormone singe ou « dynamisation » fournie aux testicules masculins reprenant du service, peut-être les deux) ?

On comprend que les expérimentations de Voronoff aient suscité d'entrée opposition ou scepticisme, soit sur les hypothèses de diagnostic, soit sur les inconnues de l'opération et de ses effets, cela sans tenir compte du problème d'éthique relatif à l'utilisation de glandes de singes (mais, on l'a vu, comment faire autrement ? On n'allait pas castrer des jeunes gens pour viriliser les vieillards). À la réflexion, on se demande même comment certains purent y croire dès le début face à tant d'interrogations. Il fallait vraiment que l'époque soit à une confiance aveugle dans les progrès de la science !

Mais surtout ce sont les résultats spectaculaires quasi immédiats (quelques semaines) qui vinrent convaincre les méfiants et balayer réticences ou réserves. Certes certains dénoncèrent un trucage dans les célèbres photos avant-après. Pas au début d'ailleurs, mais quand le procédé devint systématique et se retrouva partout (Voronoff avait un sens aiguisé de la communication). Disons qu'elles étaient habilement retouchées. Mais la réalité ne semble pas contestable : ça marchait ! Dans une grande majorité des cas, l'élan vital était revenu ; l'œil plus vif, la jambe leste, le désir, la mémoire, la volonté, le travail, la bonne humeur. Les patients rajeunis furent vus dans les congrès, interviewés dans les magazines. Mais à la longue les effets diminuaient, s'estompaient ; néanmoins le « miracle » avait été tel que certains se faisaient greffer une seconde fois ! En fait, les années passant, Voronoff avait reconnu un certain taux minimum d'échec (le greffon était aussitôt « rejeté », c'est-à-dire qu'il se nécrosait) et surtout que l'effet n'avait qu'une durée limitée : de 6 à 8 ans. Pour en convenir et s'en assurer, il avait fallu évidemment une dizaine d'années par rapport aux premières greffes, pour attendre de voir si les suivantes, après quelques ajustements opératoires, ne tenaient pas mieux. C'est pourquoi le commerce de Voronoff se porta bien jusqu'à la mi-décennie 30, bien soutenu par la multiplication des greffes en France et à l'étranger. Chaque adoption dans un pays neuf semblait corroborer le succès puisque s'ajoutaient de nouveaux baux de 6 à 8 ans.

Alors Voronoff a-t-il eu raison ou tort ? La découverte de la testostérone en 1935 montra qu'il avait vu juste sur ce point capital : oui les testicules produisent une hormone. Dijemanse, Freud et Laqueur l'isolent d'abord chez le taureau puis décrivent son fonctionnement chez l'homme où cette testostérone (puisque c'est ainsi qu'elle fut alors nommée) est produite en grande quantité mais ne se stocke que très peu. La même année Butenaudt et Ruzicka réussirent à la synthétiser. Or, si l'existence de cette hormone sexuelle validait de manière éclatante l'hypothèse de départ de Voronoff, la possibilité de la synthétiser, donc par exemple de l'administrer par piqûre, invalidait par contre, peu de mois après, la greffe, modalité (relativement) lourde pouvant être remplacée par un traitement plus simple.

On sait maintenant que cette testostérone, non seulement contrôle la formation du sperme et le développement des organes génitaux, mais aussi les caractères sexuels secondaires (barbe, poils...) et stimule également l'anabolisme protéique, en particulier dans les tissus osseux et musculaires. Voronoff avait donc également raison sur ce point : le manque de testostérone accélère les signes du vieillissement ; Voronoff a été un grand chercheur. Sans apporter l'illustration matérielle de ce qu'il affirmait, il voyait juste. D'autres ont pu « signer » la découverte parce qu'ils ont expérimenté davantage et pu fournir les preuves. Leur démonstration confirma l'affirmation de Voronoff. Vu avec le recul et en tenant compte de la suite de l'histoire de la médecine, peut-être Voronoff voulut-il passer trop vite à la phase curative. Quand on pense au temps fort long qui sépare aujourd'hui la découverte d'un remède et sa commercialisation, on est surpris de voir que Voronoff a immédiatement franchi le pas. D'abord il a déduit sans autres expériences que, puisque le manque de l'hormone (chez les eunuques) ou la diminution de sa production (chez les vieillards) causait le vieillissement, son apport allait provoquer inversement le rajeunissement. Or c'était faux, parce que l'on a montré depuis que la déficience en testostérone n'est pas la seule cause du vieillissement. D'ailleurs, dès la fin des années 30, des expériences furent tentées qui n'allaient pas dans le sens des résultats annoncés ou obtenus par Voronoff avec ses greffes : les injections de testostérone renforcèrent en effet quelques caractères secondaires de la virilité (les poils) mais pas l'essentiel : nul rajeunissement probant, ni augmentation de l'espérance de vie. Dès lors plusieurs chirurgiens considérèrent les greffes de Voronoff comme beaucoup d'ennuis (les singes, l'opération, le coût…) pour peu de résultat. Les plus éminents reprirent alors l'argument principal. Les exo-greffes sont impossibles : les anticorps de l'organisme humain rejettent obligatoirement tout corps étranger. Certains argumentèrent à partir, non plus d'affirmations générales, mais de cas précis de greffés Voronoff : effectuant l'autopsie de quelques anciens opérés, ils constatèrent que les greffons étaient morts depuis longtemps. Certes ils n'avaient pas été éjectés puisqu'enfermés au fond du scrotum, mais ils étaient complètement nécrosés. Voronoff, qui avait fait lui aussi quelques autopsies, aurait confondu une modification locale des tissus voisins avec la vie du greffon, une blessure cicatrisée avec une activité de la lamelle simiesque. Mais le greffon n'était plus actif au moment de la mort du corps examiné.

L'indiscutable rajeunissement constaté devait être d'une part relativisé par une durée limitée. D'autre part, on l'a vu, le résultat aurait finalement été obtenu en premier lieu par le fait que les tissus testiculaires seraient plus résistants au phénomène d'intolérance. Pendant un certain temps, variable selon les individus et leur état de santé, le greffon aurait donc bel et bien pu remplir son office. Certes pas longtemps, mais l'effet placebo – qu'on appelait à l'époque l'autosuggestion – aurait fait le reste. Devant quelques signes de mieux, certains patients auraient trouvé en eux-mêmes le tonus nécessaire à ces regains de vigueur. Ceci dit l'argument d'autorité brandi alors avec assurance concernant les xénogreffes qui, même menées avec les gestes chirurgicaux les plus étudiés, se heurteraient toujours au rejet immunitaire, n'est plus aujourd'hui si absolu. Chez les biologistes (médecins et vétérinaires), les recherches en ce domaine n'ont jamais vraiment cessé depuis Voronoff, ce qui prouve qu'il n'est plus tellement sûr de ne pouvoir jamais y parvenir. Il semblerait par exemple que dans les années 90 aient été tentées des greffes de cœur de cochon et de foie ou de reins de chimpanzés (chez d'autres animaux, dit-on… mais va savoir). À suivre !

Quoi qu'il en soit c'est donc bien l'obtention de la synthèse de la testostérone masculine qui aura provoqué l'abandon, lent, mais définitif, des greffes Voronoff. Cela ne nous empêchera pas d'ajouter d'autres causes qui ont accéléré l'arrêt de l'aventure, plus ou moins selon le lieu et le temps. Pour commencer, le coût du rajeunissement joua pour beaucoup. Des prix exorbitants ont été avancés. Certes, pour certains ce fut gratuit (par exemple pour le petit crétin niçois) car il s'agissait d'expérimentations scientifiques. Mais la majorité des patients ont payé très cher, surtout lorsqu'ils étaient opérés par des confrères que Voronoff avait formés à sa méthode et qui en tiraient de substantiels profits. Ce sont aussi ceux qui continuèrent le plus longtemps, ignorant (délibérément ?) les récentes découvertes qui s'opposaient à ces greffes. Ce qui est certain c'est qu'il fallait un chimpanzé jeune, bien nourri et en excellente santé pour chaque opération (sinon que quelquefois on a pu greffer deux hommes à partir d'un seul singe sous certaines conditions de disposition des blocs opératoires). Venus d'Afrique à grands frais, conservés et préparés à Grimaldi, ils coûtaient une petite fortune. Anticipons un peu : on voit mal la Sécurité Sociale (instituée en 1945) rembourser une telle intervention, sans compter les protestations de la SPA. Ce n'était finalement pas une thérapie d'avenir ! Le viagra et les antidépresseurs reviendront infiniment moins chers, nous allons y revenir.

Dans les causes plus idéologiques de l'abandon progressif de la méthode Voronoff et plus encore du voile d'oubli qui sera étendu après la seconde guerre mondiale sur cette aventure médicale de vingt ans, on doit noter la gêne que ne manquera pas d'entretenir à la longue l'importance du lien indéfectible que Voronoff entretiendra toujours entre testicules et facultés intellectuelles chez l'homme. Pour lui les eunuques sont des sous-hommes, ce que l'histoire politique de l'Empire ottoman infirme puisque certains d'entre eux y jouèrent un grand rôle. Il faudrait alors se demander si les célèbres castrats chanteurs d'opéra au XVIIe siècle étaient également des crétins, ce qui est certainement aussi faux. Il y a là une conception de la virilité qui sera radicalement contestée dans la seconde moitié du XXe siècle. D'autant plus que l'échec avéré dans la plupart des cas des greffes d'ovaires chez les femmes fragilise la position de Voronoff car il semblerait alors que, puisqu'on ne peut soigner l'insuffisance des glandes sexuelles de la femme, celle-ci perdrait beaucoup de son intelligence à la ménopause ! Certes tout cela fait partie du non-dit mais est implicite à la logique de la pensée du Docteur. Or « en avoir ou pas » ne se résout pas à des performances sexuelles. Certes pour Voronoff le plus important était le retour de l'élan vital et des capacités intellectuelles, mais ce n'était pas – quoi qu'il en ait dit – la motivation principale de beaucoup des patients qui le consultaient. De nos jours, les choses sont plus claires : on ne prend pas du viagra pour vaincre la fatigue intellectuelle et retrouver toutes ses facultés de penser, mais pour se surpasser dans le seul domaine sexuel car on peut désormais en parler plus librement et guérir de faiblesses spécifiques jugées trop précoces. Le flou éthico-médical entretenu par le discours du Docteur installait par contre un certain malaise qui était un peu du même type que celui du rapport avec l'eugénisme que nous avons souligné précédemment.

Pourtant, si le chirurgien britannique Kenneth Walther serait allé jusqu'à écrire dans les années 40 que la greffe Voronoff ne valait pas mieux que des méthodes de sorcières et de magiciens (« *no better than the methods of witches and magicians* »), nous avons vu à plusieurs reprises qu'on ne saurait accuser de charlatanisme des thérapies et des théories qui ne se révéleront fausses que lorsque des découvertes scientifiques postérieures viendront les contredire.

Voronoff continuera pour sa part à faire preuve d'un grand désintéressement financier : dès 1926, tout en continuant à travailler au Collège de France, il laisse aux préparateurs ses 20 000 francs de salaire, dont 6000 au profit de Didry, son assistant personnel. *L'Histoire des Sciences Médicales* précise en outre qu'en janvier 1939, Voronoff, pour maintenir une chaire de médecine au Collège de France, abandonne au Docteur Leriche son traitement de 20 000 francs attaché au laboratoire du parc des Princes ainsi que la dotation de 30 000 afférente aux frais de fonctionnement, soit la totalité de la donation de sa seconde épouse, tout en conservant son titre de Directeur de la « Fondation Voronoff » ainsi que son laboratoire à Grimaldi. À son retour d'exil, en 1945, s'il renonce à toute fonction officielle, démissionnant de sa fondation et recommandant le Docteur Caridroit comme son successeur au Collège de France, ses publications – *Du crétin au génie*, 1945 ; *Les groupes sanguins chez les singes, La greffe du cancer humain aux singes*, 1949 – reviennent de manière synthétique sur tout son parcours, depuis sa première opération à Nice jusqu'à ses recherches fin des années 30 sur le sang où il remarque l'importance du terrain et du type histologique, envisageant même un vaccin anti-cancéreux. Voronoff ne s'engagea donc jamais sur une relecture critique de ses découvertes et de ses pratiques et il mourra persuadé d'avoir eu raison. Ce qui ne veut pas dire qu'il avait réussi et que l'on aurait dû continuer à pratiquer des greffes de testicules de singe. Cela, on en est sûr aujourd'hui et sans doute était-il parvenu lui-même à l'admettre en 1951. Mais il restait certain que sa méthode avait soulagé des milliers de patients, avait redonné santé et joie de vivre plusieurs années à des vieillards quasi-grabataires. Que l'on ait trouvé plus tard d'autres moyens de les soigner, tant mieux puisque c'étaient des traitements plus légers et moins onéreux. Mais il avait eu sa part dans l'avancée de la recherche dont le chemin n'est pas linéaire. Il pensait que ses solutions étaient bonnes, même si l'on en avait trouvé d'autres encore meilleures ensuite. Les siennes avaient permis d'aller plus loin dans le domaine des maux de la vieillesse en ouvrant des voies, en pointant difficultés et dangers. La condamnation de ses thèses lui semblera donc toujours une injustice et l'oubli engendrera une relative amertume que sa retraite dorée (il avait déjà 75 ans en 1945) ne parviendra jamais à effacer.

En fait cette maladie de la vieillesse à laquelle Voronoff s'était attaqué sans lui donner vraiment un nom, sinon celui de perte de l'élan vital, peut-être aurait-il aimé qu'on l'appelle le syndrome Voronoff ou quelque chose de ce genre, ce qui aurait garanti la valeur de ses travaux pour la suite du monde. Mais ce déclin de la vieillesse n'a toujours pas été circonscrit de nos jours, ses limites sont incertaines et la médecine a renoncé à le traiter en un seul bloc. Peut-être était-ce là le caractère utopique de la vision de Voronoff car en fait, tous les désagréments que devait guérir sa greffe, n'étaient-ils pas la vieillesse elle-même, son état naturel ? Mais la vieillesse n'est pas une maladie que l'on traite comme la tuberculose. Il n'y a pas de remède miracle, même chirurgical. On peut la contenir, la faire reculer, en éviter bon nombre d'inconvénients, certainement pas la supprimer car elle fait partie de la vie, comme la jeunesse. Celle-ci suit la naissance, celle-là précède la mort. La médecine accompagne la vie dans son déroulement total et, au fur et à mesure de ses découvertes, évite de plus en plus d'accidents graves. Mais la vieillesse n'est pas un accident de l'existence, il est un passage obligé.

Or Voronoff exerça alors que la médecine était en pleine mutation, et que sa restructuration accompagnait au XXe siècle l'éclatement de toute la recherche qui se morcelle, fragmente ses objets d'études. On ne fait plus une thèse sur la monarchie mais sur la prise du pouvoir par Louis XIV (les deux ans qui ont suivi la mort de Mazarin) ; ni sur les Rougon-Macquart mais sur la représentation de la classe ouvrière dans *La bête humaine* d'Émile Zola. C'est la même chose dans les sciences où l'on n'aborde plus de front la fission de l'atome ou la théorie de l'évolution des espèces. La médecine abandonne pour sa part sa définition de base : ensemble des connaissances scientifiques et des moyens de tous ordres mis en œuvre pour la prévention, la guérison ou le soulagement des maladies, blessures ou infirmités. Foin d'« ensemble des connaissances » et de « moyens de tous ordres ». Ces principes étaient bons pour les médecins de Molière ; Aujourd'hui on assiste à la création exponentielle des « spécialités », près d'une centaine répertoriée dans toute bonne encyclopédie. Voronoff est à cheval sur le XIXe siècle (qui s'en tient encore à peu près à la définition) et sur le XXe (les spécialités). Lui-même vécut dans sa recherche la parcellisation de la biologie. Dans la mesure où il se focalise sur les glandes génitales, il est de plain-pied avec cette science du détail. Mais le fait qu'il les étudie à la fois chez l'homme et l'animal l'amène à élargir son champ d'analyse. Quant au but qu'il s'assigne, avec son idée de parvenir à une vieillesse où les gens seraient en bonne santé, c'est typiquement une tendance relevant du siècle précédent ! On voit que les deux natures de la médecine ont leur intérêt, ambition des anciens et efficacité des modernes, la difficulté étant de concilier les deux.

Bref l'évolution de la médecine a fait qu'aucun traitement n'a vraiment remplacé la greffe (nous avons vu en effet que l'injection de testostérone ne donnait pas les résultats escomptés). Ni médicament ni opération n'ont pu soigner à la fois les taches sur la peau, la langueur, la dépression, la fatigue, la mort du désir, la perte de mémoire, la démotivation, le dérèglement de la vessie, la constipation, le manque de force physique, le mal aux jambes, les troubles de l'audition, et de la vision, la mauvaise digestion, la laideur, les caries, la calvitie, la bêtise, la flemme, la frilosité, l'essoufflement, la pâleur, et peut-être aussi la flatulence ou l'odeur des pieds. La greffe prétendait tout guérir d'un coup. Dorénavant il faut se résoudre à s'attaquer à chacun des maux de la vieillesse en allant consulter rhumatologue, pneumologue, gastro-entérologue, urologue, allergologue, ophtalmo, dermatologue, dentiste, ORL, cardiologue, neurologue, angiologue, nutritionniste sans oublier son médecin référent et tout un tas de spécialités dérivant de spécialités qui, elles-mêmes proviennent de divisions. En ajoutant les analyses, prises de sang, explorations vasculaires, radios, échographies, dopplers, scanners, IRM, encéphalogrammes dont aucun spécialiste ne saurait se passer, on voit que de nos jours, les personnes âgées ont de quoi occuper leurs journées… quand elles se portent plutôt bien. Car nous n'avons pas évoqué les cas de « vraies » maladies : infarctus, AVC, cancer, Alzheimer, Parkinson… Ce serait encore une autre histoire. Caricature ? Les gens catalogués troisième âge savent bien que non et comprendront que, même si « ça avait marché », ce n'était pas possible.

Concentrons-nous sur la question précise : qui les vieux hommes ayant le même profil que les patients de Voronoff peuvent-ils aller consulter ? Nous dirions qu'ils ont le choix entre le psychanalyste, le gérontologue et l'andrologue. Le psychanalyste car le psychisme paraît ce qui allait le plus mal chez ses clients. Certes un très bon psychologue pourrait aujourd'hui faire l'affaire mais le psychanalyste est certainement celui qui fit le plus défaut en France à la fin des années 30 pour remplacer le Docteur. Aussi avons-nous largement fait appel dans cet ouvrage au cinéma américain pour éclairer le cas Voronoff car une lecture psychanalytique des films fantastiques de l'époque prend un relief tout à fait particulier en faisant apparaître sur l'écran un subconscient que le public n'avait pas encore l'habitude d'interroger de la sorte, du moins en France. Pourtant c'est bien la non prise en compte de cet inconscient qui cause tant de désagréments psychiques. Malheureusement aujourd'hui les antidépresseurs, dopants et remontants de toutes sortes, bref la chimie, ont pris la place de l'analyse dont les premiers divans faisaient à peine leur apparition chez nous alors que la greffe Voronoff recueillait les suffrages des plus riches. La France a été en effet un des derniers pays d'Europe occidentale à posséder un mouvement psychanalytique organisé.

La gérontologie ne s'est pas non plus encore érigée en spécialité à cette époque. Elle va le faire et sera à même de gérer l'ensemble des maux de la vieillesse en privilégiant les déficiences principales qui ne sont pas les mêmes d'un individu à l'autre. L'andrologie enfin (nom savant donné à l'exercice de la sexologie qui, si elle envahit les médias et les conversations, ne remplit pas encore les cabinets de médecins spécialisés) répond aux problèmes plus spécifiques d'impuissance ou d'érection. En somme, la greffe Voronoff répondait à des demandes extrêmement diverses qui seront traitées, après l'échec avéré du Docteur Miracle, par un panel de spécialistes. Le patient, pour choisir le bon, devra déjà se livrer à une première observation sur lui-même afin de se demander pourquoi exactement il veut voir un médecin. En somme c'était plus simple, si l'on était riche, avec Voronoff !

12

Les seuls lieux qui portent encore en leurs murs le souvenir de Serge Voronoff sont à Grimaldi. Sa figure s'est estompée des grandes villes : à Paris c'est comme s'il n'avait jamais existé. À Nice, la clinique où fut guéri le petit « crétin » est toujours au même endroit mais seule l'inscription en façade – Clinique Sainte Marguerite – a été respectée et la maison de santé a changé de fonction. Mais Grimaldi n'a pas beaucoup bougé, toujours divisé en Grimaldi Inférieur et Grimaldi Supérieur parce que l'urbanisation du versant de la montagne tombant dans la mer n'a pas réussi à joindre la côte au cœur du village perché. On est en effet sur la Riviera Italienne, beaucoup moins bétonnée que la Côte d'Azur et il arrive encore d'y trouver ainsi des terrains d'herbes folles, de jardins potagers et de serres à fleurs. La plaque indiquant la commune n'est pourtant qu'à moins d'un kilomètre de la frontière française, mais encore doit-on prendre la bonne route. En effet depuis plusieurs dizaines d'années, on passe d'un pays à l'autre le long de la mer par un large pont – Saint Ludovic – avec un grand parking côté français où se déroule la dernière scène – tout à la fois poignante (car l'espace est vide) et apaisée (l'ouverture sur la Méditerranée) – de *La chambre du fils* (Nanni Moretti, 2001). Mais pour atteindre Grimaldi, il faut prendre la vieille route, étroite et sinueuse, qui monte vers le pont Saint-Louis enjambant la faille profonde de la falaise un peu au-dessus du Saint Ludovic. Après avoir attendu parfois plusieurs minutes le passage à niveau pour voir défiler le TER Nice-Vintimille, tagué de couleurs fluo comme une vieille prostituée d'un film de Fellini, puis passé de quelques centaines de mètres les vieux bâtiments de la douane, délabrés comme seuls savent l'être les bâtiments administratifs abandonnés, on arrive au bourg *Inferiore* qui, malgré son nom, n'a pas vraiment les pieds dans l'eau, accroché au flanc d'un contrefort de la falaise qui le domine et l'écrase de sa masse quasi menaçante. C'est dire que ce quartier de la commune n'a rien de bien pittoresque, sinon de reproduire les petites agglomérations banales où les *desoccupati* s'ennuient sous les platanes des terrasses de café à la première séquence des Comédies italiennes des années 50 et 60. Une exception cependant à cette banalité : l'ancienne tour Grimaldi, malheureusement recouverte d'un enduit pour résidence secondaire ayant gommé son aspect moyenâgeux, mais qui se dresse toujours sur un piton rocheux ; et surtout, juste à côté, le lourd édifice remonté par Voronoff après les désastres de la guerre sur les terrasses soutenues de grandes murailles étayant les « restanques » naturelles. La luxueuse copropriété « Château Grimaldi », demeure de caractère, a toujours fière allure, imposante, puissante, visiblement chargée d'un lourd passé refermé derrière ses fenêtres aux volets roulants, presque tous clos car il s'agit d'appartements occupés à peine quelques semaines par an par leurs fortunés propriétaires. Connaissent-ils Voronoff ? Certainement pas car ils ont acheté sur le nom de Grimaldi, la famille régnante de la Principauté de Monaco. Les derniers vestiges des ferrailles des cages ont été enlevés. Il faudrait avoir la curiosité d'aller dégager les entailles au pied de la falaise où certaines s'enfonçaient dans la roche, mais la végétation, entretenue sur le dessus visible et laissée bien touffue au-dessous a fait son œuvre. Les connaisseurs repèreront cependant, loin du grillage élégant de l'entrée principale, le portail du jardin, un peu plus bas sur la route, par où transitaient les singes.

*

* *

Le nom de Voronoff reste par contre bien visible dans le haut village que l'on atteint en quittant la direction Vintimille. La vue sur la côte découpée et la mer bleue, déjà fort belle depuis le Château Grimaldi, touche maintenant au sublime. Tout en longueur sur la crête de la falaise c'est, selon la terminologie des géographes, un village-rue et cette rue quasi unique, toute droite, le long de laquelle s'alignent les maisons principales, s'appelle Via Woronoff comme en témoigne la plaque métallique ancienne dont un coin tordu et les traces de rouille indiquent qu'elle ne date pas d'hier. Le Docteur s'est-il vu consacrer cette rue de son vivant ? C'est possible, mais alors pourquoi cette faute, W au lieu de V ? Encore une de ces bizarreries plusieurs fois rencontrées dans cet ouvrage... Si, sur la place, on pousse la porte de l'Eglise, on trouve une jolie chapelle du style jésuite très répandu dans la région où frappe notamment une belle chaire à gauche de l'autel. Au-dessous une plaque de cuivre bien astiquée :

« *Il Dr. Prof. Serge Voronoff*
con munifico gesto prouvedeva ai restauri
della chiesa e donava questo pulpito »

MCMXXXI

(Au Docteur Serge Voronoff pour son geste généreux
d'avoir pourvu à la restauration de l'église
et fait don de cette chaire 1931)

Cette fois c'est bien V. et Voronoff se voit attribuer ce titre de professeur qu'il n'a – on l'a vu – jamais pu obtenir des autorités académiques, mais qui désigne souvent aussi, en Italie, un homme que l'on veut honorer pour son autorité, ses connaissances, son importance dans la hiérarchie sociale. Or le généreux donateur s'est toujours impliqué dans la vie du village, notamment par le biais d'une très ancienne association d'aide aux indigents dont on trouve trace à l'entrée de la place par une sculpture polychrome naïve datée de 1884 et dédiée à cette originale société de secours mutuel. Jean Réal avait d'ailleurs rencontré en 2000 de vieux habitants de Grimaldi dont les parents ou grands-parents se rappelaient que Voronoff et sa femme organisaient chaque année à la Noël un goûter pour les enfants du village auxquels leur étaient distribués des cadeaux personnalisés – habits ou jouets – selon leurs goûts et les besoins des familles. Leur témoignage se réfère donc à la fin des années 30 puisque Voronoff est veuf quand il s'installe en 1925 et ne se remarie qu'en 1935. Mais la plaque montre que ses largesses avaient commencé bien avant et que ce juif de naissance gratifiait volontiers l'Eglise catholique de ses bienfaits. Ceci noté, ne faisons pas des habitants de Grimaldi des gens ignorants ne se souvenant qu'avec respect et reconnaissance de leur résident de prestige. En effet, étant venu un dimanche à Grimaldi pour trouver l'Eglise ouverte et étant arrivé à la fin de la messe qu'un curé très âgé disait pour sept paroissiens, nous lui avons demandé de pouvoir photographier la chaire et sa plaque pour un livre consacré au célèbre Docteur Voronoff. Il nous y a bien évidemment autorisé, mais avec un sourire complice et en remarquant que Voronoff n'est pas forcément un bon souvenir pour tous les hommes et les animaux…

La composition socioprofessionnelle de Grimaldi, surtout *Superiore*, a beaucoup changé depuis 1951. Quand Voronoff s'y installe en 1925, c'est, haut et bas compris, un village de 500 habitants comptant encore quelques pêcheurs. Mais les jeunes travaillent déjà à Menton comme jardiniers, maçons ou domestiques. Certains furent peut-être employés en tant que tels au Château Grimaldi, mais d'autres salariés venaient probablement de Menton. Georges Voronoff assuma toujours à la fois les rôles de docteur et régisseur du domaine. Un troisième frère – Alexandre ? Jacques ? - semble être venu se joindre un temps à Serge et Georges à la fin des années 30, mais ce n'est pas certain et le Château Grimaldi ne participa jamais vraiment à l'économie de la commune. Certes certains pêcheurs apportaient au château langoustes et cigales de mer de la pointe de la Mortola que les cuisiniers leur payaient beaucoup plus que le restaurateur des Rochers Rouges. Si un ouvrier sonnait pour trouver du travail, et qu'il n'y avait rien à lui faire faire, on lui donnait quand même une pièce. Parfois la limousine s'arrêtait à la petite épicerie avenue Aristide Briand tout près du passage à niveau pour quelques achats, peu de choses en somme. Aujourd'hui, à part quelques maisons encore aux mains des familles de l'époque, les autres ont été vendues et réhabilitées, comme résidences secondaires ou occupées par des gens travaillant dans les commerces et métiers du tourisme de Vintimille et de Menton. De nouvelles constructions sont ajoutées, mais en continuité des autres et dans le respect du style de la maison de village : pas de villas californiennes ou, inversement, de lotissements médiocres défigurant le paysage qui demeure d'une âpre grandeur.

Ce qui a manqué à l'aventure Voronoff pour que tout ne se termine pas brutalement à sa mort est évidemment une descendance. Son épouse Gertry serait restée un ou deux ans après sa mort à Grimaldi. Puis elle épouse le jeune Comte Da Fox, certes désargenté mais la voilà Comtesse. Ils vendent alors la propriété à un promoteur qui réaménage de fond en comble l'intérieur pour le découper en appartements (y compris la tour patrimoniale). Le couple disparaît alors, certains disent au Portugal, d'autres au Brésil et l'on n'entendra plus jamais parler deux.

Marié trois fois, Voronoff n'aurait – jusqu'à preuve du contraire – jamais eu d'enfants. Il épouse Marguerite (qui devait avoir 30 ans) en 1897, lui a 31 ans ; Évelyne (45 ans) en 1919, il a 53 ans ; Gertry (20 ans) en 1935, il a 69 ans. Certes la première était, comme on disait à l'époque, émancipée et peut-être peu motivée par la maternité. Mais sa fortune aurait permis que l'enfant soit élevé sans problème. La seconde, elle, était déjà malade et plus très jeune. Mais la troisième ? Jeune et avec la richesse laissée par Évelyne... Certes Serge Voronoff a alors 69 ans, mais n'est-ce pas exactement l'âge de ses patients auxquels il rendait désir et capacités sexuelles par ses greffes ? Le secret du Docteur Voronoff serait-il là ? Impuissance ? Stérilité ? Se serait-il spécialisé en sexologie parce qu'il avait personnellement des problèmes ? Simple question d'ailleurs car il existe de nombreux médecins, souvent excellents, dont la motivation réside dans leur propre cas et ils n'ont pas besoin de s'en expliquer. Nous en étions là de nos tergiversations sur la transmission, la mémoire, le devenir, l'oubli et surtout la recherche très post-moderne des traces, quand une piste nouvelle concernant la sépulture du Docteur Voronoff, le flou de ses funérailles, le doute sur incinération ou mise en terre et lieu de l'enterrement, nous est soudain fournie avec une assurance nouvelle : entérinant les recherches de Enzo Barnaba (*Il sogno dell'eterna giovinezza*, 2004), Jean-Claude Volpi dans son étude sur Menton déclare le voile enfin levé : « le corps du célèbre praticien repose au carré juif du cimetière de Caucade à Nice ». Aussitôt appris, aussitôt vérifié. Effectivement, dans le grand cimetière de Caucade – et non à celui, orthodoxe russe situé un tout petit peu plus au nord – dans le secteur réservé aux juifs, s'élève un tombeau de marbre noir assez classique : « Famille Voronoff ». La pierre tombale précise :

Abraham Voronoff
décédé le 27 septembre 1927 à Grimaldi
à l'âge de 95 ans

A la mémoire de son épouse
décédée en 1912 à Karlsruhe

Docteurs Georges et Alexandre Voronoff
péris dans les camps de concentration en Allemagne

Serge Voronoff 1866-1951

A la mémoire de Mme Voronoff
née Hermine Helsinger
1866-1948

Ouf ! Serge Voronoff est bien là, avec son père dont on apprend avec surprise qu'il était chez son fils en 1927. Qu'est donc devenu son corps entre 1927 et 1951 ? Fut-il déposé vingt-quatre ans dans une tombe de fortune à Grimaldi, ce qui serait à la source de l'idée, ou de la légende, d'une volonté de construire un mausolée sur le domaine ? Avec le chef de famille et son plus illustre fils, quatre « à la mémoire de », c'est-à-dire que les corps ne sont pas là : celui de sa mère morte quinze ans avant son père ; ceux de ses deux frères, Georges et Alexandre qui l'ont accompagné professionnellement jusqu'à la guerre. Le tombeau scelle donc, du moins nominalement, le flou sur un troisième frère, Alexandre (et non Jacques), généralement considéré comme administrateur alors qu'il est désigné là comme également docteur et mort en déportation. Mais cela n'empêche pas qu'un quatrième frère, Jacques, ait pu intervenir aussi à Grimaldi. Cette plaque tombale résout donc certaines énigmes, mais soulève d'autres questions. Quant à Madame Voronoff, sans doute est-elle l'épouse d'Alexandre car celle de Georges, qui vécut longtemps avec Serge et Gertry ses beau-frère et belle-sœur, s'appelait Adèle. Une partie importante de la famille est donc réunie. Restait à savoir quand. Renseignements pris, la concession a été achetée en 1951, année du décès du Docteur. Les choses sont désormais claires : le Serge Voronoff du cimetière russe dont le second prénom et la date de décès ne correspondent pas n'a rien à voir avec notre Docteur Voronoff. C'est que, si Jean Réal avait découvert qu'il y avait beaucoup de Voronoff en Russie à Voronej, nous avons pu constater pour notre part qu'il y en avait aussi plusieurs familles à Nice, au cimetière orthodoxe mais également dans d'autres cimetières de la ville. La chronologie est dès lors aisée à reconstituer. L'épouse de Serge Voronoff a rapatrié le corps de son époux (à Grimaldi ou dans un reposoir temporaire), le temps d'ériger un tombeau où elle a transporté également le cercueil de son père en les entourant de la mémoire de ceux qu'ils auraient probablement souhaité voir reposer à leurs côtés. Pas très bien considérée par les rares biographes du fantastique, mystérieux et secret Docteur, Madame Gertry Voronoff semble donc avoir fait au mieux dans ces circonstances. Ensuite, elle a certes refait sa vie et la tombe n'a plus servi depuis 1951. Mais elle n'est pas en mauvais état, alors qu'alentour d'autres sont fort décrépites dans ce carré juif qui porte les stigmates de l'extermination de familles entières sans descendance.

Nous l'avons dit, le nom de Voronoff a resurgi ponctuellement en 1998 avec le Viagra puis deux ans plus tard lorsque s'exprime l'hypothèse selon laquelle le virus du Sida découvert dans les années 80 aurait pu être introduit chez l'homme par les greffons de singes africains inoculés lors des Voronoffisations des années 20 et 30. Ce serait évidemment terrible, diabolique, comme si une fatalité épouvantable devait accompagner toute révolution sexuelle ! Ce serait aussi ne se fixer que sur de possibles conséquences négatives des travaux de Voronoff en oubliant que ses recherches firent aussi progresser la connaissance de certains dérèglements mentaux, notamment la *dementia praecox* (schizophrénie), de maladies dégénératives et congénitales. Dans les années 40, il s'engagea également dans les études sur le cancer en expérimentant sur ses singes de Grimaldi et en photographiant pour la première fois les étapes de l'évolution des tumeurs. Aussi constate-t-on une certaine réhabilitation de ses découvertes depuis les années 90 où des scientifiques pensent qu'on devrait reprendre l'expérimentation sur des glandes de singes. Globalement il est admis que Voronoff a posé les bases des traitements hormonaux dans les techniques actuelles de rajeunissement de la chirurgie plastique qui reprend le terme de « réjuvénation » inventé par Voronoff. En effet, si la thèse de médecine de F. Augier directement consacrée au Docteur Voronoff a pu surprendre au moment de son dépôt de sujet, sa soutenance en 1990 a largement justifié sa pertinence. Au point de vue scientifique, l'étude que lui consacre en 1996 *L'Histoire des Sciences Médicales*, ouvrage auquel nous avons déjà fait référence, demeure, depuis vingt ans la synthèse la plus raisonnable : « L'œuvre de Voronoff, à la lumière actuelle de la transmission sanguine du VIH, des rejets des greffes hétérologues, du rôle des cellules de Leydig et de la testostérone, est en tout point une erreur médicale, que les connaissances fondamentales en endocrinologie, encore incertaines à l'époque, excusent, mais même les erreurs font partie du cheminement médical tout en nous mettant en garde contre le charlatanisme et l'expérimentation « sauvage » dont ce siècle conserve la trace et la mémoire ».

Pour le reste, si sa vie peut se lire comme un roman, nous l'avons personnellement vue plutôt comme un film. Aussi n'est-il pas étonnant qu'à l'heure du Web et des réseaux sociaux partis à l'assaut du grand puis du petit écran (cinéma, télévision), on puisse présentement inscrire chez soi Voronoff sur son ordinateur et avoir accès à quelques documents qui réactualisent la légende par certains détails curieux, invérifiables pour la plupart mais qui raniment la flamme du souvenir. Le fait que, parallèlement, les artistes s'en mêlent est même de bon augure pour l'image posthume du Docteur. On trouve en effet sur Internet un site du Théâtre de la recherche à Lausanne donnant de larges extraits d'un spectacle écrit et mis en scène par Yan Walther articulé à partir de la tentative du Docteur Serge Voronoff « de relever l'énergie vitale et de prolonger la vie ». Cinq sketches disparates se conjuguent sur ce thème de la recherche d'une jeunesse sinon éternelle, du moins retrouvée ou prolongée. Jouée au Pulloff Théâtre et au Petit Théâtre de Sion en octobre 2013, *Nul n'a le droit de mourir ici*, pièce cocasse, est ainsi présentée par son auteur : « Quel est le point commun entre le bûcheron Yoshida, le Docteur Voronoff rendu célèbre dans l'entre-deux-guerres par une méthode de greffe très particulière, un couple de millionnaires en convalescence après un lifting, deux jeunes qui vivent une banale histoire d'amour et l'infortuné Tithon qui aima une déesse ?

Tous sont mortels.

Qu'ils soient personnages historiques ou de fiction, les protagonistes de *Nul n'a le droit de mourir ici* s'interrogent tous, à leur façon, sur la vieillesse et l'inéluctabilité de la mort. À travers plusieurs histoires qui se mêlent et se court-circuitent, le spectacle confronte les rêves d'éternelle jeunesse au ridicule auquel s'expose l'homme lorsqu'il croit pouvoir échapper à sa nature d'être vieillissant et mortel ». Philosophie de comptoir ou profonde réflexion de sage ? Il aurait fallu voir ça... au Théâtre Pulloff, bizarre, bizarre.

Côté réhabilitation, citons aussi une émission de France Culture, signée O. Chaumelle et V. Samouiloff, à croire que tous les off se sont dit « il faut sauver le Docteur Voronoff ». Dans la série « la fabrique de l'histoire », *La greffe de jouvence* propose le mardi 17 février 2015 une intéressante piqûre de rappel réunissant le carré de fidèles – J. Réal, F. Augier, J.L. Fischer, Y. Walther – tous cités dans notre propre essai, entre biographie et dossier documentaire, animé par le caractère cinématographique de l'aventure de cet homme qui voua toute sa vie au testicule. Nul doute que s'il avait greffé des cœurs, même de singe, Voronoff aurait été mieux compris.

Doit-on prendre comme signe fantastique le fait que Manoel de Oliveira soit mort à 106 ans en pleine activité cinématographique, alors que s'écrivait ce livre sur Serge Voronoff ? Pour le réalisateur portugais qui fut longtemps le plus vieux cinéaste du monde, l'expression, la création, la littérature et le cinéma ont avantageusement remplacé les greffes de testicules de singe, lui assurant non seulement une existence riche d'énergie et de sens jusqu'à un dernier souffle repoussé au-delà du concevable, mais aussi une éternité artistique et culturelle conférant à sa vie un ample prolongement par la résonance d'une œuvre ignorant les limites physiques de la condition humaine. Mais l'au-delà ne préoccupait pas Voronoff.

ILLUSTRATIONS

1 : Portrait Serge Voronoff 1933

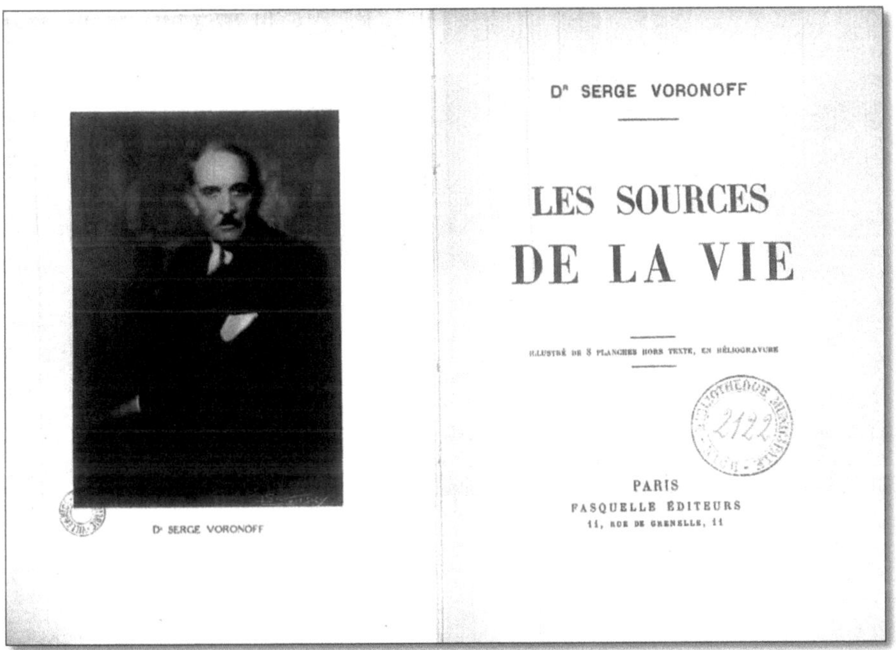

Dr SERGE VORONOFF

Dr SERGE VORONOFF

LES SOURCES
DE LA VIE

ILLUSTRÉ DE 8 PLANCHES HORS TEXTE, EN HÉLIOGRAVURE

PARIS
FASQUELLE ÉDITEURS
11, RUE DE GRENELLE, 11

Source : Frontispice de *Les sources de la vie* (Fasquelle ed. 1933)

2 : Caricature de Voronoff en Egypte

Source : BIU Santé

3 : Portrait de Voronoff en 1910 à son arrivée à Nice

Source : BIU Santé

4 : Le jeune « crétin » niçois en 1913

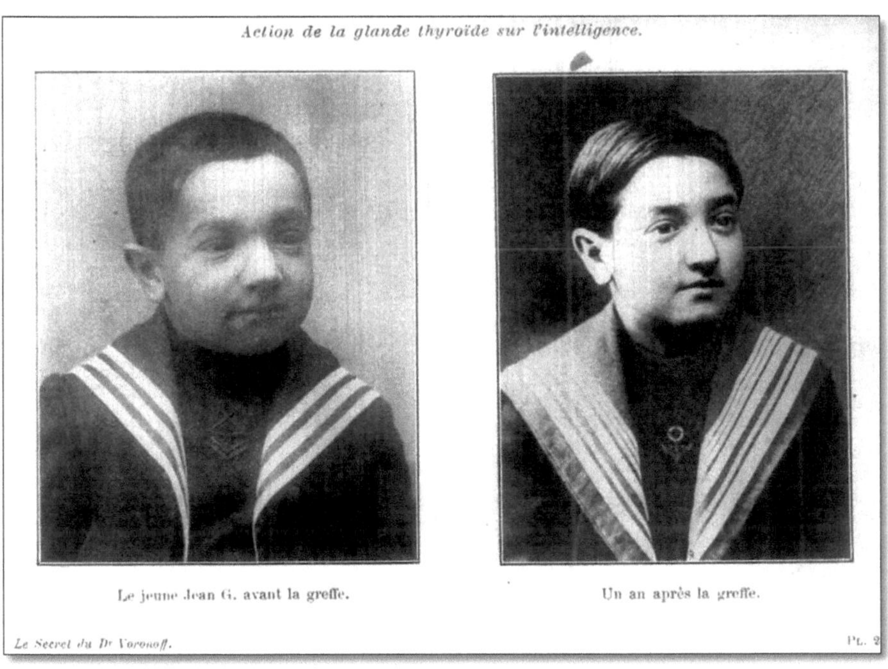

Source : *Le secret du Dr Voronoff* (H. Ghilini, Fasquelle ed. 1926)

LE PETIT NIÇOIS

Fondateur Politique : ALFRED BORRIGLIONE

Vendredi 14 Mars 1913

Six et huit pages — Le Numéro 5 Centimes

SEUL JOURNAL DE LA RÉGION DU SUD-EST POSSÉDANT UN FIL TÉLÉGRAPHIQUE SPÉCIAL PRIVÉ PARIS-NICE

La Chirurgie de l'Avenir

Comme son illustre confrère le Docteur Alexis Carrel, le Docteur S. Voronoff de notre ville a procédé à Nice à de curieuses expériences de greffe. Il explique ici les bienfaits qu'on peut attendre de cette évolution de la chirurgie.

Docteur VORONOFF

Les Bienfaits de la Greffe

Dr S. Voronoff.

La Mort du Général Bérenger

Le général de division BERENGER

A L'HIPPODROME DU VAR

Les Courses Plates

Vendredi 14, Dimanche 16 et Mardi 18 Mars 1913

Échos

AU CASINO MUNICIPAL

COMITÉ DES FÊTES

Grand Bal Paré Masqué du Printemps

DE MONACO-MONTE-CARLO

Source : Archives Départementales des Alpes Maritimes

6 : Villa Torre di Cimella, résidence de Voronoff à Nice Cimiez avant guerre

Source : éditions Gilletta (*Belles Demeures en Riviera*)

7 : Vieux bélier en 1919 juste avant la greffe, puis après, en 1923

Source : *Quarante-trois greffes du singe à l'homme* (G. Doin ed. 1924)

8 : Le taureau Jacky âgé de 17 ans avant la greffe et le même trois ans après

Le taureau « Jacky », âgé de dix-sept ans, avant la greffe

Le même taureau « Jacky », âgé de vingt ans, trois ans après la greffe

Source : *Quarante-trois greffes du singe à l'homme* (G. Doin ed. 1924)

9 : Cage d'anesthésie pour opération de prélèvement des testicules de singe

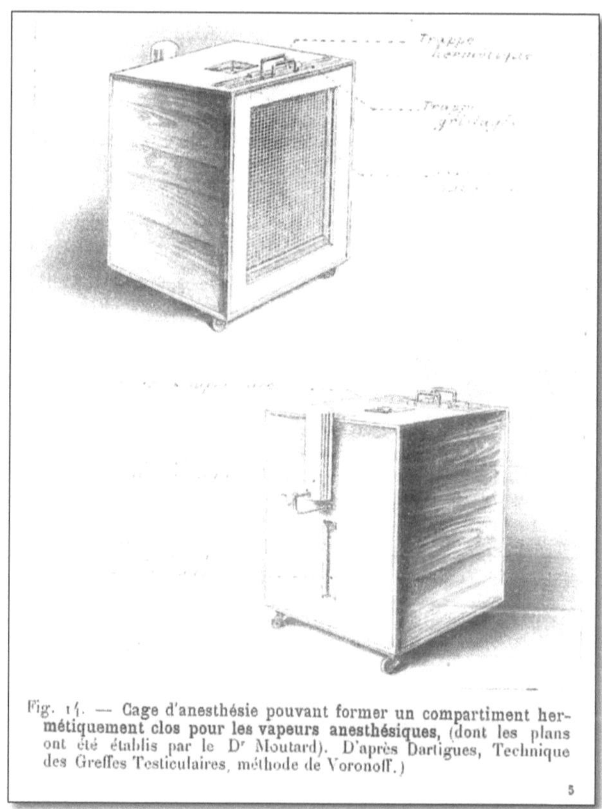

Fig. 14. — **Cage d'anesthésie pouvant former un compartiment hermétiquement clos pour les vapeurs anesthésiques**, (dont les plans ont été établis par le Dr Moutard). D'après Dartigues, Technique des Greffes Testiculaires, méthode de Voronoff.)

5

Source : *Quarante-trois greffes du singe à l'homme* (G .Doin ed. 1924)

10 et 11 : Trois photos du patient M.E.L. greffé à 74 ans

92 GREFFES DU SINGE A L'HOMME

Fig. 22. — **M. E. L. à l'âge de 74 ans et demi**
Photographie prise au moment de la greffe.

GREFFES DU SINGE A L'HOMME 93

Fig. 23. — **M. E. L. à l'âge de 76 ans.**
Photographie prise dix-huit mois après la greffe.

Fig. 24. — **M. E. L. à l'âge de 77 ans.**
Photographie prise deux ans et demi après la greffe.

Source : *Quarante-trois greffes du singe à l'homme* (G. Doin ed. 1924)

12 : Georges B. avant (1924) et après (1925) la greffe

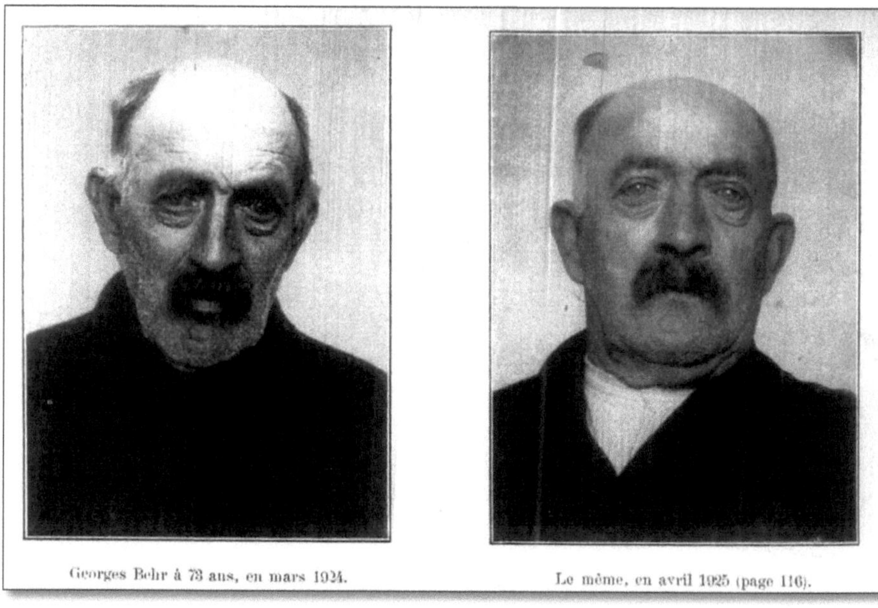

Source : *Le secret du Dr Voronoff* (H. Ghilini, Fasquelle ed. 1926)

13 : Le château Grimaldi

Source éditions Gilletta (*Belles Demeures en Riviera*)

14 : Grimaldi village dans les années 20

Source : éditions Gilletta

15 : Statuette en plâtre et caricature défendant les singes

Source : *Ou Païs Mentounasc*, NCA Bibliothèque de Cessole, Nice

16 : En 1925, une grande étude sur les greffes Voronoff est publiée par *Scientific American*, magazine de vulgarisation scientifique le plus ancien des Etats-Unis (1845 à nos jours). On voit en haut à gauche la seconde épouse de Serge Voronoff. C'est une photographie ancienne car Evelyn Bostwick meurt en 1921.

LEFT: Senile, feeble and decrepit: A twelve-year-old ram before being grafted. RIGHT: *The same old ram almost six years later, with his mate and third lamb*

Can Old Age Be Deferred?

An Interview with Dr. Serge Voronoff, the Famous Authority on the Possibilities of Gland Transplantation

THERE is a "Fountain of Eternal Youth." It lies in your glands. Through its life-giving flow old age may be postponed, if not avoided. Even death, save by accident, may become unknown, if the daring experiments of Dr. Serge Voronoff, brilliant French surgeon, continue to produce results such as have startled the world.

"My first determination to undertake this work," said Dr. Voronoff, "came from the realization of the dominant role of the endocrine glands in the human organism. Up to forty or fifty years ago physicians admitted that the energy which caused our organs to perform their various functions was an inherent one. They took it more or less for granted, however, that the secret of this energy never would be found—that the inherent energy that made the heart beat, for example, was a God-given motive power not to be tampered with."

Brain Not the Controlling Center of Life

These theories, Dr. Voronoff pointed out, were first shattered by the remarkable experiments and discoveries of Claude Bernard on the endocrinal value of the liver. Close on the heels of Bernard's research came the work of Brown-Sequard. For the first time the brain was found to be not the controlling center of life, but a peculiar combination of gray flesh, capable of producing thought only when properly controlled by the chemical action of the liquid from the thyroid glands.

With improper functioning of this gland a young man became mentally old and feeble, useless to himself and to society. His physical condition, too, formerly strong and healthy, became weak and unsteady. Infants with congenital atrophy of the thyroid always show, both mentally and physically, the effects of such a condition, being puny in every way. Animals deprived of their thyroid glands soon after birth, according to experiments, are altogether outgrown by others of the same age within a period of eight to ten months.

On the other hand, it has been proved by experiment that a hypertrophy, or over-development, of the thyroid gland will cause such an over-excitation of the mental processes as to amount in some cases almost to insanity. Hypertrophy of other glands, such as the pituitary glands, which are situated at the base of the brain and which control the growth of the living cells, will cause occasional freak giants.

"Even the smallest glands sometimes play the largest roles," observed Dr. Voronoff. "Take away from an animal the four little para-thyroids, located beside the thyroid, and the effect is absolutely disastrous. The nervous system undergoes a terrific over-excitation, the muscles contract violently, and the subject dies in violent convulsions within a short time. The suprarenal glands, if removed, would cause death by a sort of strange lethargy, known as Addison's disease.

"But," continued the great surgeon, "it is, after all, the functions of the reproductive gland that have taken my entire attention since 1910.

"This remarkable and all important center, which has been regarded until recently as merely a mechanism for the prolongation of the life of the race on earth, plays one of the greatest and most important parts in our everyday normal physical existence."

Dr. Voronoff pointed to the many examples of men and animals deprived of these glands. Their flesh becomes soft and flabby. Their mental energy wanes; their whole bodies sag and drop out of proper form; their blood is thin and poor. From latest observations it is entirely probable, says the doctor, that the work of the other glands may be distinctly affected and reduced by the loss of the secretions of these central glands.

As one remarkable example of the opposite effects caused by the over-development of the gland in question, Doctor Voronoff cited the case of a boy nine years old who was suffering from a hypertrophy of one genital gland. He had a full black beard and mustache, remarkably hairy arms and legs and the stockily settled appearance of a mature, though small man. When the extra growth was removed, the boy lost, within six months, all of his beard, except his mustache, as well as the heavy hair on his arms and legs. His mental condition, which previously had been far above normal for his age, dropped back nearly to that of other boys of his own years.

DR. SERGE VORONOFF
Well-known exponent of rejuvenation by gland-grafting

Results Not Immediate

"Here," said Doctor Voronoff, "was a remarkable demonstration that the glands play a part of primary importance in our mental and physical development. This does not mean that it is always the amount of glandular tissue present which can be called a hypertrophy, but it is evident from present knowledge of the construction of the glandular system that an over-growth makes itself felt upon the entire human system."

First attempts to change the conditions of men from this source were made, according to Dr. Voronoff, in 1869, when Brown-Sequard endeavored to inject into the glandular tissue of a man secretions from the glands of an animal. The experiment was successful at first, but the effects did not last for any length of time.

The experiment proved one thing, however—which is known also from other investigations—that the glandular secretions of both man and animal are chemically identical. The reactions observed are brought about, not through the energy of the fluid, but rather through the quality of the organism upon which the fluid acts. The thyroid gland of a man grafted into a sheep could not produce the mental activity of the man in the lower animal, nor

Source : *A Blind Bargain, reconstructed by Philip J. Riley* (MagicImage Filmbooks, Ackerman Archives Series, Volume Two, Atlantic City, New Jersey, 1988)

17 : *Le Petit Niçois*, 10 juin 1926

LE PETIT NIÇOIS

Organe de la Démocratie du Sud-Est

JEUDI 10 JUIN 1926

LE SEUL JOURNAL DE LA RÉGION POSSÉDANT UN FIL SPÉCIAL PRIVÉ

VERS LA LOGIQUE

LES TROIS PARTIS

par Georges PONSOT

La Mode à Chantilly

Le relèvement de l'indemnité parlementaire

LE VOTE DE NOS DÉPUTÉS

L'AVIATEUR THORET arrive à Turin ayant survolé les Alpes

DEUX COUPES

Notre Concours de Pêche

M. BERENGER

AU JOUR LE JOUR

Du bon sens!

LA CRISE MINISTÉRIELLE EST ÉVITÉE... OU AJOURNÉE

M. Briand, en sauvant M. Raoul Péret a-t-il prolongé pour longtemps la vie du Cabinet ?

MAURICE BIGOT

Après un Conseil de Cabinet et un Conseil des Ministres les membres du Gouvernement se déclarent d'accord

Les projets d'assainissement financier sont examinés

Le Conseil des Ministres

M. Jean DURAND

M. DANIELOU

200.000 fr. de fourrures volées

LA TRAGÉDIE D'ANTIBES

Pierre Desprez était-il en état de légitime défense ?

UNE IDYLLE !

D'ITALIE A ANTIBES PAR MELBOURNE ET BUENOS-AYRES

"LE SECRET DE VORONOFF"

C'est à Cagnes que le Docteur Voronoff avec le concours d'un chirurgien niçois commença ses célèbres expériences

Source : Archives Départementales des Alpes Maritimes

18 : Photogramme d'un plan de la pénultième séquence du film A Blind Bargain (Wallace Worsley, 1922)

Source : *A Blind Bargain, reconstructed by Philip J Riley* (MagicImage, 1988)

19 et 20 : Matériel publicitaire pour affiches et placards publicitaires dans la presse américaine à la sortie du film en 1922

Source : *A Blind Bargain, reconstructed by Philip J. Riley* (MagicImages, 1988)

21 : Portrait de Serge Voronoff en 1936

Dr Serge VORONOFF

Dr SERGE VORONOFF

L'AMOUR ET LA PENSÉE
CHEZ LES BÊTES
ET
CHEZ LES GENS

PARIS
FASQUELLE ÉDITEURS
11, RUE DE GRENELLE, 11

Source : *L'Amour et la pensée chez les bêtes et chez les gens* (Fasquelle éd. 1936)

22 : Intérieur de l'église de Grimaldi (Italie). La chaire et sa plaque commémorative au donateur, état actuel)

Source : cliché Prédal

23 : La tombe de Serge Voronoff, carré juif du cimetière de Caucade, Nice, état actuel

Source : cliché Prédal

Santé et Médecine aux éditions L'Harmattan

Dernières parutions

LOI NATURELLE ET PROCRÉATION MÉDICALEMENT ASSISTÉE
Questions fondamentales de bioéthique et d'éthique biomédicale
Onambele Luc - Préface de Thierry Collaud
Cet ouvrage analyse, d'une part, l'enchantement devant les prouesses techniques qui suscitent des espoirs contre la stérilité et l'infertilité et, d'autre part, les angoisses générées par le spectre de la déshumanisation de l'enfant issu de ces techniques. Mais la solution la plus efficiente contre l'infertilité et la stérilité n'est-elle pas la prévention et non le recours à la procréation artificielle. Le corps humain posséderait une intelligibilité, un ordre, une finalité, qui constituerait son bien propre, sa loi naturelle. Obéir au langage du corps réduirait considérablement l'incidence de l'infertilité.
(32.00 euros, 308 p.)
ISBN : 978-2-343-10702-8, ISBN EBOOK : 978-2-14-002605-8

LES PRATICIENS DU TOUCHER THÉRAPEUTIQUE
Vers une éducation et une formation professionnelles
Leclercq Patrick
Cet ouvrage explore l'histoire du toucher thérapeutique dans ses rapports au savoir-faire, au savoir expérimental et au savoir-être. Il s'intéresse à l'histoire des connaissances de la main et au développement des pédagogies sur le sensoriel, la sensibilité et le sensible, enfin il met en perspective les enseignements des pratiques aussi diverses que sont la masso-kinésithérapie, l'ostéopathie, la chiropraxie.
(45.00 euros, 572 p.)
ISBN : 978-2-343-10872-8, ISBN EBOOK : 978-2-14-002680-5

LA CHIROPRAXIE
Une méthode reconnue et méconnue
Jolliot Chantal - Préface de Pierre Erny
Cet ouvrage se propose de faire connaître la chiropraxie et de participer à la compréhension de cette pratique et à son évolution. Les chiropracteurs jouissent dorénavant d'un statut officiel dans toutes les régions du monde et pourtant subsistent des jugements bien éloignés des caractéristiques de cette méthode de soin. Le lecteur trouvera dans cet ouvrage les principes fondamentaux et la théorie sur laquelle repose cette pratique. Un glossaire et une chronologie complètent cette présentation.
(14.00 euros, 120 p.)
ISBN : 978-2-343-11020-2, ISBN EBOOK : 978-978-2-14-002726-0

L'EMPRISE DE POIDS
Initiation au *body-building*
Perera Éric - Préface de Taïna Kinnunen
À travers cet ouvrage, l'auteur nous plonge dans l'univers du body-building. Son immersion dans une salle de musculation du Sud de la France lui permet de porter un regard sur les manières de «fabriquer» du muscle. Comment des sensations qu'il percevait comme négatives sont apprises

et transmises comme positives ? Il nous livre les étapes de son initiation menée sous forme d'observation participante, guidé par son coach qui impose son autorité et son savoir-faire au cours des séances d'entraînement.
(Coll. Mouvements des Savoirs, 22.00 euros, 214 p.)
ISBN : 978-2-343-11090-5, ISBN EBOOK : 978-978-2-14-002825-0

LA MARCHANDISATION ACTUELLE DU CORPS HUMAIN
De Puytorac Pierre, Artusse Auriane
La marchandisation du corps humain est plus que jamais d'actualité avec le marché des pièces détachées du corps, le commerce des brevets et le marché du corps vivant. Les déclarations et réglementations sur les droits des personnes ne parviennent alors pas à empêcher les inégalités économiques et d'accès aux soins de santé entre les pays pauvres et les pays riches, celles-ci étant aggravées par les biotechnologies. Un biologiste et une juriste collaborent ici pour faire une synthèse précise et accessible à tous de ces différents sujets.
(13.50 euros, 114 p.)
ISBN : 978-2-343-10732-5, ISBN EBOOK : 978-978-2-14-002715-4

LE SYNDROME D'EHLERS-DANLOS À TRAVERS QUATRE GÉNÉRATIONS D'UNE FAMILLE
«La Dame en bleu» Témoignage autobiographique
Burner-Lehner Virginie - Préface de Claude Hamonet
Professeur émérite, docteur en anthropologie sociale, médecin à l'Hôtel Dieu, Paris
Le syndrome d'Ehlers-Danlos est une maladie génétique, orpheline et méconnue du corps médical. Avec ce récit, Virginie Burner-Lehner décrit le combat et la souffrance de quatre générations de membres de sa famille. Cet ouvrage contribuera à mieux faire connaître cette maladie et à aider toutes les autres personnes concernées. Cette nouvelle édition est enrichie d'une préface actualisée du Pr Hamonet et d'une nouvelle préface de l'auteur rendant compte des évolutions et perspectives.
(Coll. Récits de vie, série Santé et Maladie, 23.50 euros, 218 p.)
ISBN : 978-2-343-10565-9, ISBN EBOOK : 978-2-14-002606-5

SERVICES À LA PERSONNE
Services à domicile
Les clés pour comprendre
Foucault-Giroux Laurent – Préface de Paulette Guinchard – Contributions de Bernard Ennuyer, Brigitte Lescuyer, Philippe Patry, Jérôme Pigniez, René Raguenes, Daniel Reguer et Céline Tondereau
Bien que les associations d'aide à domicile existent depuis la fin de la Deuxième Guerre mondiale, aujourd'hui on «découvre» le nouveau concept économique du secteur des services à la personne. Les «services de proximité de la vie quotidienne» sont une solution d'avenir. C'est pourquoi ce guide constitue un outil de référence mettant à disposition les textes législatifs et permettant de partager l'expérience dans le domaine du secteur social et médicosocial.
(Coll. Défis, 41.00 euros, 468 p., Quadrichromie)
ISBN : 978-2-343-10558-1, ISBN EBOOK : 978-2-14-002567-9

L'OAREIL
40 ans d'action gérontologique
Amyot Jean-Jacques
En quarante ans, l'OAREIL (Office Aquitain de Recherches, d'Études, d'Information et de Liaison sur les problèmes des personnes âgées) a traversé les profondes métamorphoses de l'action gérontologique. Sa force tient dans sa position originale entre le public et le privé, entre médicosocial et socioculturel, entre le terrain et l'université, entre «séniors» et «grande vieillesse», entre actions locales et présence nationale. Cette capacité à étirer son activité sur la question de la vieillesse a été cruciale pour sa survie et sa créativité.
(Coll. La gérontologie en actes, 20.50 euros, 202 p., Illustré en N&B)
ISBN : 978-2-343-10720-2, ISBN EBOOK : 978-978-2-14-002586-0

EAU MINÉRALE ET MÉDECINE THERMALE

Deux millénaires d'histoire

Jaltel Michel

Préface du professeur Patrice Queneau

Avec plus de 500 000 curistes qui fréquentent chaque année les stations françaises, la médecine thermale peut être considérée, en ce début du XXIe siècle, comme une « vieille thérapeutique encore pleine d'avenir ». En fonction des époques, des influences religieuses ou politiques, des progrès de la science et de la médecine, le thermalisme sera considéré tour à tour comme une source de purification, de régénération et de véritable mode de vie. La médecine thermale reste une médecine naturelle dont on connaît mieux le mécanisme, les effets favorables, tant sur le plan curatif que préventif.

(Coll. Acteurs de la Science, 24.00 euros, 274 p.)

ISBN : 978-2-343-10033-3, ISBN EBOOK : 978-2-14-002650-8

DENT ET ARCHÉOLOGIE

Une expérience vécue

Riaud Xavier

Écrits sous la forme de rapports, les comptes rendus détaillés des travaux du docteur Xavier Riaud nous emmènent à la rencontre de l'histoire, celle de rois français (Louis XI et Henri IV) et celle de 68 soldats français morts pendant la guerre de Crimée (1853-1856) et exhumés lors d'une fouille archéologique récente en Ukraine. L'auteur fait ici appel à des notions abouties en odontologie médicolégale mais aussi à une iconographie et une approche historique remarquable qui complètent judicieusement l'étude sur site.

(Coll. Médecine à travers les siècles, 13.00 euros, 110 p.)

ISBN : 978-2-343-11244-2, ISBN EBOOK : 978-978-2-14-002824-3

SOINS PÉRI OPÉRATOIRES DES FISTULES OBSTÉTRICALES ET NON OBSTÉTRICALES

Tebeu Pierre Marie

Préface du Pr Fru Fobuzshi Angwafo III

Le souci de soulager les souffrances des femmes a fait occulter certains fondamentaux de la chirurgie et en particulier les manuels de prise en charge des fistules génitales parmi lesquels celui des soins. Ce manuel du praticien vient combler cette attente. Il est à l'usage des chirurgiens, urologues, gynécologues, médecins généralistes et paramédicaux qui sont désormais engagés dans la réparation chirurgicale des fistules génito-urinaires et génito-digestives.

(20.00 euros, 204 p.)

ISBN : 978-2-343-10329-7, ISBN EBOOK : 978-2-14-002479-5

MÉDECINE TRADITIONNELLE ET ARTS DIVINATOIRES

Le cas du Mandé au Mali

Toumanion Bakary, Sanogo Rokia, Dolo Souleymane, Malé Salia

Sous la direction de Dr Sergio Giani. Préface de Mandjou Yattara

Le Festival International des Cauris du Mandé a célébré, en décembre 2015, sa 9e édition avec comme thème central : « Problématique de la médecine traditionnelle et des arts divinatoires dans le système de santé en Afrique ». Ces contributions abordent des itinéraires thérapeutiques, des pratiques et les représentations face à la maladie en Afrique et le rôle de la médecine traditionnelle dans les soins de santé primaires au Mali. Autant de réflexions ayant pour but de produire une amélioration réelle de l'état de santé des populations.

(Harmattan Mali, 12.50 euros, 104 p.)

ISBN : 978-2-343-10552-9, ISBN EBOOK : 978-2-14-002518-1

LES ARCHIVES HOSPITALIÈRES

Regards croisés

Sous la direction de Sophie Monnier et Karen Fiorentino

Les archivistes hospitaliers sont confrontés à de nombreux défis : dématérialisation, normalisation, traitement et valorisation des archives. D'un autre côté, les juristes doivent démêler les règles

applicables, partagées entre le Code de la santé publique et le Code du patrimoine, mais aussi veiller à la protection des droits des patients. Le législateur et le juge assurent un arbitrage entre ces droits. Ces archives procurent de riches sources d'information pour retracer l'histoire de la médecine, celle du droit de la famille et de la protection sociale. Elles donnent accès à des pans entiers de l'histoire sociale.
(Coll. Droit du Patrimoine culturel et naturel, 20.00 euros, 190 p.)
ISBN : 978-2-343-10519-2, ISBN EBOOK : 978-2-14-002373-6

LES ÉPIDÉMIES RACONTÉES PAR LA LITTÉRATURE
Gualde Norbert
Ces dernières années, les survenues d'épidémies ont été suivies de la parution d'un grand nombre d'ouvrages et d'études transdisciplinaires. Ce sont donc, à chaque fois, des spécialistes qui font état de l'avancée de la recherche. Mais que valent les œuvres des écrivains abordant les épidémies ? Sont-ils *a priori* animés par des désirs esthétiques qui outrepasseraient la vérité factuelle ? En fait, les recensions romanesques sont souvent plus authentiques que les textes d'historiens. Cet ouvrage propose un corpus de textes littéraires et philosophiques traitant des épidémies, montrant que la littérature ne nous éloigne pas du monde réel mais l'éclaire.
(Coll. Acteurs de la Science, 27.50 euros, 276 p.)
ISBN : 978-2-343-10402-7, ISBN EBOOK : 978-2-14-002295-1

SE NOURRIR OU MANGER ?
Les enjeux du repas en établissement de santé
Sous la direction de Clémentine Hugol-Gential
Préface de Stéphane Le Foll - Postface du Professeur Éric Fontaine
Cet ouvrage collectif se penche sur les repas préparés et distribués en établissement de santé. Dans une première partie, les auteurs s'intéressent à ce qui nous pousse, physiologiquement, à manger. Dans un second temps, les EHPAD seront plus spécifiquement étudiés, alors que la troisième partie s'intéresse au suivi des publics hors de l'institution. Il s'agit ici de ne pas opposer le soin et le prendre soin, mais de penser conjointement les besoins nutritionnels et les plaisirs alimentaires.
(Coll. Questions alimentaires et gastronomiques, 21.00 euros, 206 p., Illustré en N&B)
ISBN : 978-2-343-10373-0, ISBN EBOOK : 978-2-14-002135-0

MÉDECINS ET INFIRMIÈRES DANS LA GUERRE DE CRIMÉE (1854-1856)
Scherpereel Philippe
La guerre de Crimée, qui dura de mars 1854 à mars 1856, fit un demi-million de morts, et fut la première guerre moderne par l'ampleur des moyens militaires. Du point de vue médical, le plus grand nombre de victimes fut causé par des épidémies, cinq fois plus meurtrières que les blessures de guerre. De nombreux progrès furent accomplis dans la prise en charge des malades et des blessés, avec la présence d'infirmières sur le front, la création d'une médecine de l'avant, la première utilisation généralisée de l'anesthésie au chloroforme, la prise de conscience de l'importance de l'hygiène, l'organisation des transports vers les hôpitaux de l'arrière et la nécessité d'individualiser le corps de santé de l'intendance.
(Coll. Médecine à travers les siècles, 15.50 euros, 142 p.)
ISBN : 978-2-343-10108-8, ISBN EBOOK : 978-2-14-002151-0

L'HARMATTAN ITALIA
Via Degli Artisti 15; 10124 Torino
harmattan.italia@gmail.com

L'HARMATTAN HONGRIE
Könyvesbolt ; Kossuth L. u. 14-16
1053 Budapest

L'HARMATTAN KINSHASA
185, avenue Nyangwe
Commune de Lingwala
Kinshasa, R.D. Congo
(00243) 998697603 ou (00243) 999229662

L'HARMATTAN CONGO
67, av. E. P. Lumumba
Bât. – Congo Pharmacie (Bib. Nat.)
BP2874 Brazzaville
harmattan.congo@yahoo.fr

L'HARMATTAN GUINÉE
Almamya Rue KA 028, en face
du restaurant Le Cèdre
OKB agency BP 3470 Conakry
(00224) 657 20 85 08 / 664 28 91 96
harmattanguinee@yahoo.fr

L'HARMATTAN MALI
Rue 73, Porte 536, Niamakoro,
Cité Unicef, Bamako
Tél. 00 (223) 20205724 / +(223) 76378082
poudiougopaul@yahoo.fr
pp.harmattan@gmail.com

L'HARMATTAN CAMEROUN
TSINGA/FECAFOOT
BP 11486 Yaoundé
699198028/675441949
harmattancam@yahoo.com

L'HARMATTAN CÔTE D'IVOIRE
Résidence Karl / cité des arts
Abidjan-Cocody 03 BP 1588 Abidjan 03
(00225) 05 77 87 31
etien_nda@yahoo.fr

L'HARMATTAN BURKINA
Penou Achille Some
Ouagadougou
(+226) 70 26 88 27

L'HARMATTAN SÉNÉGAL
10 VDN en face Mermoz, après le pont de Fann
BP 45034 Dakar Fann
33 825 98 58 / 33 860 9858
senharmattan@gmail.com / senlibraire@gmail.com
www.harmattansenegal.com